新版

ハングル
単語文法
活用事典

한글 단어 문법 활용 사전

李仁洙・金容権 編著

韓龍茂 編集協力

三修社

ハングル単語文法活用事典

目　次

本書を読むまえに

ハングルの構成について／*14*

ハングルの組み合わせ／*14*

南北の綴字法の違いについて／*16*

発音(カタカナルビ)、その他について／*17*

第1章　名詞

品詞の分類／*19*

名詞の定義／*19*

名詞の分類／*19*

単語　普通名詞(一般名詞)

1. 家族・親戚 ………………	*20*	14. 家具 ………………………	*30*
2. 職業 ……………………………	*23*	15. 日用雑貨 …………………	*30*
3. その他の人間関係 ………	*24*	16. 服装・身だしなみ ………	*31*
4. 家畜 ……………………………	*25*	17. 電気製品 …………………	*31*
5. 野生動物 ……………………	*25*	18. 食料品 ……………………	*32*
6. 鳥 ………………………………	*26*	19. 栄養素 ……………………	*32*
7. 昆虫 ……………………………	*26*	20. 嗜好品 ……………………	*33*
8. 魚介類 ………………………	*27*	21. 大工道具 …………………	*33*
9. 木 ………………………………	*27*	22. 学用品 ……………………	*33*
10. 花 ……………………………	*28*	23. 天体 ………………………	*34*
11. くだもの …………………	*28*	24. 季節・四季 ………………	*34*
12. 野菜 …………………………	*29*	25. 天気 ………………………	*35*
13. 家 ……………………………	*29*	26. 地球 ………………………	*35*

27. 地下資源	… 35		40. 体育	… 41
28. 電気	… 36		41. 教育	… 41
29. 通信	… 36		42. 曜日	… 42
30. 光学	… 37		43. 月	… 42
31. 地理	… 37		44. 方位	… 42
32. 歴史	… 37		45. 時	… 43
33. 政治	… 38		46. 感覚	… 43
34. 経済	… 38		47. 色	… 43
35. 産業	… 39		48. 観念	… 44
36. 都市	… 39		49. 感情	… 44
37. 交通機関	… 40		50. 身体	… 44
38. 学問	… 40		51. 五臓六腑	… 45
39. 芸術	… 40			

固有名詞／46

52. 五大州	… 46		57. 大洋州の国々	… 48
53. アジアの国々	… 46		58. 首都	… 48
54. アフリカの国々	… 47		59. 朝鮮半島の都市	… 49
55. アメリカの国々	… 47		60. 日本の地名	… 49
56. ヨーロッパの国々	… 47		61. 新聞・放送	… 50

名詞とともに最も多く使われる助詞／50

62.「と」・「の」	… 50		64. 名詞＋の＋名詞	… 51
63. 名詞＋と＋名詞	… 50		65. 所有・所属を表す絶対格	… 51

第2章　代名詞

代名詞の定義／53
いろいろな代名詞の使い方／53

66. 自称	… 53		68. 他称	… 54
67. 対称	… 54		69. 不定称(人)	… 54

70. 近称	55	74. 代名詞とともに頻繁に使われる助詞・助動詞	56
71. 中称	55		
72. 遠称	55	75. 代名詞・名詞・不属語から成る簡単な文章	56
73. 不定称(方角)	55		

第3章 形容詞(1)

形容詞の定義/58

日本語とハングルの違い/58

単語と使い方/58

76. 色	58	95. 力	62
77. 明るさ	59	96. 深さ	62
78. 音	59	97. 価格	63
79. 味	59	98. 貧富	63
80. 匂い	59	99. 角度	63
81. 美しさ	60	100. 時間	63
82. 温度	60	101. 頻度	64
83. 量	60	102. 愛憎	64
84. 重さ	60	103. 感情	64
85. 大きさ	60	104. 善と悪	65
86. 広さ	61	105. 性格	65
87. 高さ	61	106. ～的	66
88. 距離	61	107. 形容詞と名詞から成る簡単な文章	67
89. 形	61		
90. 厚さ	61	108. 名詞・形容詞および助詞から成る簡単な文章	68
91. 硬さ	62		
92. 長さ	62	109. 代名詞・助詞・形容詞・名詞・助動詞から成る文章	68
93. 太さ	62		
94. 濃さ	62		

第4章　動詞

　動詞の定義／70
　日本語とハングルの違い／80

110. 動作に関連した基本動詞 …… 71
111. 状態を表す動詞 ………… 75
112. 結果・自然現象を表す
　　　動詞 …………………… 75
113. 手が関係する動詞 ………… 77
114. 足が関係する動詞 ………… 78
115. 口が関係する動詞 ………… 78
116. 目・耳・鼻が関係する動詞 … 79
117. 感情を表す動詞 …………… 80
118. 動詞の前にもっとも
　　　頻繁におかれる助詞 ……… 81
119. 名詞・助詞・動詞から
　　　成る簡単な文章 …………… 81
120. 名詞・助詞および代名
　　　詞から成る簡単な文章 …… 82
121. ていねいな言葉の作り方 …… 82

第5章　形容詞(2) 形容動詞も含む

　形容詞の性質／84
　活用による形容詞の分類／85
　形容詞の活用一覧表／86
　形容詞の活用の実際／89

122. 조용하다型 ……………… 89
123. 작다型 …………………… 90
124. 文章中にみる形容詞
　　　の活用 …………………… 91

第6章　動詞(2)

　ハングルの動詞の活用による分類／95
　未知の動詞の活用型の決め方／96
　動詞活用一覧表／97
　動詞の活用の実際／101

125. 하다型(일하다) ………… 101

　文章中にみる動詞の活用／103

126. 見る ………………… *103*
127. 行く ………………… *103*
128. 置く ………………… *104*
129. 立つ ………………… *105*
130. 学ぶ ………………… *106*
131. 働く ………………… *106*
132. する ………………… *107*
133. 来る ………………… *107*
134. ～みる ……………… *107*

第7章　助動詞

助動詞の概念／*109*

いろいろな助動詞／*109*

135. 断定の助動詞 ………… *109*
136. 過去の助動詞 ………… *110*
137. 推量の助動詞 ………… *112*
138. 打消しの助動詞 ……… *113*
139. 希望の助動詞 ………… *114*
140. 使役の助動詞 ………… *115*
141. 受け身の助動詞 ……… *118*
142. 可能の助動詞 ………… *119*
143. 尊敬の助動詞 ………… *120*
144. 比況の助動詞 ………… *122*
145. 伝聞の助動詞 ………… *122*
146. 様態の助動詞 ………… *123*

助動詞の活用の実際／*124*

147. 断定の助動詞の活用
　　（名詞＋断定の助動詞）……… *124*
148. 形容詞＋断定の助動詞 ……… *125*
149. 動詞＋断定の助動詞 ………… *125*
150. 過去の助動詞の活用
　　（名詞＋過去の助動詞）……… *126*
151. 形容詞＋過去の助動詞 ……… *126*
152. 動詞＋過去の助動詞 ………… *127*
153. 推量の助動詞の活用
　　（形容詞＋推量の助動詞）…… *127*
154. 動詞＋推量の助動詞 ………… *127*
155. 希望の助動詞の活用 ………… *128*
156. 打消しの助動詞の活用
　　（形容詞＋打消しの助動詞）… *129*
157. 動詞＋打消しの助動詞 ……… *129*
158. 使役の助動詞の活用 ………… *130*
159. 受身の助動詞の活用 ………… *131*
160. 可能の助動詞の活用 ………… *132*
161. 尊敬の助動詞の活用 ………… *132*
162. 比況の助動詞の活用 ………… *133*
163. 伝聞の助動詞の活用 ………… *134*
164. 様態の助動詞の活用 ………… *135*
165. 文章の中にみる助動詞の
　　活用 ………………………… *135*

第8章　助詞

　助詞の概念／*142*
　助詞の分類／*142*
　〈토〉の分類／*142*
　助詞の用法／*143*

166.「の」の用法 ……………… *143*
167.「が」の用法 ……………… *145*
168.「を」の用法 ……………… *145*
169.「に」の用法 ……………… *146*
170.「へ」の用法 ……………… *147*
171.「と」の用法 ……………… *147*
172.「より」の用法 …………… *149*
173.「から」の用法 …………… *149*
174.「で」の用法 ……………… *150*
175.「ば」の用法 ……………… *151*
176.「ても(でも)」の用法 …… *151*
177.「けれども」「けれど」
　　「けど」の用法 …………… *152*
178.「のに」の用法 …………… *152*
179.「ので」の用法 …………… *153*
180.「し」の用法 ……………… *153*
181.「て」の用法 ……………… *154*
182.「ながら」の用法 ………… *154*
183.「たり」の用法 …………… *155*
184.「ものの」の用法 ………… *155*
185.「ところ」「ところが」
　　の用法 …………………… *156*
186.「ところで」の用法 ……… *156*
187.「まで」の用法 …………… *156*
188.「ばかり」の用法 ………… *157*
189.「だけ」の用法 …………… *158*
190.「ほど」の用法 …………… *159*
191.「くらい」の用法 ………… *159*
192.「きり」の用法 …………… *160*
193.「など」の用法 …………… *160*
194.「なり」の用法 …………… *161*
195.「や」の用法 ……………… *162*
196.「やら」の用法 …………… *162*
197.「か」の用法 ……………… *163*
198.「だの」の用法 …………… *165*
199.「とは」の用法 …………… *165*
200.「は」の用法 ……………… *166*
201.「も」の用法 ……………… *166*
202.「こそ」の用法 …………… *167*
203.「さえ」の用法 …………… *168*
204.「すら」の用法 …………… *168*
205.「しか」の用法 …………… *168*
206.「だって」の用法 ………… *169*
207.「な」の用法 ……………… *169*
208.「ぞ」の用法 ……………… *170*
209.「ぜ」の用法 ……………… *170*

210.「なあ」の用法 …………… *171*
211.「とも」の用法 …………… *171*
212.「かしら」の用法 ………… *171*
213.「こと」の用法 …………… *172*
214.「よ」の用法 ……………… *172*
215.「わ」の用法 ……………… *173*
216.「ね(ねえ)」の用法 ……… *173*
217.「もの」の用法 …………… *174*
218.「さ」の用法 ……………… *174*

第9章　副詞

副詞の定義／*175*

副詞の分類／*175*

単語／*175*

219. 動作の方法を表す副詞 ……… *176*
220. 程度を表す副詞 ……………… *176*
221. 方向・場所を表す副詞 ……… *177*
222. 時間を表す副詞 ……………… *177*
223. 動作や状態の特徴を表す副詞　*177*
224. 疑問を表す副詞 ……………… *177*
225. 確信を表す副詞 ……………… *178*
226. 仮定を表す副詞 ……………… *178*
227. 推量を表す副詞 ……………… *178*
228. 疑惑を表す副詞 ……………… *178*
229. 願望を表す副詞 ……………… *178*
230. 打消しを表す副詞 …………… *179*
231. 義務・必要を表す副詞 ……… *179*
232. 陳述のつながりを表す副詞 … *179*
233. 擬声・擬態語 ………………… *179*
234. 文中にみる副詞の応用 ……… *180*

第10章　連体詞(動詞・形容詞の連体形について)

連体詞の定義／*185*

いろいろな連体詞／*185*

235.「…の」「…が」の形をとるもの …………………… *185*
236.「…た(だ)」の形をとるもの ………………………… *185*
237. 動詞から派生したもの ……… *185*
238.「な」の形をとるもの ……… *186*
239. 文章の中にみる連体詞の応用　*186*

第11章　接続詞

接続詞の定義／*188*

いろいろな接続詞／*188*

240. 順接を表す接続詞 …………… *188*
241. 逆接を表す接続詞 …………… *188*
242. 並列・添加を表す接続詞 …… *189*
243. 選択を表す接続詞 …………… *189*
244. 話題の転換を表す接続詞 …… *189*
245. 文章の中にみる接続詞の応用 *190*

第12章　感動詞

感動詞の定義／*192*

いろいろな感動詞／*192*

246. 感動を表す感動詞 …………… *192*
247. 呼びかけを表すもの ………… *192*
248. 応答を表すもの ……………… *192*
249. かけ声を表すもの …………… *193*
250. あいさつを表すもの ………… *193*
251. 文章の中にみる感動詞 ……… *193*

第13章　数詞

数詞の定義／*196*

数詞の分類／*196*

いろいろな数詞の実例と応用／*196*

252. 固有ハングルの数詞・漢語の数詞 …………………………… *196*
253. 数詞の応用・数量の数詞 …… *198*
254. 順序の数詞 …………………… *200*
255. 年齢の表し方 ………………… *200*
256. 時間の表し方 ………………… *201*
257. 年・月・日・曜日の表し方 … *201*
258. 度量衡・長さの単位 ………… *201*
259. 重さの単位 …………………… *202*
260. 広さの単位 …………………… *202*
261. 体積の単位 …………………… *202*
262. 計算に関連したもの ………… *203*
263. 四則計算の読み方 …………… *203*

付録

1. 漢字のハングル音について ………………………………………… *204*
2. 日韓で意味の異なる主な熟語 ………………………………………… *208*
3. 南北の主な単語の違い ………………………………………… *210*
4. 主な外来語のハングル表記 ………………………………………… *215*

主要索引／*227*

本書を読むまえに

　本書は、『朝鮮語単語文法活用辞典』を底本とし大幅に改訂したものです。親本の編纂にあたって、共同作業した李仁洙氏、ならびにご協力をいただいた長璋吉先生、朴海錫氏らの３人の方々はすでに故人となられました。謹んでお悔み申し上げます。この度、稿を改め、増補するに際し、同学の西山秀昭氏と権容景氏からひとかたならぬ協力を得、さらに外来語のハングル表記を加えました。

　こと改めて言うまでもないことだが、ハングル(朝鮮語・韓国語の意味で、以下同)は日本人にとって、外国語である。しかし、英語やフランス語あるいはドイツ語などとは異なる外国語であることもまた確かである。それは、語族が同じであるうえ、地理的歴史的に漢字からの影響を著しく受けているために、ハングルと日本語は単なる外国語一般を越えてきわめて近しい関係にある言語だからだ。ハングルと日本語くらい密接な関係があるのは、世界の言語のなかでも珍しいと言えるだろう。

　ハングルと日本語が文法上においても、また語彙においてもきわめて類似していることは、韓国人(朝鮮人)と日本人が互いにそれぞれの言葉の修得をたやすくさせている。韓国人(朝鮮人)が半年間ほど、日本語を勉強すれば、欧米人の２年分以上の実力がつくと言われているのもその故である。逆にまた日本人も、欧米人が２年かかるところを半年くらいでハングルを身につけることができると言われている。

　以上のことから、当然のこととして言えるのは、日本語を知っているということは、すでに潜在的能力としてハングルの能力を持っているということになる。この「潜在的能力」をいかにして顕在化すればいいのか。これはけっしてたやすくはないが、従来の欧米語学習のやり方をハングルに適用するのはけっして賢明とはいえない。

　以上の点を考慮しながら、日本語の品詞分類で章を立て、ハングルの学習を試みたのが本書である。日本語とハングルの品詞分類は異なるために少し無理があったが、記述にあたっては以下のことに留意したことを断っておきたい。
(1) ハングル学習の場合、単語をより多く覚えることはそのまま作文・会話へとつながるので、各章ごとに関連のある基本的な単語をできるだけ多く列挙した。
(2) 文章の中での単語の結びつきを理解するために、各章ごとに簡単な文例をあげた。文例はできるだけくだけた表現を選び、さらに☆注解を設け、理解を深めるようにした。なお、例文の終止符(ピリオド)は便宜上省いた。

ハングル単語文法活用事典

(3) 動詞・形容詞などは、その活用法に重点を置いた。
(4) 助詞・助動詞は両国語の関連性や近似性を理解するうえで、より重要な品詞であるので、比較的詳細に説明した。
(5) 発音に関しては、別に1つの章を設けなかったが、ハングルについてはすべてルビを付けた。

本書のこのような特徴は、いささか手前みそではあるが、初心者だけではなくひと通りハングルを勉強した方にも、ハンディな活用書として有益であるはずである。

●ハングルの構成について

ハングルとは朝鮮語・韓国語の文字のことで、いわば日本語の平仮名や片仮名に相当する。その意味は、ハンが「大きい、偉大、りっぱ」で、クル(グル)が「文字」である。なお本書では、前述したように便宜上ハングルを朝鮮語、韓国語の意味で使っていることを断っておきたい。

日本語の仮名や片仮名に相当するといっても、その構成には違いがある。まずハングルは21の母音と19の子音から構成されていて、1字が1音、2音、3音、4音になる場合がある。また母音や子音においても、仮名に比べてかなり豊富に表記できる。

こうしたハングルの特徴は、漢字のハングル音(朝鮮音)は、漢字1字に対してハングル1字で表記することによく表れている。たとえば、漢字(한자)、学校(학교)、先生(선생)、協賛(협찬)といった具合である。なお母音は21個で、子音は19個あるが、その基本形は母音の10個(ㅏㅑㅓㅕㅗㅛㅜㅠㅡㅣ)と子音の14個(ㄱㄴㄷㄹㅁㅂㅅㅇㅈㅊㅋㅌㅍㅎ)である。

●ハングルの組み合わせ

1. 子音＋母音 ⇨ 子母
音音

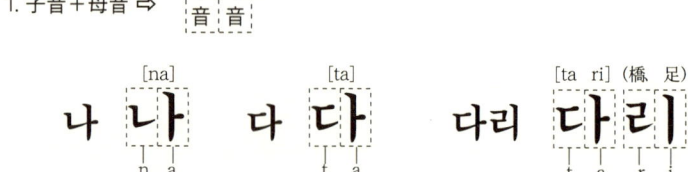

本書を読むまえに

2. 子音＋母音 ⇨

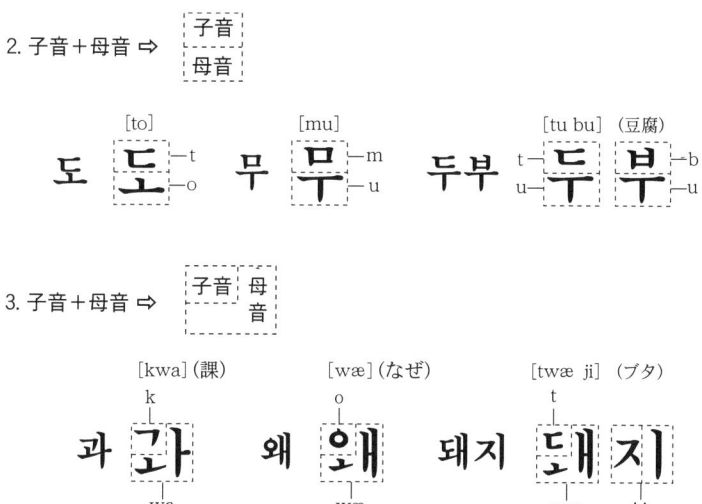

4. 子音＋母音＋子音 (받침)

　母音の後に付く子音は、ハングルでは받침 (パッチム)というが、つまり終声子音である。たとえば、日本(にっぽん)なら、ハングルは「にっ」「ぽん」をそれぞれ1字で書くために、1字のなかに「っ」音や「ん」音の子音が最後に付く。ハングルではこれを받침 (パッチム)といっている。받침 (パッチム)は「支えること」を意味するが、それはハングルの構成において、支えるような位置にあるからだ。なお、ハングルの받침の幅は広く、「っ」や「ん」以外にも多くある。日本語にない「ぷ」「く」「む」など。

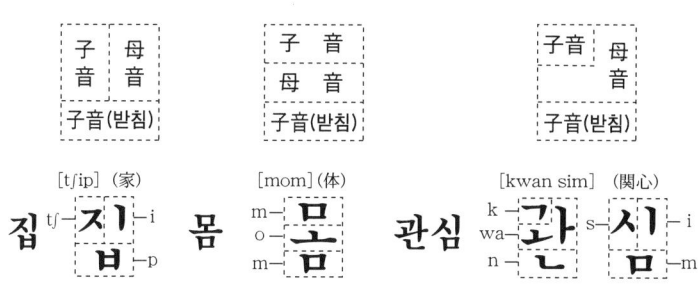

●南北の綴字法の違いについて

1. 子音の順序(辞書を引く場合。辞書を引く場合は子音を優先)

   南：ㄱ ㄲ ㄴ ㄷ ㄸ ㄹ ㅁ ㅂ ㅃ ㅅ ㅆ ㅇ ㅈ ㅉ ㅊ ㅋ ㅌ ㅍ ㅎ

   北：ㄱ ㄴ ㄷ ㄹ ㅁ ㅂ ㅅ ㅈ ㅊ ㅋ ㅌ ㅍ ㅎ ㄲ ㄸ ㅃ ㅆ ㅉ ㅇ

2. 母音の順序(辞書を引く場合)

   南：ㅏ ㅐ ㅑ ㅒ ㅓ ㅔ ㅕ ㅖ ㅗ ㅘ ㅙ ㅚ ㅛ ㅜ ㅝ ㅞ ㅟ ㅠ ㅡ ㅢ ㅣ

   北：ㅏ ㅑ ㅓ ㅕ ㅗ ㅛ ㅜ ㅠ ㅡ ㅣ ㅐ ㅒ ㅔ ㅖ ㅚ ㅟ ㅢ ㅘ ㅝ ㅙ ㅞ

   発音は南北ともに同じであるが、正書法が若干異なる。

3. ㅣ、ㅐ、ㅔ、ㅚ、ㅟ、ㅢで終わる母音語幹用言に続く여は、南では어と綴り北では 여と綴るが、発音は同じく[ヨ]と読む。

   例：하였다は南北とも同じ。되었다は南では되었다と綴る。

4. 単語の頭にㄹ、ㄴがきたとき、南ではㄹ、ㄴはそれぞれㄴ、ㅇに軟化させて発音するが、北では文字通りそのまま発音することになっている。南では、ㄹがㅏㅗㅜㅡㅐㅣの母音と組み合わさっているときは、ㄹはㄴと綴り発音する(だが北でも実際の発音は、ㄴ、ㅇの場合もあるようだ)。

   〈例〉라렬 → 나열 (羅列)　　란잡 → 난잡 (乱雑)

   　　 래년 → 내년 (来年)　　뢰성 → 뇌성 (雷声)

   また南では、ㄹ、ㄴはㅑㅕㅛㅠㅣㅖの母音と組み合わさっている場合はㄹ、ㄴともにㅇと綴り、発音する。

   〈例〉량친 → 양친 (両親)　　료리 → 요리 (料理)

   　　 리씨 → 이씨 (李氏)　　력사 → 역사 (歴史)

   　　 뉴대 → 유대 (紐帯)　　뇨소 → 요소 (尿素)

   南ではさらに、렬、률単語の語頭だけでなく、次音にあっても前の音が母音もしくはㄴ받침の時、열、율と綴って、発音する。

   〈例〉선렬 → 선열 (先烈)　　라렬 → 나열 (羅列)

   　　 고률 → 고율 (高率)　　선률 → 선율 (旋律)

   ※ 先烈は先だった烈士の意。능률(能率)、법률(法律)などは南北ともに률。

   北では、ㄹ、ㄴが語頭にきても一切かかわりなくそのまま発音する。前記の例文で言えば、変化する前の綴り・発音を原則としている。なお南でも外来語および外国固

有語については変化させないで発音する。

〈例〉라지오（ラジオ）　　　　뉴욕（ニューヨーク）
　　뉴튼（ニュートン）　　　　링컨（リンカーン）

5. 外来語および外国の固有名詞に、南北で違いがある。
6. 政治・社会体制の違いから、用語に違いがある。

●発音（カタカナルビ）、その他について

　漢字音については、付録に関連資料を挙げておいた。発音のカタカナルビは、便宜的につけたものであくまでも近似音にすぎない。

(1) ハングルは単語・言葉の語頭（初音）は濁らないので、初音はすべて清音にした。語頭（初音）にはガ行音、ダ行音、バ行音のような濁音は来ない。

(2) ㄱ(k,g)、ㄷ(t,d)、ㅂ(p,b)、ㅈ(tʃ,j)の4つには清音と濁音の2通りある。これらは(1)で述べた通り、語頭にあるときはㄱ(k)、ㄷ(t)、ㅂ(p)、ㅈ(tʃ)と清音になる。語中および語尾に位置するときはㄱ(g)、ㄷ(d)、ㅂ(b)、ㅈ(j)となる。例えば、가다［カダ］（行く）、화가［ファガ］（画家）。다리［タリ］（脚、橋）、보다［ボダ］（見る、〜より）。바지［パジ］（ズボン、パッチ）、이바지［イバジ］（尽くすこと）。조선［チョソン］（朝鮮、造船）、이조［イジョ］（李朝）。

(3) ㄱ、ㄷ、ㅂ、ㅈは語中、語尾では濁音になることは(2)で説明した通りだが、しかしその限りでない。ㄱ、ㄷ、ㅂ、ㅈは語中・語尾であっても、その直前の받침（終声）がㄱ、ㄷ、ㅂ、ㅅ、ㅈ、ㅊ、ㅋ、ㅌ、ㅍ、ㅎ、ㄲ、ㅆであるときは、それら받침の促音的な働きに制約され、次音のㄱ、ㄷ、ㅂ、ㅈは清音となる。

　また前記の받침は本書では一応このように整理した。ㄱ、ㅋ、ㄲは［ク］。ㄷ、ㅅ、ㅈ、ㅊ、ㅌ、ㅆは［ッ］。ㅂ、ㅍは［ブ］。ㅎは無音だが次音を清音にする場合は（ッ）とした。なお本書の発音ルビに（ッ）が散見するが、それは次音が清音となる場合、清音の前で発音上つまることによって次音を清音にするのが自然だから、あえて（ッ）をつけた場合がある。例えば、낳다［ナ（ッ）タ］（生む）、오빠［オ（ッ）パ］（女性が兄を言う時）など。また、ㄳ、ㄵ、ㄶ、ㄺ、ㄻ、ㄼ、ㄽ、ㄾ、ㄿ、ㅀ、ㅄのいわゆる쌍받침（あるいは둘받침）が直前にあるとき、ㄱ、ㄷ、ㅂ、ㅈは語中、語尾にあっても濁らない。

(4) ㅊ(ts′)、ㅋ(k′)、ㅌ(t′)、ㅍ(p′)の4つは激音といってつねに清音で、息を吐き出す

ようにして発音する。ㄲ(kk)、ㄸ(tt)、ㅃ(pp)、ㅆ(ss)、ㅉ(ttʃ)は濃音といってつねに清音で、鼻から息を押し出すように発音する。以上のことからわかるように、ㄱ(k) ㅋ(k′) ㄲ(kk)、ㄷ(t) ㅌ(t′) ㄸ(tt)、ㅂ(p) ㅍ(p′) ㅃ(pp)、ㅅ(s) ㅆ(ss)、ㅈ(tʃ) ㅊ(tʃ′) ㅉ(ttʃ)はそれぞれ語頭(初音)では近似音となるため、ㄱ、ㅋ、ㄲは[ク]。ㄷ、ㅌ、ㄸは[トゥ]。ㅂ、ㅍ、ㅃは[プ]。ㅅ、ㅆは[ス]。ㅈ、ㅊ、ㅉは[チュ]と、それぞれ同じ発音ルビにした。

(5) ハングルは、받침の次音が母音の場合、すなわち받침+ㅇでは、받침がㅇの中に入る、いわゆるリエゾン現象を起こす。例えば、이것은 (これは) は、[이거슨]と発音する。また받침+ㅎの場合も、ㅎが無音なのでリエゾン現象が起こる。例えば、생각하다 (考える) は[생가카다]となる(ㅎは無音だが、ㄱ、ㄷ、ㅂ、ㅈなどの子音がㅎとリエゾンすると激音化して、ㅋ、ㅌ、ㅍ、ㅊとなる)。しかし、リエゾンさせない方がかえって自然である場合は、あえてリエゾンさせないでルビをふった個所もある。받침がㅎである場合も激音化現象を起こす。(넣다→[너타]、않다→[안타]など)

(6) ハングルには激音化現象の他に濃音化現象がある。これは主に漢字語に起こる。例えば、발달(発達)→[발딸]、날조(捏造)→[날쪼]、한자(漢字)→[한짜]、민법(民法)→[민뻡]、발진(発進)→[발찐]、의과(医科)→[의꽈]など。

(7) ハングルでは、発音をなめらかにさせるために子音を同化させることがある。ㄱ・ㄲ・ㅋ+ㄴ・ㄹ・ㅁ→ㅇ(먹는다→멍는다、한국말→한궁말)。ㅂ・ㅍ・ㅄ+ㄴ・ㄹ・ㅁ→ㅁ(밥맛→밤맛、앞문→암문)。ㄷ・ㅅ・ㅆ・ㅈ・ㅊ・ㅌ・ㅆ・ㅎ+ㄴ・ㄹ・ㅁ→ㄴ(닫는다→단는다、짖는다→진는다)。ㄴ+ㄹ、ㄹ+ㄴ→ㄹ(천리마→철리마、원래→월래)。ㄱ・ㅁ・ㅂ・ㅇ+ㄹ→ㄴ(종로→종노、독립→동닙、협력→혐녁)。

(8) ㅓとㅗ、ㅕとㅛ、ㅜとㅡ、ㅐとㅔ、ㅒとㅖ、ㅚとㅙ、ㅟとㅞなどの母音発音の区別はカタカナではできないので、それぞれに原則として同じルビをふった。

(9) 長母音と短母音の区別はとくにつけなかった。

(10) 띄어쓰기(分ち書き)の南北の違いはとくに示さなかった。

第1章　名　詞

●品詞の分類

単語を文法上の性質によって分類したものを品詞と言う。

[日本語の品詞分類]
1. 名詞
2. 副詞
3. 連体詞
4. 接続詞
5. 感動詞
6. 形容詞
7. 形容動詞
8. 動詞
9. 助詞
10. 助動詞

[ハングルの品詞分類]
1. 名詞
2. 数詞
3. 代名詞
4. 動詞
5. 形容詞
　（日本語の形容動詞も含む）
6. 冠形詞
7. 副詞
8. 感歎詞
9. 토(日本語の助詞に相当)

※ 토は品詞の分類に入らない。

●名詞の定義

事物の名称を表す言葉を名詞と言う。名詞は自立語で活用がなく、主語になることができる。

●名詞の分類

[日本語の名詞の分類]
　普通名詞
　固有名詞
　数詞
　代名詞
　形式名詞

[ハングルの名詞の分類]
　普通名詞
　固有名詞
　不完全名詞
　単位名詞

日本語では名詞のなかに含められている数詞、代名詞がハングルでは独立した品詞としてとり扱われている。

　普通名詞が山、川、空、海、世界、平和などの一般的事物を表す名詞であるのは日本語とハングルは同じ。

　また、固有名詞が人名や地名、書名など固有の事物につけられた名前であることも共通している。

　日本語の形式名詞(こと、もの、べき、はず、ため、わけ、場合…)は、ハングルの不完全名詞것(もの、こと)、데(もの、こと、場合)、나위(べき)、리(はず、ため、わけ)と似ている。

　ハングルの単位名詞というのは、〜個、〜匹、〜本、〜冊…のように対象の数量を表す単位となる名詞のことで、不完全名詞に属している。日本語では接尾詞に分類している。単位名詞はつねに数詞のあとに置く。

　以上のような分類上の違いは、品詞の分け方の基準が日本語とハングルとではたがいに異なるところから生じたが、名詞それ自体のもつ本質的な相異から生じたものではない。

●単語

普通名詞(一般名詞)　보통명사 [ポトンミョンサ]

★人に関連した名詞★

1. 家族・親戚　　가족・친척 [カジョク・チンチョク]

① おじいさん(祖父)　할아버지(조부) [ハラボジ(チョブ)]
② おばあさん(祖母)　할머니(조모) [ハルモニ(チョモ)]
③ おとうさん(父親)　아버지(부친) [アボジ(プ(ッ)チン)]
④ おかあさん(母親)　어머니(모친) [オモニ(モ(ッ)チン)]
⑤ 兄さん(兄)　형님(형、오빠、오라버님) [ヒョンニム(ヒョン、オ(ッ)パ、オラボニム)]
⑥ 姉さん(姉)　누님(누이、누나、언니) [ヌニム(ヌイ、ヌナ、オンニ)]
⑦ 弟　동생(남동생、아우) [トンセン(ナムドンセン、アウ)]

⑧ 妹　누이동생(여동생、누이)［ヌイドンセン（ヨドンセン、ヌイ)］
⑨ 年寄(老人)　늙은이(노인)［ヌルグニ（ノイン)］
⑩ 大人　어른［オルン］
⑪ 若者(青年)　젊은이(청년)［チョルムニ（チョンニョン)］
⑫ 子供(少年)　아이(소년)［アイ（ソニョン)］
⑬ 赤ちゃん(赤ん坊)　아가、애기、갓난아이［アガ、エギ、カンナンアイ］
⑭ 乳のみご　젖먹이［チョンモギ］
⑮ 息子　아들［アドゥル］
⑯ 娘　딸［タル］　따님［タニム］
⑰ 孫(孫娘)　손자(손녀)［ソンジャ（ソンニョ)］
⑱ ひ孫　증손자［チュンソンジャ］
⑲ おじ(伯父)　큰아버지(백부)［クナボジ（ペクブ)］
⑳ おじ(叔父)　작은아버지(삼촌、외삼촌、고모부、이모부、숙부)［チャグナボジ（サムチョン、ウェサムチョン、コモブ、イモブ、スクブ)］
㉑ おじさん　아저씨［アジョ(ッ)シ］
㉒ おば(伯母)　큰어머니(고모、백모)［クノモニ（コモ、ペンモ)］
㉓ おば(叔母)　작은어머니(숙모、이모)［チャグノモニ（スンモ、イモ)］
㉔ おばさん　아주머니［アジュモニ］
㉕ おい　조카［チョ(ッ)カ］
㉖ めい　조카딸［チョ(ッ)カ(ッ)タル］
㉗ 義兄　자형(손윗처남、시아주버니、형부、아저씨)［チャヒョン（ソヌィッチョナム、シアジュボニ、ヒョンブ、アジュ(ッ)シ)］
㉘ 義弟　매부(손아래처남、시동생)［メブ（ソナレチョナム、シドンセン)］
㉙ 義姉　형수(형님、처형)［ヒョンス（ヒョンニム、チョヒョン)］
㉚ 義妹　제수(시누이、처제)［チェス（シヌイ、チョジェ)］

☆家族、親戚の呼び方は複雑であるうえに呼び間違うと失礼でもあるし、お笑いともなるので注意を要する。
☆おじいさん、おばあさんは、할아버지、할머니という呼び名が普通一般に用いられる。祖父、祖母は普通、文書などを書くときに用いられることが多いが、最近では文書にも할아버지、할머니を使うこともある。

☆日本では自分の「父」を「ちち」、他人の「父」は「お父さん」、「父親」と尊称するのが一般に礼儀とされているが、ハングルでは自分の父にも「お父さん」「父親」を使う。「母」も同じ。文書などでは부친(父親)、모친(母親)という言葉を使うが、〈아버지〉、〈어머니〉も使われている。固有なハングルをより使う傾向のようである。〈아버지〉のていねいな形として〈아버님〉、〈어머니〉には〈어머님〉がある。「父上」「母上」あるいは「おとうさま」「おかあさま」といった意味である。他人の「父」「母」に対する敬称であるばかりなく、自分の「父」「母」にも一般に使われている。자모・모당(慈母)・(母堂)、엄부・엄친(厳父・厳親)という言い方もある。

☆ハングルには「お兄さん」「お兄さま」「にいちゃん」「兄貴」のはっきりした区別はなく〈형님〉という言い方で通じるが、注意を要するのは弟が「兄」を呼ぶときは〈형〉〈형님〉、妹が「兄」を呼ぶときは〈오빠〉〈오라버님〉と言うことである。妹が自分の「兄」を〈형님〉とは絶対言わない(兄嫁に対しては〈형님〉と言う)。〈형〉は〈형님〉のぞんざいな言い方であるが、文書には使われる。

☆「姉さん」も同じく、〈누이〉は姉あるいは妹を指す。つまりsisterであるが、厳密には、姉は〈손윗누이〉、妹は〈손아래누이〉。〈손윗〉は〈目上〉、〈손아래〉は〈目下〉の意味。弟が「姉」「ねえさん」と呼ぶときには〈누나〉、〈누님〉を、妹が「姉」「ねえさん」と呼ぶ場合は〈언니〉を用いる。〈누님〉は〈누나〉のていねいな呼び方。ただし、酒場などの「姐さん」に対しては〈누나〉〈누님〉とは言わず、普通〈아주머니〉、〈아주마〉(―줌―)を使う。

☆ハングルでは「弟」も「妹」も〈동생〉で通じるが、その区別を要する場合、「弟」は〈남동생〉、妹は〈여동생〉あるいは〈누이동생〉と呼ぶ。

☆「赤ちゃん」の呼び方もいろいろあるが、強いて区別をつけるなら〈아가〉は「赤ちゃん」、〈애기〉は「赤んぼう」、〈작은아이〉は「赤児」と言えよう。日本語の「赤ちゃん」の「あか」がハングルの〈아가〉と酷似しているのは興味深い。

☆「乳のみご」を〈젖먹이〉と言うが、これは〈젖+먹이〉で、「乳+呑み」、「乳呑児」という日本語と同じ考え方である。

☆「おじ」にはいろいろな呼び方がある。〈작은아버지〉は父の弟、おじ。〈삼촌〉はふつう父の弟のことを指す。〈외삼촌〉は母の弟、〈고모부〉は父の姉妹の夫を、〈이모부〉は母の姉妹の夫を言う。〈숙부〉(叔父)は父の弟、〈백부〉(伯父)は父の兄を意味する。

☆〈아저씨〉は身内以外の成人男子に対して用いる。だが、一般的に学歴があったり、社会的地位のある者には言わないが、この限りではない。これは下の〈아주머니、아줌마も同じ〉も同じである。〈언니〉の夫も〈아저씨〉と言う。

☆〈아주머니〉は普通一般に、庶民の間で「おばさん」あるいは「奥さん」の意で使われる。

☆〈고모(姑母)〉は父の姉妹、〈큰어머니〉は伯父の妻。

☆〈이모(姨母)〉は母の姉妹、〈작은어머니〉は叔父の妻。

☆「義兄」にはいろいろな使い分けがある。〈자형〉は〈누나〉の夫、〈손윗매부〉も〈누나〉の夫、〈시아주버니〉は夫の兄、〈형부〉は〈언니〉の夫、〈손윗처남〉は妻の兄を示す。※姉妹の夫を〈매부(妹夫)〉と言う。つまり、매부とは姉の夫〈매형〉(漢字では姉兄)と妹の夫〈매제〉(漢字では妹弟)のことである。

☆「義弟」には〈손아래매부〉が妹の夫、〈시동생〉は夫の弟、〈손아래처남〉は妻の弟。

☆〈형님〉は妹にとって兄〈오빠〉の妻、〈형수〉は弟にとって兄〈형〉の妻、〈처형〉は妻の姉。
☆〈제수〉は弟の妻、〈시누이〉は夫の妹、〈처제〉は妻の妹。

2. 職業　　직업 [チゴプ]

① 労働者　노동자 [ノドンジャ]
② 事務員　사무원 [サムウォン]
③ 科学者　과학자 [クァハクチャ]
④ 技術者　기술자 [キスルチャ]
⑤ 農民　농민 [ノンミン]
⑥ 漁民　어민 [オミン]
⑦ 教員　교원 [キョウォン]
⑧ 校長　교장 [キョジャン]
⑨ 教頭　교두 [キョドゥ]
⑩ 作家　작가 [チャッカ]
⑪ 小説家　소설가 [ソソルガ]
⑫ 芸術家　예술가 [イェスルガ]
⑬ 音楽家　음악가 [ウマッカ]
⑭ 作曲家　작곡가 [チャクコッカ]
⑮ 作詞者　작사자 [チャクサジャ]
⑯ 演奏家　연주가 [ヨンジュガ]
⑰ 独奏者　독주자 [トクチュウジャ]
⑱ 指揮者　지휘자 [チフィジャ]
⑲ 画家　화가 [ファガ]
⑳ 政治家　정치가 [チョンチガ]
㉑ 議員　의원 [ウィウォン]
㉒ 議長　의장 [ウィジャン]
㉓ 医師　의사 [ウィサ]
㉔ 教授　교수 [キョス]
㉕ 看護師(婦)　간호사(부) [カノサ(カノブ)]
㉖ 助産婦(員)　조산부(원) [チョサヌォン]
㉗ 薬剤師　약제사 [ヤクチェサ]
㉘ 助手　조수 [チョス]
㉙ 理髪師　이발사 [イバルサ]
㉚ 美容師　미용사 [ミヨンサ]
㉛ 栄養士　영양사 [ヨンヤンサ]
㉜ 料理士　요리사 [ヨリサ]
㉝ 判事　판사 [パンサ]
㉞ 検事　검사 [コムサ]
㉟ 弁護士　변호사 [ピョノサ]
㊱ 機関士　기관사 [キグァンサ]
㊲ 航海士　항해사 [ハンヘサ]
㊳ 船長　선장 [ソンジャン]
㊴ 運転士　운전사 [ウンジョンサ]
㊵ 将校　장교 [チャンギョ]
㊶ 将軍　장군 [チャングン]
㊷ 兵士　병사 [ピョンサ]
㊸ 軍隊　군대 [クンデ]
㊹ 軍人　군인 [クニン]
㊺ 販売員　판매원 [パンメウォン]
㊻ 会社員　회사원 [フェサウォン]
㊼ 社長　사장 [サジャン]
㊽ 専務　전무 [チョンム]
㊾ 常務　상무 [サンム]
㊿ 理事　이사 [イサ]

(51) 牧師　목사［モㇰサ］
(52) 職工　직공［チㇰコン］
(53) 大工　대목(목수)［テモㇰ(モㇰス)］
(54) 業者　업자［オㇷ゚チャ］
(55) 銀行員　은행원［ウネンウォン］
(56) 通訳　통역［トンヨㇰ］
(57) 翻訳家　번역가［ポニョッカ］
(58) 歌手　가수［カス］
(59) 伴奏者　반주자［パンジュジャ］
(60) 鉄道員　철도원［チョㇽトウォン］
(61) 車掌　차장［チャジャン］
(62) 案内員　안내원［アンネウォン］
(63) 公務員　공무원［コンムウォン］
(64) 役員　임원［イムォン］
(65) 委員　위원［ウィウォン］
(66) 船員　선원［ソヌォン］
(67) 飛行士　비행사［ピヘンサ］
(68) 用務員　용무원［ヨンムウォン］
(69) 研究者　연구자［ヨングジャ］
(70) 舞踊家　무용가［ムヨンガ］

☆漢字の職業名は、ハングル読みに換えればほとんどそのまま通じることがわかる。

3. その他　기타［キタ］の人間関係

① 男(男子、男性)　사나이(남자、남성)［サナイ(ナㇺジャ・ナㇺソン)］
② 女(女子、女性)　여(여자、여성)［ヨ(ヨジャ・ヨソン)］
③ 娘、乙女　처녀［チョニョ］
④ チョンガー　총각［チョンガㇰ］
⑤ 独身者　독신자［トㇰシンジャ］
⑥ 花嫁　새색시［セ(ェ)セㇰシ］
⑦ 花婿　새서방(신랑)［セソバン(シㇽラン)］
⑧ 嫁　며느리［ミョヌリ］
⑨ 婿　사위［サウィ］
⑩ しゅうと　시아버지［シアボジ］
⑪ しゅうとめ　시어머니［シオモニ］
⑫ 夫婦(夫妻)　부부(내외)［プブ(ネウェ)］
⑬ 夫　남편(서방)［ナㇺピョン(ソバン)］
⑭ 妻　처(아내)［チョ(アネ)］
⑮ 主人　주인［チュイン］
⑯ 女房　마누라(여편네)［マヌラ(ヨピョンネ)］

☆男を〈사나이〉、女を〈계집〉と言うのが固有なハングルであるが、계집はその響きが悪いので普通一般には、〈여자〉(女子)、〈여성〉(女性)が用いられている。〈사나이〉の代わりに、〈남자〉(男子)、〈남성〉(男性)が用いられる。
☆娘、乙女は〈처녀〉(処女)であるが、これは一般語として未婚の女性に対して用いられる。아가

씨もほぼ同じだが、やや俗っぽい。

☆チョンガーは漢字で「総角」と書く。日本ではやや軽蔑的に使われる場合もあるが、ハングルではむしろ親しみを持った含みがある。「総角」は日本語では「あげまき」と読み、原意は独身男子の髪形で、ハングルも同じ。

☆花嫁は〈신부〉(新婦)、花婿は〈신랑〉(新郎)と呼ぶのが一般的で、漢字語では日本語と同じ。両者を〈신랑신부〉(新郎新婦)とひと続きで呼ぶこともある。

☆〈내외〉、〈남편〉、〈서방〉は漢字ではそれぞれ「内外」、「男便」、「書房」。

4. 家畜　가축 [カチュク]

① 牛　소 [ソ]
② 馬　말 [マル]
③ 豚　돼지 [トェジ]
④ 犬　개 [ケ]
⑤ 猫　고양이 [コヤンイ]
⑥ 鶏　닭 [タク]
⑦ あひる　오리 [オリ]
⑧ がちょう　거위 [コウィ]
⑨ うさぎ　토끼 [ト(ッ)キ]
⑩ 山羊　산양 [サンヤン]
⑪ 羊　염소 [ヨムソ]
⑫ 黒山羊　흑염소 [フクヨムソ]

☆十二支の言い方では、羊を〈염소〉とは言わずに〈양〉と言い、また、猪(亥)は〈산돼지〉(後出)と言わずに単に〈돼지〉と言う。漢字で表現する子丑寅卯…はそのままハングルで〈자축인묘…〉と音読みにする。なお、年は띠 [ティ] と言う。例えば、子年〈쥐띠〉[チュィティ]、丑年〈소띠〉[ソッティ]、亥年〈돼지띠〉[テェジッティ]など。

5. 野生動物　야생동물 [ヤセントンムル]

① 虎　범(호랑이) [ポム(ホランイ)]
② ライオン(獅子)　사자(라이온) [サジャ(ライオン)]
③ 熊　곰 [コム]
④ ひょう　표범 [ピョボム]
⑤ 猿　원숭이 [ウォンスンイ]
⑥ 象　코끼리 [コ(ッ)キリ]
⑦ 狐　여우 [ヨウ]
⑧ 狸　너구리 [ノグリ]
⑨ やま犬　승냥이 [スンニャンイ]
⑩ 朝鮮狼(ぬくて)　늑대 [ヌクテ]
⑪ 猪　산돼지 [サンテェジ]
⑫ 鹿　사슴 [サスム]
⑬ ろば　당나귀 [タンナグィ]
⑭ ねずみ　쥐 [チュィ]
⑮ 蛇　뱀 [ペム]
⑯ キリン　기린 [キリン]

⑰ 青大将 늘매기(구렁이) [ヌルメギ(クロンイ)]
⑱ かえる 개구리 [ケグリ]
⑲ 亀 거북 [コブク]

6. 鳥 새 [セ]

① つばめ 제비 [チェビ]
② 鳩 비둘기 [ピドゥルギ]
③ すずめ 참새 [チャムセ]
④ ひばり 종달새 [チョンダルセ]
⑤ うぐいす 꾀꼬리 [クェ(ッ)コリ]
⑥ ほととぎす 소쩍새 [ソ(ッ)チョクセ]
⑦ きじ 꿩 [クォン]
⑧ かささぎ 까치 [カ(ッ)チ]
⑨ 鶴 두루미(학) [トゥルミ(ハク)]
⑩ 白鶴 백학 [ペ(ッ)カク]
⑪ 白鷺 백로 [ペンノ]
⑫ きつつき 딱따구리 [タクタグリ]
⑬ わし 독수리 [トクスリ]
⑭ からす 까마귀 [カマグィ]
⑮ おうむ 앵무새 [エンムセ]
⑯ かっこう 뻐꾸기 [ポ(ッ)クギ]
⑰ ふくろう 올빼미 [オルペミ]
⑱ がん(雁) 기러기 [キロギ]
⑲ さぎ 해오라기 [ヘオラギ]
⑳ かもめ 갈매기 [カルメギ]
㉑ 白鳥 백조 [ペクチョ]
㉒ たか 매 [メェー]

7. 昆虫 곤충 [コンチュン]

① 虫 벌레 [ポルレ]
② 蝶 나비 [ナビ]
③ とんぼ 잠자리 [チャムジャリ]
④ 蜂 벌 [ポル]
⑤ 蟻 개미 [ケミ]
⑥ せみ 매미 [メミ]
⑦ ばった 메뚜기 [メ(ッ)トゥギ]
⑧ かぶとむし 딱정벌레 [タクチョンポルレ]
⑨ はえ 파리 [パリ]
⑩ ほたる { 개똥벌레 [ケ(ッ)トンポルレ]
         { 반딧불 [パンディプル]
⑪ かまきり 사마귀 [サマグィ]
⑫ 蚊 모기 [モギ]
⑬ くも(蜘蛛) 거미 [コミ]
⑭ ごきぶり 바퀴벌레 [パッキィポルレ]
⑮ 鈴虫 방울벌레 [パンウルポルレ]
⑯ こおろぎ 귀뚜라미 [クィ(ッ)トゥラミ]
⑰ 松虫 칭칭이귀뚜라미 [チンチンイクィ(ッ)トゥラミ]
⑱ てんとう虫 무당벌레 [ムダンポルレ]
⑲ 毛虫 털벌레 [トルポルレ]

8. 魚介類　어개류［オゲリュウ］

① たら　대구［テグ］
② にしん　청어［チョンオ］
③ 鮭　연어［ヨノ］
④ ます　송어［ソンオ］
⑤ いわし　정어리［チョンオリ］
⑥ さば　고등어［コドゥンオ］
⑦ さんま　꽁치［コンチ］
⑧ いしもち(ぐち)　조기［チョギ］
⑨ 鯛　도미［トミ］
⑩ かつお　가다랭이［カダレンイ］
⑪ まぐろ　다랑어［タランオ］
⑫ さわら　삼치［サム(ッ)チ］
⑬ ぶり　방어［パンオ］
⑭ ひらめ　넙치［ノプチ］
⑮ かれい　가자미［カジャミ］
⑯ 鮫　상어［サンオ］
⑰ いか　오징어［オジンオ］
⑱ たこ　낙지［ナクチ］
⑲ 明太　명태［ミョンテ］
⑳ うなぎ　뱀장어［ペムジャンオ］
㉑ 太刀魚　갈치［カル(ッ)チ］
㉒ 蟹　게［ケ］
㉓ わたり蟹　꽃게［コッケ］
㉔ なまこ　해삼［ヘサム］
㉕ はまぐり　대합［テハプ］
㉖ 赤貝　세꼬막［セコマク］
㉗ あわび　전복［チョンボク］
㉘ どじょう　미꾸라지(추어)［ミ(ッ)クラジ(チュオ)］
㉙ 鯉　잉어［インオ］
㉚ ふな　붕어［プンオ］
㉛ 金魚　금붕어［クムブンオ］

⇨魚の〈물고기〉は〈물＋고기〉(水＋肉)で水の肉と言うのが原意。
　また、食魚のことを〈생선〉言うが、漢字の「生鮮」から由来。

9. 木　나무［ナム］

① 松　소나무(솔)［ソナム(ソル)］
② 柳　버드나무(버들)［ポドゥナム(ポドゥル)］
③ 杉　삼나무［サムナム］
④ 銀杏　은행나무［ウネンナム］
⑤ かし　떡갈나무［トクカルナム］
⑥ 白樺　자작나무［チャジャンナム］
⑦ アカシア　아카시아［アカシア］
⑧ にれ　느릅나무［ヌルムナム］
⑨ 桐　오동나무［オドンナム］
⑩ からまつ　이깔나무［イ(ッ)カルナム］
⑪ けやき　느티나무［ヌティナム］

⑫ 桜　벚나무 [ポンナム]
⑬ ポプラ　포플라 [ポ(ッ)プラ]
⑭ 梅　매화나무 [メファナム]
⑮ かえで　단풍나무 [タンプンナム]

⑯ 桑　뽕나무 [ポンナム]
⑰ 柿　감나무 [カムナム]
⑱ 竹　대나무 [テナム]
⑲ さるすべり　백일홍 [ペギルホン]

⇨ 〜나무の〈나무〉を省いても意味は通じる。

10. 花　꽃 [コッ]

① つつじ　진달래 [チンダルレ]
② ぼたん　모란 [モラン]
③ 菊　국화 [ク(ッ)クヮ]
④ 百合　백합 [ペ(ッ)カプ]
⑤ ばら　장미 [チャンミ]
⑥ ききょう　도라지 [トラジ]
⑦ しゃくやく　함박꽃・작약 [ハムバクコッ・チャギク]
⑧ むくげ　무궁화 [ムグンファ]
⑨ チューリップ　튤립 [テュルリプ]
⑩ カーネーション　카네이션 [カネイション]
⑪ あやめ　붓꽃 [プッコッ]

⑫ れんぎょう　개나리 [ケナリ]
⑬ すみれ　제비꽃 [チェビコッ]
⑭ れんげ草　자운영 [チャウニョン]
⑮ たんぽぽ　민들레 [ミンドゥルレ]
⑯ ほうせんか　봉선화(봉숭아) [ポンソヌヮ(ポンスンア)]
⑰ クローバー　토끼풀 [ト(ッ)キプル]
⑱ 藤　등나무 [トゥンナム]
⑲ 蓮の花　연꽃 [ヨンコッ]
⑳ 水仙　수선화 [スソヌヮ]
㉑ 朝顔　나팔꽃 [ナッパルコッ]
㉒ 蘭　난초 [ナンチョ]

11. くだもの　과실・과일 [クヮシル・クヮイル]

① りんご　사과 [サグヮ]
② 梨　배 [ペー]
③ 柿　감 [カム]
④ 干柿　곶감 [コッカム]
⑤ みかん　귤 [キュル]
⑥ 桃　복숭아 [ポクスンア]
⑦ さくらんぼ　버찌 [ポ(ッ)チ]
⑧ すいか　수박 [スバク]

⑨ 葡萄　포도 [ポド]
⑩ バナナ　바나나 [パナナ]
⑪ びわ　비파 [ピ(ッ)パ]
⑫ すもも　오얏 [オヤッ]
⑬ 瓜　참외 [チャムェ]
⑭ いちご(苺)　딸기 [タルギ]
⑮ 栗　밤 [パム]
⑯ なつめ　대추 [テ(ッ)チュウ]

12. 野菜　야채・남새 [ヤチェ・ナムセ]

① かぼちゃ　호박 [ホバク]
② きゅうり　오이 [オイ]
③ トマト　토마토 [トマト]
④ キャベツ　양배추 [ヤンベェチュ]
⑤ ほうれん草　시금치 [シグムチ]
⑥ 白菜　배추 [ペ(ッ)チュ]
⑦ 大根　무(우) [ム(ムウ)]
⑧ にんじん　당근 [タングン]
⑨ ごぼう　우엉 [ウオン]
⑩ ちしゃ　상추 [サンチュ]
⑪ たまねぎ　양파 [ヤンパ]
⑫ ねぎ　파 [パ]
⑬ ぜんまい　고비 [コビ]
⑭ わらび　고사리 [コサリ]
⑮ じゃがいも　감자 [カムジャ]
⑯ 唐辛子　고추 [コッチュ]
⑰ なす　가지 [カジ]
⑱ にら　부추 [プ(ッ)チュ]
⑲ せり　미나리 [ミナリ]
⑳ そらまめ　완두 [ワンドゥ]
㉑ しょうが　생강 [センガン]
㉒ さつまいも　고구마 [コグマ]
㉓ にんにく　마늘 [マヌル]
㉔ 蒜(ひる)　달래 [タルレ]

13. 家　집 [チブ]

① 屋根　지붕 [チブン]
② 柱　기둥 [キドゥン]
③ 壁　벽 [ピョク]
④ 窓　창문 [チャンムン]
⑤ 戸　문 [ムン]
⑥ 玄関　현관 [ヒョングァン]
⑦ 床　마루 [マル]
⑧ 台所　부엌 [プオク]
⑨ 居間　거실 [コシル]
⑩ 主人の居間　사랑방 [サランバン]
⑪ 夫婦の居間兼寝室　안방 [アンパン]
⑫ 便所　변소 [ピョンソ]
⑬ 化粧室　화장실 [ファジャンシル]
⑭ 浴室　욕실 [ヨクシル]
⑮ 寝室　침실 [チムシル]
⑯ 廊下　복도 [ポクト]
⑰ 庭　마당 [マダン]
⑱ 垣根　울타리 [ウルタリ]
⑳ 塀　담 [タム]
㉑ 水道　수도 [スド]
㉒ 水道水　수도물 [スドゥムル]
㉓ 倉庫　창고 [チャンコ]
㉔ 天井　천장 [チョンジャン]
㉕ 門　대문 [テムン]
㉖ 書斎　서재 [ソジェ]
㉗ 車庫　차고 [チャゴ]

14. 家具　가구 [カグ]

① 箪笥　옷장 [オッチャン]
② ふとん箪笥　이불장 [イブルチャン]
③ 鏡台　경대 [キョンデ]
④ 机　책상 [チェクサン]
⑤ 本箱　책장 [チェクチャン]
⑥ 椅子　의자、걸상 [ウィジャ]
⑦ 食卓　밥상 [パプサン]
⑧ 鏡　거울 [コウル]

15. 日用雑貨　일용잡화 [イリョンチャプブァ]

① 茶碗　사발 [サバル]
② さじ　숟가락 [スッカラク]
③ はし　젓가락 [チョッカラク]
④ コップ　컵 [コップ]
⑤ やかん　주전자 [チュジョンジャ]
⑥ 皿　접시 [チョプシ]
⑦ 鍋　남비 [ナムビ]
⑧ 釜　솥(가마) [ソッ(カマ)]
⑨ フライパン　프라이팬 [プライペン]
⑩ お盆　쟁반 [チェンバン]
⑪ かめ(瓶)　항아리 [ハンアリ]
⑫ かめ(甕)　옹기 [オンギ]
⑬ たらい　대야 [テヤ]
⑭ つぼ(壷)　단지 [タンジ]
⑮ 包丁　식칼 [シクッカル]
⑯ まな板　도마 [トマ]
⑰ おろし金　채칼 [チェッカル]
⑱ じょうご　깔대기 [カルテギ]
⑲ びん(瓶)　병 [ピョン]
⑳ 洗面器　세면기 [セミョンギ]
㉑ かご　광주리 [クァンジュリ]
㉑ 歯ブラシ　칫솔 [チ(ッ)ソル]
㉒ せっけん　비누 [ピヌ]
㉓ 歯みがき　치약 [チヤク]
㉔ カミソリ　면도칼 [ミョンドカル]
㉕ 手ぬぐい　수건 [スゴン]
㉗ タオル　타울 [タオル]
㉘ クリーム　크림 [クリム]
㉘ 香水　향수 [ヒャンス]
㉙ 美顔水　미안수 [ミアンス]
㉚ ポマード　포마드 [ポマドゥ]
㉜ 髪油　머리기름 [モリキルム]
㉝ 針　바늘 [パヌル]
㉞ 糸　실 [シル]
㉟ はさみ　가위 [カウィ]
㊱ くし　빗 [ピッ]
㊲ ざぶとん　방석 [パンソク]
㊳ ふとん　이불 [イブル]
㊴ 毛布　담요・모포 [タムミョ・モポ]
㊵ 枕　베개 [ペゲ]
㊶ はかり　저울 [チョウル]
㊷ 鍵　열쇠 [ヨルセ]

㊸ おもちゃ　장난감 [チャンナンカム]
㊹ 灰皿　재털이 [チェ(ッ)トリ]
㊺ ほうき　비 [ピー]
㊻ ちりとり　쓰레받기 [スレパッキ]
㊼ 雑巾　걸레 [コルレ]
㊽ バケツ　양동이 [ヤントンイ]

16. 服装・身だしなみ　복장・옷차림 [ポクチャン・オッチャリム]

① 冬服　겨울옷 [キョウルオッ]
② 夏服　여름옷 [ヨルムオッ]
③ 合着　춘추복 [チュンチュウボク]
④ 男子服　남자옷 [ナムジャオッ]
⑤ 婦人服　여자옷 [ヨジャオッ]
⑥ 子供服　어린이옷 [オリニオッ]
⑦ オーバー　외투 [ウェトゥ]
⑧ ジャンパー　잠바 [チャムバ]
⑨ コート　코트 [コトゥ]
⑩ ワイシャツ　와이샤쓰 [ワイシャ(ッ)ス]
⑪ ネクタイ　넥타이 [ネクタイ]
⑫ 上着　웃도리・웃옷 [ウットリ・ウドッ]
⑬ ズボン　바지 [パジ]
⑭ 下着　속옷 [ソゴッ]
⑮ スカート　치마 [チマ]
⑯ ブラウス　브라우스 [ブラウス]
⑰ スーツ　양복 [ヤンボク]
⑱ ワンピース　원피스 [ウォンピス]
⑲ ベルト　벨트・혁띠 [ベルトゥ・ヒョクティ]
⑳ ブローチ　브로치 [プローチ]
㉑ スカーフ　스카프 [スカープ]
㉒ 帽子　모자 [モジャ]
㉓ 靴下　양말 [ヤンマル]
㉔ 靴　구두 [クドゥ]
㉕ セーター　스웨터 [スウェートー]
㉖ ジャケット　자켓 [ジャケッ]
㉗ ベスト　조끼 [チョ(ッ)キ]
㉘ ポケット　포켓, 호주머니 [ポケッ、ホジュモニ]
㉙ マフラー　목도리 [モクトリ]

17. 電気製品　가전제품 [チョンギジェプム]

① 電球　전구 [チョング]
② ラジオ　라디오 [ラディオ]
③ テレビ　TV・티비 [ティビ]
④ 電池　건전지・전지 [コンジョンジ・チョンジ]
⑤ 洗濯機　세탁기 [セタッキ]
⑥ 冷凍庫(冷蔵庫)　냉동고(냉장고) [ネンドンゴ(ネンジャンゴ)]
⑦ テープレコーダー　녹음기 [ノグムギ]
⑧ トランジスターラジオ　트랜지스터라디오 [トゥレ(ェ)ンジストォラディオ]

⑨ 電気釜　전기밥솥 [チョンギパプソッ]　　⑪ 電熱器　전열기 [チョンヨルギ]
⑩ アイロン　다리미 [タリミ]　　　　　　⑫ DVD　DVD [ディブィディ]

18. 食料品　식료품 [シンニョプム]

① 米　쌀 [サル]
② 小麦粉　밀가루 [ミルカル]
③ とうもろこし　옥수수(강냉이) [オクスス(カンネンイ)]
④ 大麦　보리 [ポリ]
⑤ 小麦　밀 [ミル]
⑥ パン　빵 [パン]
⑦ 豆腐　두부 [トゥブ]
⑧ 豆　콩 [コン]
⑨ 小豆　팥 [パッ]
⑩ 牛肉　소고기 [ソゴギ]
⑪ 豚肉　돼지고기 [トェジコギ]
⑫ たまご　달걀・계란 [タルギャル・ケラン]
⑬ 油　기름 [キルム]
⑭ 味噌　된장 [テンジャン]
⑮ 醤油　간장 [カンジャン]
⑯ 砂糖(白砂糖)　설탕 [ソルタン]
⑰ 塩　소금 [ソグム]
⑱ 調味料　조미료 [チョミリョ]
⑲ こしょう　후추 [フ(ッ)チュ]
⑳ ごま　깨 [ケ]
㉑ 酢　식초 [シクチョ]
㉒ 飴　엿 [ヨッ]
㉓ 菓子　과자 [クァジャ]
㉔ マヨネーズ　마요네즈 [マヨネジュ]
㉕ キムチ　김치 [キムチ]
㉖ ナムル　나물 [ナムル]
㉗ 焼肉　불고기 [ブルコギ]

⇨ 「さとう」は漢字で砂糖と書くが、普通〈사탕〉と言うと알사탕(あめ玉)の意味にとられることがある。砂糖は、설탕(雪糖)が一般的。

19. 栄養素　영양소 [ヨンヤンソ]

① タンパク質　단백질 [タンベクチル]
② 脂肪　지방 [チバン]
③ 炭水化物　탄수화물 [タンスファムル]
④ ミネラル　광물 [クァンムル]
⑤ ビタミン　비타민 [ピ(ッ)タミン]
⑥ カルシウム　칼슘 [カルシュム]
⑦ リン　인 [イン]
⑧ マグネシウム　마그네슘 [マグネシュム]
⑨ ビタミンA　비타민A [ピ(ッ)タミンエイ]
⑩ ビタミンB_1　비타민B_1 [ピ(ッ)タミンビウォン]

⑪ ビタミンB₂　비타민B₂ [ピ(ッ)タミンビトゥ]
⑫ ビタミンC　비타민C [ピ(ッ)タミンシイ]

20. 嗜好品　기호품 [キホプム]

① 酒　술 [スル]
② 茶　차 [チャ]
③ コーヒー　커피 [コ(ッ)ピ]
④ 紅茶　홍차 [ホンチャ]
⑤ タバコ　담배 [タムベ]
⑥ ビール　맥주 [メクチュ]
⑦ ウィスキー(洋酒)　양주 [ヤンジュ]
⑧ どぶろく　탁주(막걸리) [タクチュ(マクコルリ)]
⑨ ワイン　와인、포도주 [ワイン、ポドジュ]

21. 大工道具　목수도구 [モクストグ]

① のこぎり　톱 [トプ]
② かんな　대패 [テェペ]
③ 金づち　망치 [マンチ]
④ のみ　끌 [クル]
⑤ きり(錐)　송곳 [ソンゴッ]
⑥ 砥石　숫돌 [スットル]
⑦ 物さし　자 [チャ]
⑧ 曲尺　직각자 [チクカクチャ]
⑨ 巻尺　권척 [クォンチョク]
⑩ ドライバー　드라이버 [トゥライボー]
⑪ ペンチ　펜치 [ペンチ]
⑫ ねじ　나사 [ナサ]
⑬ 釘　못 [モッ]
⑭ 釘抜き　못뽑이 [モッポビ]
⑮ ペンキ　페인트 [ペイントゥ]

⇨ 大工をハングルでは一般に목수(木手)と言うが、대목(大木)とも言う。

22. 学用品　학용품 [ハギョンプム]

① ノート　공책・노트 [コンチェク・ノトゥ]
② 万年筆　만년필 [マンニョンピル]
③ インキ　잉크 [インク]
④ 消しゴム　지우개 [チウゲ]
⑤ 鉛筆　연필 [ヨンピル]
⑥ 小刀　손칼 [ソンカル]

⑦ 墨　먹 [モク]
⑧ 三角定規　삼각자 [サムガクチャ]
⑨ コンパス　콤파스 [コムパス]
⑩ 分度器　분도기 [プンドギ]
⑪ 筆入れ　필갑 [ピルガプ]
⑫ ペン先　펜촉 [ペンチョク]
⑬ 手帖　수첩 [ス(ッ)チョプ]
⑭ 教科書　교과서 [キョクヮソ]
⑮ かばん　가방 [カバン]
⑯ 筆　붓 [プッ]
⑰ 紙　종이 [チョンイ]
⑱ ボールペン　볼펜 [ポルペン]
⑲ 修正液　수정액 [スジョンエク]
⑳ 文房具　문방구 [ムンバング]

23. 天体　천체 [チョンチェ]

① 太陽　태양(해) [テヤン(ヘェ)]
② 地球　지구 [チグ]
③ 月　달 [タル]
④ 星　별 [ピョル]
⑤ 星影　별빛 [ピョルピッ]
⑥ 銀河　은하 [ウナ]
⑦ 水星　수성 [スソン]
⑧ 金星　금성 [クムソン]
⑨ 火星　화성 [ファソン]
⑩ 木星　목성 [モクソン]
⑪ 土星　토성 [トソン]
⑫ 天王星　천왕성 [チョヌァソン]
⑬ 海王星　해왕성 [ヘワンソン]
⑭ 冥王星　명왕성 [ミョンワンソン]
⑮ 流星　유성 [ユソン]
⑯ 北斗七星　북두칠성 [プクトゥ(ッ)チルソン]
⑰ 衛星　위성 [ウィソン]
⑱ 彗星　혜성 [ヘソン]
⑲ 惑星　혹성 [ホクソン]

24. 季節・四季　계절・사계 [ケジョル・サゲ]

① 春　봄 [ポム]
② 夏　여름 [ヨルム]
③ 秋　가을 [カウル]
④ 冬　겨울 [キョウル]
⑤ 春分　춘분 [チュンブン]
⑥ 秋分　추분 [チュブン]
⑦ 夏至　하지 [ハジ]
⑧ 冬至　동지 [トンジ]
⑨ 春夏秋冬　춘하추동 [チュナ(ッ)チュドン] (年中と言う意味もある)
⑩ 正月　설 [ソル]
⑪ 中秋　추석 [チュソク]

25. 天気　날씨, 일기 [ナルシ、イルギ]

① 気温(温度)　기온(온도) [キオン(オンド)]
② 気圧　기압 [キアプ]
③ 風　바람 [パラム]
④ 雨　비 [ピ]
⑤ 雪　눈 [ヌン]
⑥ 晴　맑음 [マルグム]
⑦ 曇　흐림 [フリム]
⑧ 霧　안개 [アンゲ]
⑨ 霜　서리 [ソリ]
⑩ 霰　우박 [ウバク]
⑪ 雲　구름 [クルム]
⑫ 台風　태풍 [テプン]
⑬ 梅雨　장마 [チャンマ]
⑭ 天気予報　일기예보 [イルギイェボ]
⑮ 気象　기상 [キサン]
⑯ 異常気象　이상기후 [イサンキフ]
⑰ 集中豪雨　집중호우 [チプチュンホウ]

⇨晴は〈개인 날씨〉(갠 —)、曇は〈흐린 날씨〉とも言う。일기は漢字で〈日気〉。

26. 地球　지구 [チグ]

① 山　산 [サン]
② 川　강 [カン]
③ 海　바다 [パダ]
④ 湖　호수 [ホス]
⑤ 平野　평야 [ピョンヤ]
⑥ 山脈　산맥 [サンメク]
⑦ 火山　화산 [ファサン]
⑧ 温泉　온천 [オンチョン]
⑨ 地震　지진 [チジン]
⑩ 陸(陸地)　뭍(육지) [ムッ(ユクチ)]
⑪ 谷　골짜기 [コルチャギ]
⑫ 北極　북극 [プククク]
⑬ 南極　남극 [ナムグク]
⑭ 大陸　대륙 [テリュク]

27. 地下資源　지하자원 [チハジャウォン]

① 地　땅 [タン]
② 岩　바위 [パウィ]
③ 岩石　암석 [アムソク]
④ 鉱物　광물 [クァンムル]
⑤ 石炭　석탄 [ソクタン]
⑥ 石油　석유 [ソギュ]
⑦ 天然ガス　천연가스 [チョニョンガス]
⑧ 鉄　철 [チョル]

⑨ 銅　동 (구리) [トン(クリ)]
⑩ 鉛　연 (납) [ヨン(ナブ)]
⑪ 亜鉛　아연 [アヨン]
⑫ 金　금 [クム]
⑬ 銀　은 [ウン]
⑭ 雲母　운모 [ウンモ]
⑮ ダイヤモンド　다이아몬드 [ダイアモンドゥ]
⑯ 水晶　수정 [スジョン]
⑰ ボーキサイト　보크사이트 [ポクサイトゥ]
⑱ タングステン　중석 [チュンソク]
⑲ 鉄および金属の総称　쇠 [ソェ]

⇨タングステン〈중석〉は、漢字で「重石」。구리, 납は固有語。

28. 電気　전기 [チョンギ]

① 電流　전류 [チョルリュ]
② 電圧　전압 [チョナブ]
③ 抵抗　저항 [チョハン]
④ 磁石　자석 [チャソク]
⑤ 乾電池　건전지 [コンジョンジ]
⑥ 蓄電池　축전지 [チュクチョンジ]
⑦ モーター　모터, 전동기 [モト、チョンドンギ]
⑧ 発電機　발전기 [パルチョンギ]
⑨ 変圧器　변압기 [ピョナブギ]
⑩ コンデンサー　축전기 [チュクチョンギ]
⑪ 交流　교류 [キョリュ]
⑫ 直流　직류 [チンニュ]
⑬ ヒューズ　퓨즈 [ピュウジュ]
⑭ 配線　배선 [ペソン]
⑮ 配電　배전 [ペジョン]

29. 通信　통신 [トンシン]

① 音　소리 [ソリ]
② 電信　전신 [チョンシン]
③ 電話　전화 [チョヌヮ]
④ ファックス　팩시밀리 [ペクシミルリ]
⑤ ラジオ　라디오 [ラディオ]
⑥ テレビ　TV・티비 [ティビ]
⑦ 放送　방송 [パンソン]
⑧ ケーブル　케이블 [ケイブル]
⑨ 拡声器　확성기 [ファクソンギ]
⑩ マイク　마이크 [マイク]
⑪ アンテナ　안테나 [アンテナ]
⑫ アース　접지 [チョブチ]
⑬ 電子　전자 [チョンジャ]
⑭ コンピューター　컴퓨터, 전자계산기 [コムピュウトー、チョンジャケサンギ]
⑮ パソコン　퍼스컴 [ポスコム]
⑯ 電子メール(eメール)　전자메일(e-) [チョンジャメル(イーメイル)]

⑰ 携帯電話　핸드폰・휴대폰［ヘンドゥポン・ヒュデポン］
⑱ インターネット　인터넷［イントネ(ッ)］
⑲ 光ファイバー　광파이버［クァンパイバォ］

30. 光学　광학［クァンハク］

① 光　빛［ピッ］
② 反射　반사［パンサ］
③ 凹面鏡　오목거울［オモヶコウル］
④ 凸面鏡　볼록거울［ポルロヶコウル］
⑤ レンズ　렌즈［レンジュ］
⑥ 顕微鏡　현미경［ヒョンミギョン］
⑦ 望遠鏡　망원경［マンウォンギョン］
⑧ 双眼鏡　쌍안경［サンアンギョン］
⑨ 写真機(カメラ)　사진기(카메라)［サジンギ(カメラ)］
⑩ デジタルカメラ　디지탈카메라［ティジィタルカメラ］
⑪ X線(レントゲン線)　엑스선, 뢴트겐선［エクスソン、ロェントゥゲンソン)］

31. 地理　지리［チリ］

① 位置　위치［ウィチ］
② 面積　면적［ミョンジョク］
③ 人口　인구［イング］
④ 大陸　대륙［テリュク］
⑤ 半島　반도［パンド］
⑥ 島　섬［ソム］
⑦ 山脈　산맥［サンメク］
⑧ 平野　평야［ピョンヤ］
⑨ 川　강［カン］
⑩ 地形　지형［チヒョン］
⑪ 地方　지방［チバン］
⑫ 都市　도시［トシ］
⑬ 鉄道　철도［チョルト］
⑭ 道路　도로［トロ］
⑮ 地図　지도［チド］
⑯ 環境　환경［ファンギョン］

32. 歴史　역사［ヨクサ］

① 原始時代　원시시대［ウォンシシデ］
② 古代　고대［コデ］
③ 中世　중세［チュンセ］
④ 封建時代　봉건시대［ポンゴンシデ］
⑤ 地主　지주［チジュ］
⑥ 近代　근대［クンデ］

⑦ 現代　현대 [ヒョンデ]
⑧ 王　왕 [ワン]
⑨ 貴族　귀족 [クィジョク]
⑩ 僧侶　승려(중) [スンニョ(チュン)]
⑪ 宗教　종교 [チョンギョ]
⑫ 革命　혁명 [ヒョンミョン]
⑬ 両班　양반 [ヤンバン]
⑭ 産業革命　산업혁명 [サノプヒョンミョン]
⑮ 戦争　전쟁 [チョンジェン]
⑯ 平和　평화 [ピョンファ]
⑰ 植民地　식민지 [シンミンジ]

33. 政治　정치 [チョンチ]

① 立法　입법 [イプポプ]
② 行政　행정 [ヘ(ェ)ンジョン]
③ 司法　사법 [サポプ]
④ 憲法　헌법 [ホンポプ]
⑤ 条約　조약 [チョヤク]
⑥ 政令　정령 [チョンニョン]
⑦ 選挙　선거 [ソンゴ]
⑧ 民主主義　민주주의 [ミンジュジュウィ]
⑨ 法律　법률 [ポムニュル]
⑩ 社会主義　사회주의 [サフェジュイ]
⑪ 共産主義　공산주의 [コンサンジュイ]
⑫ 資本主義　자본주의 [チャボンジュイ]
⑬ 帝国主義　제국주의 [チェグクチュイ]
⑭ 国家　국가 [クッカ]
⑮ 政府　정부 [チョンブ]
⑯ 政党　정당 [チョンダン]
⑰ 与党　여당 [ヨダン]
⑱ 野党　야당 [ヤダン]
⑲ 大統領　대통령 [テトンニョン]
⑳ 首相　수상 [スサン]
㉑ 総理　총리 [チョンニ]
㉒ 長官　장관 [チャングァン]
㉓ 国会議員　국회의원 [クッケウィウォン]

34. 経済　경제 [キョンジェ]

① 生産　생산 [センサン]
② 企業　기업 [キオプ]
③ 株式会社　주식회사 [チュシクフェサ]
④ 労働力　노동력 [ノドンニョク]
⑤ 資本　자본 [チャボン]
⑥ 原料　원료 [ウォルリョ]
⑦ 商品　상품 [サンプム]
⑧ 通貨　통화 [トンフヮ]
⑨ 商業　상업 [サノプ]
⑩ 銀行　은행 [ウネン]
⑪ 市場　시장 [シジャン]
⑫ 価格　가격 [カギョク]

⑬ 賃金　임금 [イムグム]
⑭ 景気　경기 [キョンギ]
⑮ 不景気　불경기 [プルキョンギ]
⑯ 恐慌　공황 [コンファン]
⑰ 金融　금융 [クニュン]
⑱ 消費　소비 [ソビ]
⑲ 会計　회계 [フェゲェ]
⑳ 株　주식 [チュシク]
㉑ 証券取引所　증권거래소 [チュンクォンコレソ]
㉒ 為替　외환 [ウェファン]
㉓ 取引　거래 [コレ]
㉔ 金本位　금본위 [クムポヌィ]
㉕ 財政　재정 [チェジョン]

⇨ 取引は 거래(去来)、為替は 외환(外換)、両替は 환전(換銭)。

35. 産業　산업 [サノブ]

① 工業　공업 [コンオブ]
② 農業　농업 [ノンオブ]
③ 林業　임업 [イモブ]
④ 牧畜業　목축업 [モクチュゴブ]
⑤ 水産業　수산업 [スサノブ]
⑥ 鉱業　광업 [クァンオブ]
⑦ 商業　상업 [サンオブ]
⑧ サービス業　서비스업 [ソービスオブ]

36. 都市　도시 [トシ]

① 街路　가로 [カロ]
② 道路　도로 [トロ]
③ 広場　광장 [クァンジャン]
④ 公園　공원 [コンウォン]
⑤ 信号　신호 [シノ]
⑥ 運河　운하 [ウナ]
⑦ 橋　다리 [タリ]
⑧ アパート　아파트 [ア(ッ)パートゥ]
⑨ 映画館　영화관 [ヨンファグァン]
⑩ ビル　빌딩 [ピルディン]
⑪ 劇場　극장 [ククチャン]
⑫ 会館　회관 [フェグァン]
⑬ 音楽堂　음악당 [ウマクタン]
⑭ 博物館　박물관 [パンムルグァン]
⑮ 美術館　미술관 [ミスルグァン]
⑯ 百貨店　백화점 [ペックァジョム]
⑰ 商店　상점 [サンジョム]
⑱ 飲食店　음식점 [ウムシクチョム]
⑲ 病院　병원 [ピョンウォン]
⑳ 食堂　식당 [シクタン]
㉑ 幼稚園　유치원 [ユチウォン]
㉒ 学校　학교 [ハクキョ]

㉓ 喫茶店　다방・커피숍［タバン・コピーショップ］
㉔ 飲屋(居酒屋)　술집［スルチプ］
㉕ 書店　서점, 책방［ソジョム、チェクパン］

37. 交通機関　교통기관［キョトンキグヮン］

① 汽車　기차［キ(ッ)チャ］
② 列車　열차［ヨルチャ］
③ 電車　전차［チョンチャ］
④ 自動車　자동차［チャドンチャ］
⑤ 船　배［ペ］
⑥ 飛行機　비행기［ピヘンギ］
⑦ オートバイ　오토바이［オ(ッ)トバイ］
⑧ 自転車　자전거［チャジョンゴ］
⑨ タクシー　택시［テ(ェ)クシ］
⑩ 馬車　마차［マ(ッ)チャ］
⑪ トラック　화물자동차, 트럭［ファムルチャドンチャ、トゥロク］
⑫ 急行　급행［ク(ッ)ペン］
⑬ 特急　특급［トゥックプ］
⑭ バス　버스［ポス］
⑮ 地下鉄　지하철［チハ(ッ)チョル］
⑯ 公共交通手段　대중교통수단［デジュンキョトンスダン］

38. 学問　학문［ハクムン］

① 数学　수학［スハク］
② 物理学　물리학［ムルリハク］
③ 化学　화학［ファハク］
④ 生物学　생물학［センムラク］
⑤ 語学　어학［オハク］
⑥ 国語　국어［クゴ］
⑦ 外国語　외국어［ウェグゴ］
⑧ 文学　문학［ムナク］
⑨ 哲学　철학［チョラク］
⑩ 工学　공학［コンハク］
⑪ 医学　의학［ウィハク］
⑫ 天文学　천문학［チョンムナク］
⑬ 社会学　사회학［サフェハク］
⑭ 教育学　교육학［キョユクハク］
⑮ 心理学　심리학［シムニハク］
⑯ 歴史学　역사학［ヨクサハク］
⑰ 政治学　정치학［チョンチハク］
⑱ 法学　법학［ポ(ッ)パク］
⑲ 経済学　경제학［キョンジェハク］
⑳ 国際関係論　국제관계론［ククチェクァンゲロン］

39. 芸術　예술［イェスル］

① 音楽 음악 [ウマヶ]
② 絵画 회화, 그림 [フェフヮ、クリム]
③ 彫刻 조각 [チョガヶ]
④ 演劇 연극 [ヨングヶ]
⑤ 建築 건축 [コンチュヶ]
⑥ 舞踊 무용 [ムヨン]
⑦ 映画 영화 [ヨンファ]
⑧ 美術 미술 [ミスル]

40. 体育　체육 [チェユヶ]

① 競技 경기 [キョンギ]
② 陸上 육상 [ユヶサン]
③ 体操 체조 [チェジョ]
④ 球技 구기 [クギ]
⑤ 格技 격기 [キョッキ]
⑥ 水泳 수영 [スヨン]
⑦ マラソン 마라톤 [マラトン]
⑧ リレー 계주 [ケジュ]
⑨ 走高跳び 높이뛰기 [ノ(ッ)ピ(ッ)ティギ]
⑩ サッカー 축구 [チュック]
⑪ バスケットボール 농구 [ノング]
⑫ バレーボール 배구 [ペ(ェ)グ]
⑬ テニス 정구 [チョング]
⑭ 卓球 탁구 [タック]
⑮ 柔道 유도 [ユド]
⑯ 空手 공수 [コンス]
⑰ テコンド(跆拳道) 태권도 [テクォンド]
⑱ ボクシング 권투 [クォンドゥ]
⑲ レスリング 레슬링 [レスルリン]
⑳ 野球 야구 [ヤグ]
㉑ 馬術 마술 [マスル]
㉒ ホッケー 하키 [ハッキ]

41. 教育　교육 [キョユク]

① 託児所 탁아소 [タガソ]
② 図書館 도서관 [トソグァン]
③ 児童館 아동관 [アドングァン]
④ 学生 학생 [ハクセン]
⑤ 学徒 학도 [ハクト]
⑥ 教員 교원 [キョウォン]
⑦ 応試(入試の意) 응시 [ウンシ]
⑧ 入学 입학 [イ(ッ)パク]
⑨ 卒業 졸업 [チョロプ]
⑩ 学歴 학력 [ハンニョク]
⑪ 試験 시험 [シホム]
⑫ 落第 낙제 [ナクチェ]
⑬ 授業 수업 [スオプ]
⑭ 講義 강의 [カンウィ]

42. 曜日　요일 [ヨイル]

① 月曜日　월요일 [ウォリョイル]
② 火曜日　화요일 [ファヨイル]
③ 水曜日　수요일 [スヨイル]
④ 木曜日　목요일 [モギョイル]
⑤ 金曜日　금요일 [クミョイル]
⑥ 土曜日　토요일 [トヨイル]
⑦ 日曜日　일요일 [イリョイル]
⑧ 何曜日　무슨 요일 [ムスンヨイル]

43. 月　월 [ウォル]

① 1月　일월 [イルォル]
② 2月　이월 [イウォル]
③ 3月　삼월 [サムォル]
④ 4月　사월 [サウォル]
⑤ 5月　오월 [オウォル]
⑥ 6月　유월 [ユウォル]
⑦ 7月　칠월 [チルォル]
⑧ 8月　팔월 [パルォル]
⑨ 9月　구월 [クウォル]
⑩ 10月　시월 [シウォル]
⑪ 11月　십일월 [シビルォル]
⑫ 12月　십이월 [シビウォル]

⇨6月と10月はそれぞれ、육(6)월、십(10)월とは言わないことに注意。

44. 方位　방위 [パンウィ]

① 東　동 [トン]
② 東方　동쪽 [トンチョク]
③ 西　서 [ソ]
④ 西方　서쪽 [ソ(ッ)チョク]
⑤ 南　남 [ナム]
⑥ 南方　남쪽 [ナムチョク]
⑦ 北　북 [プク]
⑧ 北方　북쪽 [プクチョク]
⑨ 東西南北　동서남북 [トンソナムブク]
⑩ 東南　동남 [トンナム]
⑪ 西北　서북 [ソブク]
⑫ 東南東　동남동 [トンナムドン]
⑬ 北北東　북북동 [プクプクトン]
⑭ 上　위 [ウィ]
⑮ 下　아래 [アレ]
⑯ 上下　상하 [サンハ]
⑰ 上下　아래위 [アレウィ]
⑱ 前　앞 [アプ]
⑲ 後　뒤 [ティ]
⑳ 前後　전후 [チョヌ]
㉑ 前後(まえうしろ)　앞뒤 [アプティ]
㉒ 右　오른쪽 [オルンチョク]

㉓ 左　왼쪽［ウェンチョク］

㉔ 左右　좌우［チャウ］

45. 時　때［テエ］

① 今日　오늘［オヌル］
② 昨日　어제［オジェ］
③ 明日　내일［ネイル］
④ 一昨日　그저께［クジョ(ッ)ケ］
⑤ 明後日　모레［モレ］
⑥ 今年　금년［クムニョン］
⑦ 本年　올해［オルヘ］
⑧ 昨年　작년［チャンニョン］
⑨ 去年　지난해［チナンヘ］
⑩ 来年　내년［ネニョン］
⑪ 一昨年　재작년［チェジャンニョン］
⑫ 何時(いつ)　언제［オンジェ］
⑬ 昔　옛날［イェンナル］
⑭ 今　지금［チグム］
⑮ 瞬間　순간［スンガン］
⑯ ただ今　방금［パングム］
⑰ 時間　시간［シガン］
⑱ 時　시［シ］
⑲ 分　분［プン］
⑳ 秒　초［チョ］

46. 感覚　감각［カムガク］

① 視覚　시각［シガク］
② 聴覚　청각［チョンガク］
③ 臭覚　후각［フガク］
④ 味覚　미각［ミガク］
⑤ 触覚　촉각［チョクカク］
⑥ 音　소리［ソリ］
⑦ 臭い　냄새［ネムセ(ェ)ー］
⑧ 味　맛［マッ］
⑨ 直感　직감［チクカム］
⑩ 手ざわり(感覚)　감각［カムガク］
⑪ 直観　직관［チクァン］
⑫ 内観　내관［ネグァン］

47. 色　색・빛깔［セク・ピッカル］

①赤色　적색［チョクセ(ェ)ク］
②紅色　붉은색［プルグンセ(ェ)ク］
③青色　청색［チョンセク］
④青緑　푸른색［プルンセク］
⑤緑色　녹색［ノクセク］
⑥黄色　황색(노란색)［ファンセク(ノランセク)］
⑦白色　백색(흰색)［ペクセク(フィンセク)］

⑧ 黒色　흑색(검은색) [フクセ(ェ)ク(コムンセク)]
⑨ 紫色　자색(자주색) [チャセク(チャジュセク)]
⑩ 褐色　갈색(밤색) [カルセク(パムセク)]
⑪ ねずみ色　쥐색 [チュィセク]
⑫ 桃色　분홍색 [プノンセク]
⑬ 水色　물색 [ムルセク]

☆色の呼び方は漢字の朝鮮音読みと(　)内の固有語の2通りある。

48. 観念　관념 [クヮンニョム]

① 善　선 [ソン]
② 悪　악 [アク]
③ 善悪　선악 [ソナク]
④ 正義　정의 [チョンウィ]
⑤ 不正　부정 [プジョン]
⑥ 幸福　행복 [ヘンボク]
⑦ 不幸　불행 [プレェン]
⑧ 愛　사랑 [サラン]
⑨ 憎悪　증오 [チュンオ]
⑩ 不条理　부조리 [プジョリ]
⑪ 思想　사상 [ササン]
⑫ 真実　진실 [ジンシル]

49. 感情　감정 [カムジョン]

① 喜び　기쁨 [キ(ッ)プム]
② 怒り　노여움 [ノヨウム]
③ 憂い(愁心)　수심 [スシム]
④ 思い　생각 [センガク]
⑤ 恐れ　무서움 [ムソウム]
⑥ 驚き　놀램 [ノルレム]
⑦ 悲しみ　슬픔 [スルプム]
⑧ 不安　불안 [プラン]
⑨ 興奮　흥분 [フンブン]
⑩ 苦痛　고통 [コ(ッ)トン]

50. 身体　신체 [シンチェ]

① 体　몸 [モム]
② 頭　머리 [モリ]
③ 首(喉)　목 [モク]
④ 胸　가슴 [カスム]
⑤ 背　등 [トゥン]
⑥ 腹　배 [ペ(ェ)]
⑦ 手　손 [ソン]
⑧ 腕　팔 [パル]

⑨ 足(脚)　발(다리) [パル(タリ)]
⑩ 肘　팔꿈치 [パルクムチ]
⑪ 膝　무릎 [ムルプ]
⑫ 髪　머리카락 [モリカラク]
⑬ 額　이마 [イマ]
⑭ 眉毛　눈썹 [ヌンソプ]
⑮ 眉間　미간 [ミガン]
⑯ まつ毛　속눈썹 [ソンヌンソプ]
⑰ 目　눈 [ヌン]
⑱ 鼻　코 [コ]
⑲ 耳　귀 [クィ]
⑳ 口　입 [イプ]
㉑ 舌　혀 [ヒョ]
㉒ 唇　입술 [イプスル]
㉓ 歯　이(빨) [イ(パル)]
㉔ 乳房　유방 [ユバン]
㉕ ち房　젖가슴 [チョッカスム]
㉖ へそ　배꼽 [ペ(ェ)(ッ)コプ]
㉗ 腰　허리 [ホリ]
㉘ 腿　허벅지・허벅다리 [ホボクチ・ホボクタリ]
㉙ 指　손가락 [ソンカラク]
㉚ 足指　발가락 [パルカラク]
㉛ 手の爪　손톱 [ソントプ]
㉜ 足の爪　발톱 [パルトプ]
㉝ 皮膚　피부 [ピブ]
㉞ 手のひら　손바닥 [ソンパダク]
㉟ 足のうら　발바닥 [パルパダク]
㊱ 手首　손목 [ソンモク]
㊲ 足首　발목 [パルモク]
㊳ 尻　엉덩이・궁둥이 [オンドンイ・クンドゥンイ]
㊴ すね　정강이 [チョンガンイ]
㊵ 脳　뇌 [ノウェ]

51. 五臓六腑　오장육부 [オジャンユクプ]

① 肺臓　폐장(허파) [ペェジャン(ホ(ッ)パ)]
② 心臓　심장(염통) [シムジャン(ヨムトン)]
③ 肝臓　간장(간) [カンジャン(カン)]
④ 腎臓　신장(콩팥) [シンジャン(コンパッ)]
⑤ 脾臓　비장(지라) [ピジャン(チラ)]
⑥ 大腸　대장(굵은밸) [テジャン(クルグンペル)]
⑦ 小腸　소장(가는밸) [ソジャン(カヌンペル)]
⑧ 直腸　직장 [チクチャン]
⑨ 胃　위(밥통) [ウィ(パプトン)]
⑩ 胆のう　담낭(열) [タムナン(ヨル)]
⑪ 膀胱　방광(오줌통) [パングヮン(オジュムトン)]
⑫ 膵臓　췌장 [チェジャン]

⇨ ( )内は固有語。

固有名詞　고유명사 [コユミョンサ]

52. 五大州　오대주 [オデジュ]

① アジア　아시아 [アシア]
② アフリカ　아프리카 [ア(ッ)プリカ]
③ アメリカ　아메리카 [アメリ(ッ)カ]
④ 大洋州　대양주 [テヤンジュ]
⑤ ヨーロッパ　유럽 [ユロプ]
⑥ ユーラシア　유라시아 [ユーラシア]

53. アジアの国々　아시아 나라들 [アセア ナラドゥル]

① 韓国　한국 [ハングク]
② 北朝鮮　북한・북조선 [プッカン・プクチョソン]
③ 日本　일본 [イルボン]
④ 中国　중국 [チュングク]
⑤ ベトナム　베트남 [ベトゥナム]
⑥ 香港　홍콩 [ホンコン]
⑦ ラオス　라오스 [ラオス]
⑧ カンボジア　캄보디아 [カムボディア]
⑨ フィリピン　필리핀 [ピルリピン]
⑩ インドネシア　인도네시아 [インドネシア]
⑪ ミャンマー　미얀마 [ミヤンマ]
⑫ インド　인도 [インド]
⑬ パキスタン　파키스탄 [パ(ッ)キス(ッ)タン]
⑭ スリランカ　스리랑카 [スリランカ]
⑮ イラン　이란 [イラン]
⑯ イラク　이라크 [イラク]
⑰ シリア　시리아 [シリア]
⑱ レバノン　레바논 [レバノン]
⑲ トルコ　터어키 [トォキ]
⑳ モンゴル　몽골 [モンゴル]
㉑ クウェート　쿠웨이트 [クウェイトゥ]
㉒ サウジアラビア　사우디아라비아 [サウディアラビア]
㉓ アフガニスタン　아프카니스탄 [アップカニスタン]
㉔ ネパール　네팔 [ネパル]

☆近年、国名の発音表記はかなり変化してきたが、まだ、日本、米国(美国)、中国、インド(印度)、イギリス(英国)、ドイツ(独逸)、などは漢字のハングル読みに従って呼んでいる。ベトナム(越南、월남)も可。オランダはネーデルラントのハングル読みで〈네덜란드 [ネドルランドゥ]〉。

54. アフリカの国々　아프리카 나라들 [アプリカ ナラドゥル]

① エジプト　이집트 [イジプトゥ]
② リビア　리비아 [リビア]
③ アルジェリア　알제리 [アルジェリ]
④ スーダン　수단 [スダン]
⑤ モロッコ　모로코 [モロ(ッ)コ]
⑥ チュニジア　튜니지 [チュニジ]
⑦ エチオピア　이디오피아 [イディオピア]
⑧ リベリア　리베리아 [リベリア]
⑨ ソマリア　소말리아 [ソマルリア]
⑩ タンザニア　탄자니아 [タンジャニア]
⑪ コンゴ　콩고 [コンゴ]
⑫ ルワンダ　루안다 [ルアンダ]

55. アメリカの国々　아메리카 나라들 [アメリカ ナラドゥル]

① カナダ　캐나다 [ケナダ]
② 米国　미국 [ミグク]
③ メキシコ　멕시코 [メクシ(ッ)コ]
④ グアテマラ　과테말라 [クァテマルラ]
⑤ エルサルバドル　엘살바도르 [エルサルバトル]
⑥ ホンジュラス　온두라스 [オンドゥラス]
⑦ ニカラグア　니카라과 [ニカラグァ]
⑧ コスタリカ　코스타리카 [コスタリ(ッ)カ]
⑨ キューバ　쿠바 [クーバ]
⑩ パナマ　파나마 [パナマ]
⑪ ハイチ　아이티 [アイ(ッ)チィ]
⑫ ドミニカ　도미니카 [トミニ(ッ)カ]
⑬ アルゼンチン　아르헨티나 [アルヘンティナ]
⑭ ブラジル　브라질 [ブラジル]
⑮ チリ　칠레 [チルレ]
⑯ ペルー　페루 [ペル]
⑰ コロンビア　콜롬비아 [コルロムビア]
⑱ ベネズエラ　베네수엘라 [ベネスウェルラ]
⑲ パラグアイ　파라과이 [パラグァイ]
⑳ ウルグアイ　우루과이 [ウルグァイ]
㉑ エクアドル　에콰도르 [エ(ッ)クァドル]

56. ヨーロッパの国々　유럽 나라들 [ユロプ ナラドゥル]

① ロシア　러시아 [ロシア]
② フィンランド　핀란드 [ピンランドゥ]
③ スウェーデン　스웨덴 [スウェデン]
④ ノルウェー　노르웨이 [ノルウェイ]
⑤ デンマーク　덴마크 [デンマアク]
⑥ ポーランド　폴란드 [ポルランドゥ]

⑦ ドイツ 독일 [トギル]
⑧ チェコ 체코 [チェ(ッ)コ]
⑨ スロバキア 슬로바키아 [スルロバキア]
⑩ オーストリア 오스트리아 [オス(ッ)トゥリア]
⑪ ハンガリー 헝가리 [ホンガリ]
⑫ オランダ 네덜란드 [ネドルランドゥ]
⑬ ベルギー 벨기에 [ベルギエ]
⑭ フランス 프랑스 [プランス]
⑮ イギリス 영국 [ヨングヶ]
⑯ スペイン 스페인 [スペイン]
⑰ ポルトガル 포르투갈 [ポル(ッ)トゥガル]
⑱ イタリア 이탈리아 [イ(ッ)タルリア]
⑲ スイス 스위스 [スウィス]
⑳ ユーゴスラビア 유고 [ユーゴ]
㉑ アルバニア 알바니아 [アルバニア]
㉒ ルーマニア 루마니아 [ルマニア]
㉓ ブルガリア 불가리아 [ブルガリア]
㉔ ギリシア 그리스 [クリス]
㉕ エジプト 이집트 [イジプトゥ]

57. 大洋州の国々　대양주 나라들 [テヤンジュ ナラドゥル]

① オーストラリア(豪州) 호주 [ホジュ]
② ニュージーランド 뉴질랜드 [ニュウジルレンド]
③ タヒチ 타히티 [タヒティ]
④ ニューカレドニア 뉴칼레도니아 [ニュウカルレドニア]

58. 首都　수도 [スド]

① 平壌 평양 [ピョンヤン]
② 東京 도쿄 [ト(ッ)キョ]
③ 北京 베이징 [ペイジン]
④ ハノイ 하노이 [ハノイ]
⑤ プノンペン 프놈펜 [プノムペン]
⑥ ニューデリー 뉴델리 [ニュデルリ]
⑦ カイロ 카이로 [カイロ]
⑧ アルジェ 알제 [アルジェ]
⑨ モスクワ 모스크바 [モスクバ]
⑩ ワルシャワ 바르샤바 [パルシャバ]
⑪ バグダット 바구닷트 [バグダットゥ]
⑫ ベルリン 베를린 [ベルルリン]
⑬ プラハ 프라하 [プラハ]
⑭ ウィーン 빈 [ピィン]
⑮ ブダペスト 부다페스트 [プダペシュトゥ]
⑯ パリ 파리 [パリ]
⑰ ロンドン 런던 [ロンドン]
⑱ ローマ 로마 [ロマ]
⑲ ソフィア 소피아 [ソピア]

⑳ アテネ　아테네 [アテネ]
㉑ ワシントン　워싱턴 [ウォシントン]
㉒ ハバナ　호바나 [ハバナ]
㉓ ブラジリア　브라질리아 [ブラジリア]
㉔ ブエノスアイレス　부에노스아이레스 [ブエノスアイレス]
㉕ キャンベラ　캔버라 [ケンボラ]
㉖ カトマンズ　카트만두 [カトゥマンドゥ]

⇨東京、北京はそれぞれ漢字のハングル読み(동경)、(북경)でも可。ソウル(서울)は韓国の首都名であるが、「京」「みやこ」という意味の一般名詞でもある。

59. 朝鮮半島の都市　조선반도의 도시 [チョソンバンドエ トシ]

① 新義州　신의주 [シニジュ]
② 江界　강계 [カンゲ]
③ 清津　청진 [チョンジン]
④ 平壌　평양 [ピョンヤン]
⑤ 元山　원산 [ウォンサン]
⑥ 開城　개성 [ケソン]
⑦ ソウル　서울 [ソウル]
⑧ 仁川　인천 [インチョン]
⑨ 水原　수원 [スウォン]
⑩ 大田　대전 [テジョン]
⑪ 全州　전주 [チョンジュ]
⑫ 光州　광주 [クァンジュ]
⑬ 大邱　대구 [テグ]
⑭ 釜山　부산 [プサン]
⑮ 慶州　경주 [キョンジュ]
⑯ 昌原　창원 [チャンウォン]
⑰ 馬山　마산 [マサン]
⑱ 蔚山　울산 [ウルサン]
⑲ 木浦　목포 [モクポ]
⑳ 鎮海　진해 [チネ]

⇨朝鮮半島は韓半島(한반도)も可。

60. 日本の地名　일본의 지명 [イルボネ チミョン]

① 北海道　홋가이도 [ホッカイド]
② 本州　혼슈 [ホンシュ]
③ 四国　시코꾸 [シコ(ッ)ク]
④ 九州　규슈 [キュシュウ]
⑤ 東京　도꾜 [トキョ]
⑥ 大阪　오오사까 [オオサ(ッ)カ]
⑦ 名古屋　나고야 [ナゴヤ]
⑧ 京都　교또 [キョ(ッ)ト]
⑨ 神戸　고오베 [コオベ]
⑩ 横浜　요코하마 [ヨコハマ]
⑪ 北九州　기타규슈 [キタキュウシュウ]
⑫ 新潟　니이가타 [ニイガタ]
⑬ 札幌　삿뽀로 [サッポロ]
⑭ 福岡　후쿠오까 [フ(ッ)クオ(ッ)カ]

⇨以前は漢字のハングル読みで呼んでいたが(例：北海道 북해도、東京 동경、京都 경도、大阪 대판、神戸 신호)、現在では日本語音のままつづるようになっている。しかし、従来の言い方も古い世代にはまだ使われている。

61. 新聞・放送　신문・방송 [シンムン、パンソン]

① 朝日新聞　아사히신문 [アサヒシンムン]
② 読売新聞　요미우리신문 [ヨミウリシンムン]
③ 毎日新聞　마이니찌신문 [マイニ(ッ)チシンムン]
④ NHK　엔에이치케이 [エネ(ッ)チ(ッ)ケイ]
⑤ 東京放送　도쿄방송 [ト(ッ)キョパンソン]
⑥ フジテレビ　후지티비 [フジティビィ]
⑦ 共同通信　교도통신 [キョードトンシン]
⑧ 時事通信　지지통신 [チジトンシン]

●名詞とともに最も多く使われる助詞

62.「と」와(과) [ワ(クァ)]、「の」의 [ウィ]

☆ここで扱う〈と〉は並列を表す格助詞のことである。単語は母音で終わるものと子音で終わるもの(いわゆる받침のあるもの)があり、前者には〈와〉が、後者には〈과〉が使われる。

63. 名詞+と+名詞

① 海と空　바다와 하늘 [パダワ ハヌル]
② 空と海　하늘과 바다 [ハヌルクァ パダ]
③ 木と花　나무와 꽃 [ナムワ コ(ッ)]
④ 花と木　꽃과 나무 [コ(ッ)クァ ナム]
⑤ 獅子と虎　사자와 범 [サジャワ ポム]
⑥ 虎と獅子　범과 사자 [ポムグァ サジャ]
⑦ 山と川と湖　산과 강과 호수 [サングァ カングァ ホス]

☆母音で終わる名詞の場合は와を使い、子音で終わる名詞、つまり받침で終わる名詞の場合は과を用いる。なお、와・과の代わりに하고を使っても同じ意味。
⇨所有を意味する〈의〉(の)にはこのような区別はない。

64. 名詞＋の＋名詞

① 光の反射　빛의 반사 [ピチェ パンサ]
② 平和の条件　평화의 조건 [ピョンファエ チョコン]
③ 愛の真意　사랑의 참뜻 [サランエ チャムトゥッ]
④ 夢の国　꿈(의) 나라 [クム(クメ) ナラ]
⑤ 父の本　아버지(의) 책 [アボジ(アボジエ) チェク]
⑥ 人生のための芸術　인생을 위한 예술 [インセンウル ウィハン イェスル]

☆의(～の)を属格と言う。所有、所属を表す。
☆〈夢の国〉、〈父の本〉の場合、「の」(의)をつけて〈꿈의 나라〉〈아버지의 책〉としてもいいが、〈의〉を省略して〈꿈 나라〉、〈아버지 책〉と言うのが一般的である。所有の〈의〉は普通[ウィ]よりも[エ]と発音する。
☆〈人生のための芸術〉の例文では「の」がまったく違った形で訳されて「の」＝〈의〉が絶対的でないことを示唆している（第8章参照のこと）。

65. 所有・所属を表す絶対格

① 朝の挨拶　아침 인사 [アチム インサ]
② 夏の夜　여름 밤 [ヨルム パム]
③ 松の木　소 나무 [ソ ナム]
④ ガラスの柱　유리 기둥 [ユリ キドゥン]
⑤ 朝鮮の諺　조선 속담 [チョソン ソクタム]
⑥ レンガの家　벽돌 집 [ピョクトル チブ]
⑦ バスの運転手　버스 운전수 [ポス ウンジョンス]
⑧ 音楽の先生　음악 선생 [ウマㇰ ソンセン]
⑨ 鯨のひげ　고래 수염 [コレ スヨム]

⑩ 馬の骨　말 뼈 [マル ピョ]
⑪ 心配の種　걱정 감(거리) [コクチョン カム(コリ)]
⑫ 木の人形　나무 인형 [ナム イニョン]
⑬ 日本製の時計　일본제 시계 [イルボンジェ シゲ]
⑭ 皮のベルト　가죽 혁띠 [カジュク ヒョクティ]
⑮ 虎の仔　범 새끼 [ポム セ(ッ)キ]
⑯ 膝の関節　무릎 관절 [ムルプ クァンジョル]
⑰ 瓶の栓　병 마개 [ピョン マゲ]
⑱ ナイロンの靴下　나일론 양말 [ナイルロン ヤンマル]
⑲ 英語の時間　영어 시간 [ヨンオ シガン]
⑳ 狩りの名人(名手)　사냥 명수 [サニャン ミョンス]
㉑ 犬のけんか　개 싸움 [ケ サウム]
㉒ 兎の毛　토끼 털 [ト(ッ)キ トル]
㉓ 祖国の山川　조국 산천 [チョグク サンチョン]

☆以上は〈의〉がない所有・所属を表す文例であるが、ハングルには絶対格の形態をとるものが多い。
☆格とは体言が文章のなかで、他の語に対して持つ関係を特徴づける種々の形態を言う。
☆ハングルの格は次のように分けられる。
　1. 主格　（は、が）　는、은、가、이、께서 [ヌン、ウン、カ、イ、ケソ]
　2. 対格　（を）　　　를、을 [ルル、ウル]
　3. 属格　（の）　　　의 [ウィ(エ)]
　4. 与格　（に）　　　에、에게、께、한테 [エ、エゲ、ケ、ハンテ]
　5. 位格　（に）　　　에서、에게서、께서 [エソ、エゲソ、ケソ]
　6. 造格　（として、〜をもって）　로、로서、로써、으로、으로서、으로써 [ロ、ロソ、ロ(ッ)ソ、ウロ、ウロソ、ウロ(ッ)ソ]
　7. 具格　（と）　　　와、과、하고 [ワ、クァ、ハゴ]
　8. 呼格　（や、よ）　야、아 [ヤ、ア]
　9. 絶対格
☆このうち絶対格は〈토〉を伴わない格で、それが表す意味は多様である。
　⇨〈토〉とは、広い意味では附属語(助詞、助動詞)を言うが、ハングルでは助詞と助動詞の区別はしない。

第2章　代　名　詞

● 代名詞の定義

　事物を指して示す品詞を代名詞と言う。代名詞は高い抽象性と一般性を帯びた品詞で、文脈や場面との対応によってのみ、その指示の対象をはっきりさせることができる。

日本語の代名詞 { 1. 人称代名詞
　　　　　　　　 2. 指示代名詞

ハングルの代名詞 { 1. 人称代名詞
　　　　　　　　　 2. 指示代名詞
　　　　　　　　　 3. 疑問代名詞

　疑問代名詞は、「誰」〈누구〉、「何」〈무엇〉、「いくつ」〈몇〉、「いくら」〈얼마〉、「どこ」〈어디〉、「いつ」〈언제〉、「何ら」〈아무〉、「何の」〈무슨〉などがあるが、日本語では、「いくつ」「いくら」は名詞、「何ら」「何の」は副詞として扱っている。

● いろいろな代名詞の使い方

　人称代名詞　인칭대명사 [インチンテミョンサ]

　### 66. 自称　자칭 [チャチン]

① わたくし　저(제、우리、저희) [チョ(チェ、ウリ、チョフィ)]
② わたし、ぼく、おれ　나(내) [ナ(ネ)]
③ 自分　자기(자신、자체) [チャギ(チャシン、チャチェ)]

☆저は次のような格(토)と結び付く。

｛는［ヌン］　저는［チョヌン］　わたしは
저　를［ルル］　저를［チョルル］　わたしを
　　　의［ウィ］　저의［チョエ］　わたしの
　　　에게［エゲ］　저에게［チョエゲ］　わたしに

☆제와 내는〈제가〉(わたくしが)のように、主格〈가〉とだけ結びつく（제→저의、내→나의）
☆自分を表す呼び名の漢字語は次の通りである。〈자기〉(自己)、〈자신〉(自身)、〈자체〉(自体)

67. 対称　대칭［テチン］

① あなた　당신、너희［タンシン、ノフィ］
② きみ(君)　자네［チャネ］
③ おまえ　너、네［ノォ、ネ］

☆〈당신〉は目上の人や、男友だち同士、夫婦間で使われる。
☆「きみ」は〈군〉(君)とするのが漢字の由来からして最も妥当であろうが、〈군〉は男の目下の敬称として使われることが多い。金君〈김군〉など。敬称は一般に職席、職位(ポスト)を付け、さらに「様」に相当する〈님〉をつける。金部長様〈김부장님〉、朴理事様〈박이사님〉、李博士様〈이박사님〉など。なお、同等の男女には氏〈씨〉を使うことが多い。〈씨〉は日本語の「～さん」にほぼ相当するので無難に使える。目上の者に対する「～さん」は、〈선생님〉(先生様)が最も適当だろう。〈선생〉(先生)は目下の人や同等の者を尊重する場合につける。

68. 他称　타칭［タチン］

① かれ　그(그대)［ク(クデ)］
② かの女　그녀［クニョ］
③ その人　그사람［クサラム］
④ その方　그분(그대)［クブン］

69. 不定称(人)　부정칭［プジョンチン］

① どなた　어느분［オヌブン］
② だれ(誰)　누구［ヌグ］
③ 指示代名詞　지시대명사［チシテミョンサ］

70. 近称　근칭 [クンチン]

① これ　이것 [イゴッ]
② こいつ　요것 [ヨゴッ]、이놈 [イノム]
③ ここ　여기 [ヨギ]
④ こちら　이곳 [イゴッ]、이쪽 [イ(ッ)チョク]
⑤ こっち　이쪽 [イ(ッ)チョク]

☆〈こちら〉が人をさす場合は〈이분〉、自分をさす場合は〈나〉となる。

71. 中称　중칭 [チュンチン]

① それ　그것 [クゴッ]
② そいつ　고놈 [コノム]、그놈 [クノム]
③ そこ　거기 [コギ]
④ そちら　그곳 [クゴッ]、그쪽 [ク(ッ)チョク]
⑤ そっち　그쪽 [ク(ッ)チョク]

72. 遠称　원칭 [ウォンチン]

① あれ　저것 [チョゴッ]
② あいつ　저놈 [チョノム]
③ あそこ　저기 [チョギ]
④ あちら　저곳 [チョゴッ]、저쪽 [チョ(ッ)チョク]
⑤ あっち　저쪽 [チョ(ッ)チョク]

73. 不定称(方角)　부정칭 [プジョンチン]

① どれ　어느것 [オヌゴッ]
② どいつ　어느놈 [オヌノム]

③どこ　어디 [オディ]

④どちら　어느곳, 어느쪽 [オヌゴッ、オヌ(ッ)チョク]

④どっち　어느쪽 [オヌ(ッ)チョク]

⑤どの辺　어디 쯤 [オディ チュム]

⇨요것、이놈(こいつ)、고놈(そいつ)、그놈(そいつ)、저놈(あいつ)、어느놈(どいつ)などの単語は人を指して用いる場合もあるが、その場合これらの単語は悪意や軽蔑の意を含んでいる。

74. 代名詞とともに頻繁に使われる助詞・助動詞

① 〜は　〜는(〜은) [〜ヌン(〜ウン)]

② 〜が　〜가(〜이) [〜ガ、(〜イ)]

③ 〜に　에、로(으로)、에게 [エ、ロ(ウロ)、エゲ]

④ 〜へ　에、로(으로) [エ、ロ(ウロ)]

⑤ 〜を　을、를 [ウル、ルル]

⑥ 〜から　에서、부터 [エソ、プ(ッ)ト]

⑦ 〜まで　까지 [カジ]

⑧ 〜です　입니다 [イムニダ]

⑨ 〜だ　〜다(〜이다) [〜ダ(〜イダ)]

⑩ 〜ですか　입니까 [イムニ(ッ)カ]

☆( )内はそれぞれ前にある単語が子音で終わるもの、すなわち〈받침〉のあるものに用いられる。

75. 代名詞・名詞・付属語から成る簡単な文章

① わたしは画家です　　　　　나는 화가입니다

② ぼくは教員です　　　　　　나는 교원입니다

③ 彼は運転手です　　　　　　그는 운전수입니다

④ これは万年筆です　　　　　이것은 만년필입니다

⑤ これは学校です　　　　　　이것은 학교입니다

⑥ そこが問題だ　　　　　　　　　　거기가 문제다
⑦ あれが火星だ　　　　　　　　　　저것이 화성이다
⑧ どこが病院ですか　　　　　　　　어디가 병원입니까?
⑨ どなたが兄さんですか　　　　　　어느분이 형님입니까?
⑩ これは私の本です　　　　　　　　이것은 나의 책입니다
⑪ あれは私の金です　　　　　　　　저것은 제 돈입니다
⑫ それはあなたの自由です　　　　　그것은 당신의 자유입니다
⑬ あれは彼の自動車だ　　　　　　　저것은 그의 자동차다
⑭ これは彼女の自転車です　　　　　이것은 그녀의 자전거입니다
⑮ これが父の信念です　　　　　　　이것이 아버지의 신념입니다
⑯ 誰が君の親友ですか　　　　　　　누가 당신의 친구입니까?

☆「これは」、「あれは」、「それは」などは、会話では〈이건〉、〈저건〉、〈그건〉と簡略化された表現がよく使われる。

☆「誰が」を、誰+が＝누구+가＝누구가としてはいけない。〈누가〉となることに注意

⑰これは何ですか?　　　　　　　　이것은 무엇입니까?
⑱これは誰のものですか?　　　　　이건(이것은) 누구거예요?
⑲あれは何だね?　　　　　　　　　저건(저것은) 무엇이냐?

☆「誰だ?」を〈누구다?〉とするとまったく意味をなさない。「～だ?」は疑問を表すから、必ず〈요?〉または〈냐?〉と結び付く。

第3章 形容詞(1)

－形容動詞も含む－

●形容詞の定義
物事の性質や状態を表す品詞を言う。

●日本語とハングルの違い

	日本語	ハングル
終止形(原形)の語尾	～い	～다
終止形と連体形(規定語)の語尾	同じ	違う
形容詞・形容動詞の区別	ある	ない
象徴詞からの転成		ある

※現在、ハングルの形容詞は他の品詞同様、活用による整理が行われていないが、これは日本語とハングルの本質的な差異によるものではない。

●単語と使い方

76. 色　색 [セク]

① 赤い　붉다(붉은) [プクタ(プルグン)]
② 青い　푸르다(푸른) [プルダ(プルン)]
③ 黒い　검다(검은) [コムタ(コムン)]
④ 白い　희다(흰) [フィダ(フィン)]
⑤ 黄色い　노랗다(노란) [ノラ(ッ)タ(ノラン)]

☆( )内は規定語(連体形)。本章では以下同じ。例、赤い家　붉은집 [プルグン チプ]

77. 明るさ　밝기 [パルキ]

① 明るい　밝다(밝은) [パクタ(パルグン)]
② 暗い　어둡다(어두운) [オドゥプタ(オドゥウン)]

78. 音　소리 [ソリ]

① 静かだ　조용하다(조용한) [チョヨンハダ(チョヨンハン)]
② 騒がしい　요란하다(요란한) [ヨラナダ(ヨラナン)]
③ やかましい　시끄럽다(시끄러운) [シ(ッ)クロプタ(シ(ッ)クロウン)]

79. 味　맛 [マッ]

① 甘い　달다(단) [タルダ(タン)]
② 辛い　맵다(매운) [メプタ(メウン)]
③ すっぱい　시다(신) [シダ(シン)]
④ 苦い　쓰다(쓴) [スダ(スン)]
⑤ 水っぽい　싱겁다(싱거운) [シンゴプタ(シンゴウン)]
⑥ 渋い　떫다(떫은) [トルタ(トルブン)]
⑦ 塩辛い　짜다(짠) [チャダ(チャン)]

80. 匂い　냄새 [ネムセ]

① 香ばしい　향기롭다(향기로운) [ヒャンギロプタ(ヒャンギロウン)]
② 香ばしい　구수하다(구수한) [クスハダ(クスハン)]
③ くさい　구리다(구린) [クリダ(クリン)]

81. 美しさ　아름다움 [アルムダウム]

① 美しい　아름답다(아름다운) [アルムダプタ(アルムダウン)]
② 憎い　밉다(미운) [ミプタ(ミウン)]
③ きれいだ　곱다(고운) [コプタ(コウン)]
④ きたない　더럽다(더러운) [トロプタ(トロウン)]
⑤ 華麗だ　화려하다(화려한) [ファリョハダ(ファリョハン)]

82. 温度　온도 [オンド]

① 暖かい　따뜻하다(따뜻한) [タ(ッ)トゥタダ(タ(ッ)トゥタン)]
② 冷たい　차다(찬) [チャダ(チャン)]
③ 暑い(熱い)　덥다(더운) [トプタ(トウン)]
④ 寒い　춥다(추운) [チュプタ(チュウン)]
⑤ 蒸し暑い　무덥다(무더운) [ムドプタ(ムドウン)]
⑥ 涼しい　선선하다(선선한) [ソンソナダ(ソンソナン)]

83. 量　양 [ヤン]

① 多い　많다(많은) [マンタ(マヌン)]
② 少ない　적다(적은) [チョクタ(チョグン)]

84. 重さ　무게 [ムゲ]

① 重い　무겁다(무거운) [ムゴプタ(ムゴウン)]
② 軽い　가볍다(가벼운) [カビョプタ(カビョウン)]

85. 大きさ　크기 [クギ]

① 大きい　크다(큰) [クダ(クン)]

② 小さい 작다(작은) [チャクタ(チャグン)]
③ 巨大だ 거대하다(거대한) [コデハダ(コデハン)]

86. 広さ 넓이 [ノルビ]

① 広い 넓다(넓은) [ノブ[ル]タ(ノルブン)]
② 狭い 좁다(좁은) [チョプタ(チョブン)]
③ 窮屈だ 거북하다(거북한) [コブッカダ(コブッカン)]

87. 高さ 높이 [ノ(ッ)ピ]

① 高い 높다(높은) [ノプタ(ノ(ッ)プン)]
② 低い 낮다(낮은) [ナッタ(ナジュン)]

※身長が高い、低いという場合には普通は〈높다〉や〈낮다〉は使わず、大きさの形容詞の〈크다〉〈작다〉を用いる。日本語でも、「背が大きい」と言うのと似ている。

88. 距離 거리 [コリ]

① 遠い 멀다(먼) [モルダ(モン)]
② 近い 가깝다(가까운) [カ(ッ)カプタ(カ(ッ)カウン)]

89. 形 형태 [ヒョンテ]

① 丸い 둥글다(둥근) [トゥングルダ(トゥングン)]
② 四角い 네모나다(네모난) [ネモナダ(ネモナン)]

90. 厚さ 두께 [トゥケ]

① 厚い 두껍다(두꺼운) [トゥコプタ(トゥコウン)]

② 薄い　얇다(얇은) [ヤプ(ル)タ(ヤルブン)]

91. 硬さ　굳기 [クッキ]

① 硬い　굳다(굳은) [クッタ(クドゥン)]
② 軟らかい　부드럽다(부드러운) [プドゥロプタ(プドゥロウン)]

92. 長さ　길이 [キリ]

① 長い　길다(긴) [キルダ(キン)]
② 短い　짧다(짧은) [チャルタ(チャルブン)]

93. 太さ　굵기 [クッキ]

① 太い　굵다(굵은) [クッタ(クルグン)]
② 細い　가늘다(가는) [カヌルダ(カヌン)]

94. 濃さ　농도 [ノンド]

① 濃い　진하다(진한) [チナダ(チナン)]
② 淡い　연하다(연한) [ヨナダ(ヨナン)]

95. 力　힘 [ヒム]

① (勢いがあって)強い　세다(센) [セェダ(セン)]
② 強い　강하다(강한) [カンハダ(カンハン)]
③ 弱い　약하다(약한) [ヤ(ッ)カダ(ヤ(ッ)カン)]

96. 深さ　깊이 [キ(ッ)ピ]

第 3 章　形容詞(1)

① 深い　깊다(깊은) [キプタ(キ(ッ)プン)]
② 浅い　얕다(얕은) [ヤッタ(ヤ(ッ)トゥン)]

97. 価格　가격・값 [カギョク・カプ]

① 高い　비싸다(비싼) [ピ(ッ)サダ(ピ(ッ)サン)]
② 安い　싸다(싼) [サダ(サン)]
③ (比較的)廉価な、ディスカウントされた　눅다(눅은) [ヌクタ(ヌグン)]

98. 貧富　빈부 [ピンブ]

① 富裕だ　부유하다(부유한) [プユハダ(プユハン)]
② 豊かだ　넉넉하다(넉넉한) [ノンノ(ッ)カダ(ノンノ(ッ)カン)]
③ 貧しい　가난하다(가난한) [カナナダ(カナナン)]

99. 角度　각도 [カクト]

① 鋭い　날카롭다(날카로운) [ナルカロプタ(ナルカロウン)]
② 鈍い　둔하다(둔한) [トゥナダ(トゥナン)]

100. 時間　시간 [シガン]

① 新しい　새롭다(새로운) [セロプタ(セロウン)]
② 古い　낡다(낡은) [ナクタ(ナルグン)]
③ 忙しい　바쁘다(바쁜) [パ(ッ)プダ(パ(ッ)プン)]
④ 暇だ　한가하다(한가한) [ハンガハダ(ハンガハン)]

☆「古い歴史」と言うときは〈낡다〉を使わず、「悠久である」〈유구하다〉や「永い」〈오래다〉が古いという意味で使われる。
☆〈유구한 역사〉[ユグナン ヨクサ]「悠久の歴史」、〈오랜 역사〉[オレン ヨクサ]「古い歴史」、

〈오랜 사람〉[オレ(ェ)ン サラム]「古い人」。なお〈낡다(낡은)〉は、普通否定的な意味で使われることが多い。〈낡은 머리〉[ナルグン モリ]「古臭い頭」、〈낡은 생각〉[ナルグン センガッ]「時代遅れの考え」など。

101. 頻度　빈도 [ピンド]

① 頻繁だ　빈번하다(빈번한) [ピンボナダ(ピンボナン)]
② まれだ　드물다(드문) [トゥムルダ(トゥムン)]
③ 珍らしい　귀하다(귀한) [クィハダ(クィハン)]

102. 愛憎　사랑과 증오 [サラングヮ チュンオ]

① 愛しい　사랑스럽다(사랑스러운) [サランスロプタ(サランスロウン)]
② 憎らしい　밉상스럽다(밉상스러운) [ミプサンスロプタ(ミプサンスロウン)]

☆日本語の〈愛憎〉の漢字をそのままハングル音で〈애증〉と言っても、意味はやや通じにくい。

103. 感情　감정 [カムジョン]

① 嬉しい　기쁘다(기쁜) [キ(ッ)プダ(キ(ッ)ブン)]
② 悲しい　슬프다(슬픈) [スルプダ(スルプン)]
③ 苦しい　괴롭다(괴로운) [クェロプタ(クェロウン)]
④ 恐ろしい　무섭다(무서운) [ムソプタ(ムソウン)]
⑤ 楽しい　즐겁다(즐거운) [チュルゴプタ(チュルゴウン)]
⑥ 不安だ　불안하다(불안한) [プラナダ(プラナン)]
⑦ 面白い　재미있다(재미있는) [チェミイッタ(チェミインヌン)]
⑧ 退屈だ　갑갑하다(갑갑한) [カプカ(ッ)パダ(カプカ(ッ)パン)]
⑨ 愉快だ　유쾌하다(유쾌한) [ユクェハダ(ユクェハン)]
⑩ 恋しい、懐かしい　그립다(그리운) [クリプタ(クリウン)]

104. 善と悪　선과 악 [ソングァ アク]

① 良い　좋다(좋은) [チョ(ッ)タ(チョウン)]
② 悪い　나쁘다(나쁜) [ナ(ッ)プダ(ナ(ッ)プン)]

105. 性格　성격 [ソンキョク]

① 善良だ　선량하다(선량한) [ソルリャンハダ(ソルリャンハン)]
② 悪どい　모질다(모진) [モジルダ(モジン)]
③ おとなしい　얌전하다(얌전한) [ヤムジョナダ(ヤムジョナン)]
④ 荒っぽい　사납다(사나운) [サナプタ(サナウン)]
⑤ ほがらかだ　명랑하다(명랑한) [ミョンナンハダ(ミョンナンハン)]
⑥ 憂鬱だ　우울하다(우울한) [ウウラダ(ウウラン)]
⑦ 妥協的だ　타협적이다(타협적인) [タヒョプチョギダ(タヒョプチョギン)]
⑧ 頑固だ　완고하다(완고한) [ワンゴハダ(ワンゴハン)]
⑨ 勇ましい　용감하다(용감한) [ヨンガマダ(ヨンガマン)]
⑩ 卑怯だ　비겁하다(비겁한) [ピゴ(ッ)パダ(ピゴ(ッ)パン)]
⑪ 上品だ　점잖다(점잖은) [チョムジャンタ(チョムジャヌン)]
⑫ 下品だ　상스럽다(상스러운) [サンスロプタ(サンスロウン)]
⑬ 高尚だ　고상하다(고상한) [コサンハダ(コサンハン)]
⑭ いやしい　천하다(천한) [チョナダ(チョナン)]
⑮ 活発だ　활발하다(활발한) [ファルバラダ(ファルバラン)]
⑯ のろい　느리다(느린) [ヌリダ(ヌリン)]
⑰ やさしい　상냥하다(상냥한) [サンニャンハダ(サンニャンハン)]
⑱ いじわるだ　심술궂다(심술궂은) [シムスルクッタ(シムスルクジュン)]
⑲ まめだ　부지런하다(부지런한) [プジロナダ(プジロナン)]
⑳ 不精だ　툽툽하다(툽툽한) [トプト(ッ)パダ(トプト(ッ)パン)]
㉑ なまいきだ　건방지다(건방진) [コンバンジダ(コンバンジン)]
㉒ 謙遜だ　겸손하다(겸손한) [キョムソナダ(キョムソナン)]

㉓ 派手だ　사치하다(사치한・사치스러운) [サチハダ(サチハン・サチスロウン)]
㉔ 質素だ　수수하다(수수한) [ススハダ(ススハン)]
㉕ 豪華だ、派手だ　호화롭다(호화로운) [ホファロプタ(ホファロウン)]
㉖ 素朴だ　소박하다(소박한) [ソバ(ッ)カダ(ソバ(ッ)カン)]
㉗ 平凡だ　평범하다(평범한) [ピョンボマダ(ピョンボマン)]
㉘ 非凡だ　비범하다(비범한) [ピボマダ(ピボマン)]
㉙ 寛容だ　너그럽다(너그러운) [ノグロプタ(ノグロウン)]
㉚ おおらかだ　너글너글하다(너글너글한) [ノグルノグルハダ(ノグルノグルハン)]
㉛ かた苦しい　딱딱하다(딱딱한) [タクタ(ッ)カダ(タクタ(ッ)カン)]
㉜ 粘り強い　끈덕지다(끈덕진) [クンドゥチダ(クンドクチン)]
㉝ あきっぽい　인내성없다(인내성없는) [インネソンオプタ(インネソンオムヌン)]
㉞ 男らしい　남자답다(남자다운) [ナムジャダプタ(ナムジャダウン)]
㉟ 女らしい　여자답다(여자다운) [ヨジャダプタ(ヨジャダウン)]
㊱ ひかえめだ　소심하다(소심한) [ソシマダ(ソシマン)]
㊲ 厚かましい　뻔뻔스럽다(뻔뻔스러운) [ポンポンスロプタ(ポンポンスロウン)]

106. ～的　～적 [チョク]

① 現実的だ　현실적이다(현실적인) [ヒョンシルチョギダ(ヒョンシルチョギン)]
② 空想的だ　공상적이다(공상적인) [コンサンジョギダ(コンサンジョギン)]
③ 理想的だ　이상적이다(이상적인) [イサンジョギダ(イサンジョギン)]
④ 幻想的だ　환상적이다(환상적인) [ファンサンジョギダ(ファンサンジョギン)]
⑤ 妄想的だ　망상적이다(망상적인) [マンサンジョギダ(マンサンジョギン)]
⑥ 科学的だ　과학적이다(과학적인) [クァハクチョギダ(クァハクチョギン)]
⑦ 封建的だ　봉건적이다(봉건적인) [ポンゴンジョギダ(ポンゴンジョギン)]
⑧ 建設的だ　건설적이다(건설적인) [コンソルチョギダ(コンソルチョギン)]
⑨ 悲観的だ　비관적이다(비관적인) [ピグァンジョギダ(ピグァンジョギン)]
⑩ 楽観的だ　낙천적이다(낙천적인) [ナックァンジョギダ(ナックァンジョギン)]
⑪ 急進的だ　급진적이다(급진적인) [クプチンジョギダ(クプチンジョギン)]

⑫ 保守的だ　보수적이다(보수적인) [ポスジョギダ(ポスジョギン)]
⑬ 革命的だ　혁명적이다(혁명적인) [ヒョンミョンジョギダ(ヒョンミョンジョギン)]
⑭ 反動的だ　반동적이다(반동적인) [パンドンジョギダ(パンドンジョギン)]
⑮ 積極的だ　적극적이다(적극적인) [チョックゥチョギダ(チョックゥチョギン)]
⑯ 消極的だ　소극적이다(소극적인) [ソグゥチョギダ(ソグゥチョギン)]
⑰ 攻撃的だ　공격적이다(공격적인) [コンギョクチョギダ(コンギョクチョギン)]

☆〈적〉の発音は「ㄹ받침」のあとук〈쩍〉[チョヶ]となり、清音になる。また1音節の漢字語のあとでも濃音〈쩍〉[チョヶ]となる。미적〈美的〉、전적〈全的〉、공적〈公的〉

107. 形容詞と名詞から成る簡単な文章

① 赤い花　붉은 꽃 [プルグン コッ]
② 青い海　푸른 바다 [プルン パダ]
③ 騒がしい音　요란한 소리 [ヨラナン ソリ]
④ 香ばしいにおい　구수한 냄새 [クスハン ネムセ]
⑤ 美しい鳥　아름다운 새 [アルムダウン セ]
⑥ 暖かい春　따뜻한 봄 [タ(ッ)トゥ(ッ)タン ボム]
⑦ 大きい人　큰 사람 [クン サラム]
⑧ 深い川　깊은 강 [キ(ッ)プン カン]
⑨ 強い意志　강한 의지 [カンハン ウィジ]
⑩ うれしい便り　기쁜 소식 [キ(ッ)プン ソシク]
⑪ 静かな朝　조용한 아침 [チョヨンハン アチム]
⑫ きれいな色　고운 색 [コウン セク]
⑬ めったにない天気　드문 날씨 [トゥムン ナルシ]
⑭ 善良な人　선량한 사람 [ソルリャンハン サラム]
⑮ 頑固な父　완고한 아버지 [ワンゴハン アボジ]
⑯ 意地悪な子　심술궂은 아이 [シムスルクジュン アイ]
⑰ 新しいシステム　새로운 시스템 [セ(ェ)ロウン システム]
⑱ 現実的な考え　현실적인 생각 [ヒョンシルチョギン センガク]

⑲ 科学的な計画　과학적인 계획　[クァハクチョギン クェフェク]
⑳ 建設的な意見　건설적인 의견　[コンソルチョギン ウィギョン]
㉑ 保守的な政党　보수적인 정당　[ポスジョギン チョンダン]
㉒ 急進的な傾向　급진적인 경향　[クプチンジョギン キョンヒャン]

108. 名詞・形容詞および助詞から成る簡単な文章

① 海は青い　　　　　　　　바다는 푸르다
② 海が青い　　　　　　　　바다가 푸르다
③ 川は深い　　　　　　　　강은 깊다
④ 川が深い　　　　　　　　강이 깊다
⑤ 値は高い　　　　　　　　값은 비싸다
⑥ 値が高い　　　　　　　　값이 비싸다
⑦ 朝は静かだ　　　　　　　아침은 조용하다
⑧ 夜が静かだ　　　　　　　밤이 조용하다
⑨ 花はきれいだ　　　　　　꽃은 곱다
⑩ 色がきれいだ　　　　　　색이 곱다
⑪ 父は善良だ　　　　　　　아버지는 선량하다
⑫ 兄は上品だ　　　　　　　형은 점잖다
⑬ 考えが封建的だ　　　　　생각이 봉건적이다
⑭ 職業は理想的だ　　　　　직업은 이상적이다
⑮ 傾向が進歩的だ　　　　　경향이 진보적이다
⑯ 行動が消極的だ　　　　　행동이 소극적이다

109. 代名詞・助詞・形容詞・名詞・助動詞から成る文章

① これは赤い色です　　　　이것은 붉은 색입니다
② ここは明るい部屋だ　　　여기는 밝은 방이다
③ それは浅い考えです　　　그것은 얕은 생각입니다

④ あれは古い新聞です　　　　　　　저것은 낡은 신문입니다
⑤ 彼女は優しい女だ　　　　　　　　그녀는 상냥한 여자다
⑥ あなたは厚かましい人です　　　　당신은 뻔뻔스러운 사람입니다
⑦ ここは静かな所だ　　　　　　　　여기는 조용한 곳이다
⑧ それは危険な行動です　　　　　　그것은 위험한 행동입니다
⑨ 彼は善良な人です　　　　　　　　그는 선량한 사람입니다
⑩ あいつは卑怯な奴だ　　　　　　　저놈은 비겁한 놈이다
⑪ こちらは平凡な女性です　　　　　이분은 평범한 여성입니다
⑫ これは愉快な話だ　　　　　　　　이것은 유쾌한 이야기다
⑬ これは現実的な考えだ　　　　　　이것은 현실적인 생각이다
⑭ それは科学的な計画です　　　　　그것은 과학적인 계획입니다
⑮ 彼は哲学的な青年です　　　　　　그는 철학적인 청년입니다
⑯ 君は消極的な人間だ　　　　　　　자네는 소극적인 인간이다
⑰ これは画期的な技術です　　　　　이것은 획기적인 기술이다

第4章　動詞(1)

●動詞の定義

事物の動作・存在・状態を表す品詞を動詞と言う。

●日本語とハングルの違い

	日 本 語	ハングル
終止形(原形)の語尾	―う段	～다
原形・現在形の区別	ない	ある
終止形(原形)と連体形(規定形)の語尾	同じ	ちがう
可能動詞	ある	ある
受け身の形	発達している (豊かである)	一部の動詞だけに使われる

　ハングルの動詞にみられる最も大きな特徴は、原形と現在形の区別があることだ。原形とは、語幹に〈～다〉をつけた形で、辞書はすべての動詞を原形で示している。日本語では終止形がその動詞の原形である。
　ハングルの動詞の分類は通常つぎのように行われている。
1. 自動詞　2. 他動詞　3. 補助動詞
日本語の可能動詞の役割はハングルでは連語の形で行われる。

⇨以下、( )の内の動詞は現在形。

110. 動作に関連した基本動詞

① 会う　만나다(만난다) [マンナダ(マンナンダ)]
② 上げる　올리다(올린다) [オルリダ(オルリンダ)]、들다(든다) [トゥルダ(トゥンダ)]
③ 与える　주다(준다) [チュダ(チュンダ)]
④ 争う　다투다(다툰다) [タ(ッ)トゥダ(タ(ッ)トゥンダ)]
⑤ 表す　나타내다(나타낸다) [ナ(ッ)タネダ(ナ(ッ)タネンダ)]
⑥ 祈る　빌다(빈다) [ピルダ(ピンダ)]
⑦ 祝う　축하하다(축하한다) [チュ(ッ)カハダ(チュ(ッ)カハンダ)]
⑧ 植える　심다(심는다) [シムタ(シムヌンダ)]
⑨ 受ける　받다(받는다) [パッタ(パンヌンダ)]
⑩ 写す　찍다(찍는다) [チクタ(チンヌンダ)]
⑪ 産む　낳다(낳는다) [ナ(ッ)タ(ナンヌンダ)]
⑫ 埋める　묻다(묻는다) [ムッタ(ムンヌンダ)]
⑬ 売る　팔다(판다) [パルダ(パンダ)]
⑭ 選ぶ　고르다(고른다) [コルダ(コルンダ)]
⑮ 追う　쫓다(쫓는다) [チョッタ(チョンヌンダ)]
⑯ 起きる　일어나다(일어난다) [イロナダ(イロナンダ)]
⑰ 置く　놓다(놓는다) [ノ(ッ)タ(ノンヌンダ)]
⑱ 送る　보내다(보낸다) [ポネダ(ポネンダ)]
⑲ 行う　하다(한다) [ハダ(ハンダ)]
⑳ 教える　가르치다(가르친다) [カル(ッ)チダ(カル(ッ)チンダ)]
㉑ 泳ぐ　헤엄치다(헤엄친다) [ヘオムチダ(ヘオムチンダ)]
㉒ 降りる　내리다(내린다) [ネリダ(ネリンダ)]
㉓ 買う　사다(산다) [サダ(サンダ)]
㉔ 飼う　기르다(기른다) [キルダ(キルンダ)]
㉕ 返す　돌리다(돌린다) [トルリダ(トルリンダ)]
㉖ 帰る　돌아가다(돌아간다) [トラガダ(トラガンダ)]
㉗ 隠れる　숨다(숨는다) [スムタ(スムヌンダ)]

㉘ 駆ける　달리다(달린다)［タルリダ(タルリンダ)］
㉙ 加工する　가공하다(가공한다)［カゴンハダ(カゴンハンダ)］
㉚ 囲む　둘러싸다(둘러싼다)［トゥルロ(ッ)サダ(トゥルロ(ッ)サンダ)］
㉛ 飾る　장식하다(장식한다)［チャンシ(ッ)カダ(チャンシ(ッ)カンダ)］
㉜ 貸す　빌리다(빌린다)［ピルリダ(ピルリンダ)］
㉝ 借りる　빌다(빈다)［ピルダ(ピンダ)］、꾸다(꾼다)［クダ(クンダ)］
㉞ 鍛える　단련하다(단련한다)［タルリョンハダ(タルリョンハンダ)］
㉟ 決める　결정하다(결정한다)［キョルチョンハダ(キョルチョンハンダ)］
㊱ 着る　입다(입는다)［イプタ(イムヌンダ)］
㊲ 加える　가하다(가한다)［カハダ(カハンダ)］
㊳ 消す　지우다(지운다)［チウダ(チウンダ)］
㊴ 削る　깍다(깍는다)［カクタ(カンヌンダ)］
㊵ 試みる　시도하다(시도한다)［シドハダ(シドハンダ)］
㊶ 拒む　거절하다(거절한다)［コジョルハダ(コジョルハンダ)］
㊷ 殺す　죽이다(죽인다)［チュウギダ(チュギンダ)］
㊶ 壊す　깨다(깬다)［ケダ(ケンダ)］
㊷ 捜す　찾다(찾는다)［チャッタ(チャンヌンダ)］
㊸ 作成する　작성하다(작성한다)［チャクソンハダ(チャクソンハンダ)］
㊹ 去る　가다(간다)［カダ(カンダ)］
㊺ 示す　가리키다(가리킨다)［カリ(ッ)キダ(カリ(ッ)キンダ)］
㊻ 調べる　조사하다(조사한다)［チョサハダ(チョサハンダ)］
㊼ 救う　건지다(건진다)［コンジダ(コンジンダ)］
㊽ 進む　나아가다(나아간다)［ナアガダ(ナアガンダ)］
㊾ 刷る　찍다(찍는다)［チクタ(チンヌンダ)］
㊿ 育てる　기르다(기른다)［キルダ(キルンダ)］
(51) 出す　내다(낸다)［ナダ(ネンダ)］
(52) 助ける　돕다(돕는다)［トプタ(トムヌンダ)］
(53) 戦う　싸우다(싸운다)［サウダ(サウンダ)］
(54) 立つ　서다(선다)［ソダ(ソンダ)］

(55) 断つ　끊다(끊는다) [クンタ(クンヌンダ)]
(56) 建てる　세우다(세운다) [セウダ(セウンダ)]
(57) 頼む　부탁하다(부탁한다) [プ(ッ)タ(ッ)カダ(プ(ッ)タ(ッ)カンダ)]
(58) 使う　쓰다(쓴다) [スダ(スンダ)]
(59) 尽す　다하다(다한다) [タハダ(タハンダ)]
(60) 作る　만들다(만든다) [マンドゥルダ(マンドゥンダ)]
(61) (家などを)造る　짓다(짓는다) [チッタ(チンヌンダ)]
(62) 伝える　전하다(전한다) [チョナダ(チョナンダ)]
(63) 包む　싸다(싼다) [サダ(サンダ)]
(64) 勤める　근무하다(근무한다) [クンムハダ(クンムハンダ)]
(65) 努める　힘쓰다(힘쓴다) [ヒムスダ(ヒムスンダ)]
(66) 積む　쌓다(쌓는다) [サ(ッ)タ(サンヌンダ)]
(67) 釣る　낚다(낚는다) [ナㇰタ(ナンヌンダ)]
(68) 解く　풀다(푼다) [プルダ(プンダ)]
(69) 閉じる　닫다(닫는다) [タッタ(タンヌンダ)]
(70) 飛ぶ　나르다(나른다) [ナルダ(ナルンダ)]
(71) 止まる(む)　멎다(멎는다) [モッタ(モンヌンダ)]
(72) 直す　고치다(고친다) [コ(ッ)チダ(コ(ッ)チンダ)]
(73) 逃げる　도망치다(도망친다) [トマンチダ(トマンチンダ)]
(74) 煮る　삶다(삶는다) [サムタ(サムヌンダ)]
(75) 脱ぐ　벗다(벗는다) [ポッタ(ポンヌンダ)]
(76) 盗む　훔치다(훔친다) [フムチダ(フムチンダ)]
(77) 塗る　바르다(바른다) [パルダ(パルンダ)]
(78) 寝る　자다(잔다) [チャダ(チャンダ)]
(79) 登る　오르다(오른다) [オルダ(オルンダ)]
(80) 乗る　타다(탄다) [タダ(タンダ)]
(81) 測る　재다(잰다) [チェダ(チェンダ)]
(82) 運ぶ　나르다(나른다) [ナルダ(ナルンダ)]
(83) 始める　시작하다(시작한다) [シジャ(ッ)カダ(シジャ(ッ)カンダ)]

⑭ 働く　일하다(일한다) [イルハダ(イルハンダ)]
⑮ 引く　당기다(당긴다) [タンギダ(タンギンダ)]
⑯ 巻く　감다(감는다) [カムタ(カムヌンダ)]
⑰ 交わる　사귀다(사귄다) [サグィダ(サグィンダ)]
⑱ 混ぜる　섞다(섞는다) [ソクタ(ソンヌンダ)]
⑲ 待つ　기다리다(기다린다) [キダリダ(キダリンダ)]
⑳ 学ぶ　배우다(배운다) [ペウダ(ペ(ェ)ウンダ)]
㉑ 守る　지키다(지킨다) [チ(ッ)キダ(チ(ッ)キンダ)]
㉒ 回す　돌리다(돌린다) [トルリダ(トルリンダ)]
㉓ 認める　인정하다(인정한다) [インジョンハダ(インジョンハンダ)]
㉔ 向かう　향하다(향한다) [ヒャンハダ(ヒャンハンダ)]
㉕ 迎える　맞이하다(맞이한다) [マジハダ(マジハンダ)]
㉖ 蒸す　찌다(찐다) [チダ(チンダ)]
㉗ 用いる　쓰다(쓴다) [スダ(スンダ)]
㉘ 求める　구하다(구한다) [クハダ(クハンダ)]
㉙ 焼く　태우다(태운다) [テウダ(テウンダ)]
⑩ 休む　쉬다(쉰다) [スィダ(スィンダ)]
⑪ 破る　깨다(깬다) [ケダ(ケンダ)]
⑫ 許す　용서하다(용서한다) [ヨンソハダ(ヨンソハンダ)]
⑬ わかれる　갈리다(갈린다) [カルリダ(カルリンダ)]

☆ハングルは日本語と同じく漢字圏内にあり、さらに文章の構造がよく似ているので、西洋語を訳す時のような煩雑さや曖昧さははるかに少ない。

☆また、固有のハングルが分からない時は、漢字を利用して意訳することができる。たとえば、「用いる」に相当するハングルがわからない場合、同じ意味の「使用する」を使って使(사)＋用(용)＋する(하다)と機械的につなぎ合わせて、〈사용하다〉としても意味は十分に通じる。

作る→製作する→제작하다 [チェジャ(ッ)カダ]
学ぶ→学習する→학습하다 [ハクス(ッ)パダ]
休む→休息する→휴식하다 [ヒュシ(ッ)カダ]

つまり、漢字のハングルと「する」〈하다〉という言葉さえ知っていれば、大部分の動詞をたやすく意訳することができる。

第4章　動詞(1)

111. 状態を表す動詞

① 有る　있다(있다) [イッタ(イッタ)]
② 居る(いる)　있다(있다) [イッタ(イッタ)]
③ 飢える　굶다(굶는다) [クムタ(クムヌンダ)]
④ 帯びる　띠다(띤다) [ティダ(ティンダ)]
⑤ 兼ねる　겸하다(겸한다) [キョマダ(キョマンダ)]
⑥ 暮らす　살다(산다) [サルダ(サンダ)]
⑦ 狂う　미치다(미친다) [ミチダ(ミチンダ)]
⑧ 茂る　우거지다(우거진다) [ウゴジダ(ウゴジンダ)]
⑨ 住む　살다(산다) [サルダ(サンダ)]
⑩ 漂う　풍기다(풍긴다) [プンギダ(プンギンダ)]
⑪ 疲れる　지치다(지친다) [チ(ッ)チダ(チ(ッ)チンダ)]
⑫ 続く　계속되다(계속된다) [ケ(ェ)ソクテダ(ケ(ェ)ソクテンダ)]
⑬ 流れる　흐르다(흐른다) [フルダ(フルンダ)]
⑭ 慣れる　습관되다(습관된다) [スプクァンテダ(スプクァンテンダ)]
⑮ 乱れる　어지러워지다(어지러워진다) [オジロウォジダ(オジロウォジンダ)]
⑯ 群がる　무리짓다(무리짓는다) [ムリジッタ(ムリジンヌンダ)]
⑰ 病む　앓다(앓는다) [アルタ(アルルンダ)]
⑱ 酔う　취하다(취한다) [チュィハダ(チュィハンダ)]

☆ハングルでは「有る」と「居る」の区別はなく、ともに〈있다〉である。また、〈暮らす〉と〈住む〉の区別もなく、ともに〈살다〉である。終止形に〈ㅆ〉받침が付いている場合は、있다を除いてすべて過去形である。

112. 結果・自然現象を表す動詞

① 余る　남다(남는다) [ナムタ(ナムヌンダ)]
② 現れる　나타나다(나타난다) [ナ(ッ)タナダ(ナ(ッ)タナンダ)]
③ 生きる　살다(산다) [サルダ(サンダ)]

④ 失う　잃다(잃는다) [イルタ(イルルンダ)]
⑤ 老いる　늙다(늙는다) [ヌクタ(ヌンヌンダ)]
⑥ 終わる　끝나다(끝난다) [クンナダ(クンナンダ)]
⑦ 勝つ　이기다(이긴다) [イギダ(イギンダ)]
⑧ 枯れる　시들다(시든다) [シドゥルダ(シドゥンダ)]
⑨ 変わる　변하다(변한다) [ピョナダ(ピョナンダ)]
⑩ 消える　꺼지다(꺼진다) [コジダ(コジンダ)]
⑪ 腐る　썩다(썩는다) [ソクタ(ソンヌンダ)]
⑫ 曇る　흐리다(흐린다) [フリダ(フリンダ)]
⑬ 来る　오다(온다) [オダ(オンダ)]
⑭ 暮れる　저물다(저문다) [チョムルダ(チョムンダ)]
⑮ 凍る　얼다(언다) [オルダ(オンダ)]
⑯ 焦げる　타다(탄다) [タダ(タンダ)]
⑰ 栄える　번영하다(번영한다) [ポニョンハダ(ポニョンハンダ)]
⑱ 咲く　피다(핀다) [ピダ(ピンダ)]
⑲ 死ぬ　죽다(죽는다) [チュクタ(チュンヌンダ)]
⑳ 済む　끝나다(끝난다) [クンナダ(クンナンダ)]
㉑ 違う　틀리다(틀린다) [トゥルリダ(トゥルリンダ)]
㉒ 散る　지다(진다) [チダ(チンダ)]
㉓ 着く　닿다(닿는다) [タ(ッ)タ(タンヌンダ)]
㉔ 照る　비치다(비친다) [ピ(ッ)チダ(ピ(ッ)チンダ)]
㉕ 出る　나가다(나간다) [ナガダ(ナガンダ)]
㉖ 溶ける　녹다(녹는다) [ノクタ(ノンヌンダ)]
㉗ 似る　닮다(닮는다) [タムタ(タムヌンダ)]
㉘ 晴れる　개다(갠다) [ケダ(ケンダ)]
㉙ 光る　빛나다(빛난다) [ピンナダ(ピンナンダ)]
㉚ 響く　울리나(울린다) [ウルリダ(ウルリンダ)]
㉛ 降る　내리다(내린다) [ネリダ(ネリンダ)]
㉜ 減る　줄다(준다) [チュルダ(チュンダ)]

㉝ 負ける　지다(진다)［チダ(チンダ)］
㉞ 増す　늘다(는다)［ヌルダ(ヌンダ)］
㉟ 実る　익다(익는다)［イクタ(インヌンダ)］
㊱ 燃える　불타다(불탄다)［プルタダ(プルタンダ)］

113. 手が関係する動詞

① 扱う　다루다(다룬다)［タルダ(タルンダ)］
② 打つ　치다(친다)［チダ(チンダ)］
③ 描く　그리다(그린다)［クリダ(クリンダ)］
④ 拝む　빌다(빈다)［ピルダ(ピンダ)］
⑤ 押さえる　누르다(누른다)［ヌルダ(ヌルンダ)］
⑥ 押す　밀다(민다)［ミルダ(ミンダ)］
⑦ 折る　꺾다(꺽는다)［コクタ(コンヌンダ)］
⑧ 掛ける　걸다(건다)［コルダ(コンダ)］
⑨ 授ける　수여하다(수여한다)［スヨハダ(スヨハンダ)］
⑩ 捨てる　버리다(버린다)［ポリダ(ポリンダ)］
⑪ 抱く　안다(안는다)［アンタ(アンヌンダ)］
⑫ 捕える　잡다(잡는다)［チャプタ(チャムヌンダ)］
⑬ 取る　취하다(취한다)［チュイハダ(チュイハンダ)］
⑭ 投げる　던지다(던진다)［トンジダ(トンジンダ)］
⑮ 握る　쥐다(쥔다)［チュィダ(チュィンダ)］
⑯ 抜く　뽑다(뽑는다)［ポプタ(ポムヌンダ)］
⑰ 掃く　쓸다(쓴다)［スルダ(スンダ)］
⑱ 払う　치르다(치른다)［チルダ(チルンダ)］
⑲ 拾う　줏다(줏는다)［チュッタ(チュンヌンダ)］
⑳ 掘る　파다(판다)［パダ(パンダ)］
㉑ 彫る　새기다(새긴다)［セギダ(セギンダ)］
㉒ 招く　청하다(청한다)［チョンハダ(チョンハンダ)］

㉓ 編む　뜨다(뜬다) [トゥダ(トゥンダ)]
㉔ 織る　짜다(짠다) [チャダ(チャンダ)]
㉕ 縛る　묶다(묶는다) [ムクタ(ムンヌンダ)]
㉖ 絞る　짜다(짠다) [チャダ(チャンダ)]
㉗ 縫う　집다(집는다) [チプタ(チムヌンダ)]
㉘ 結ぶ　매다(맨다) [メ(ェ)ダ(メ(ェ)ンダ)]
㉙ 洗う　씻다(씻는다) [シッタ(シンヌンダ)]
㉚ 射る　쏘다(쏜다) [ソダ(ソンダ)]
㉛ 書く　쓰다(쓴다) [スダ(スンダ)]
㉜ 刈る　베다(벤다) [ペダ(ペンダ)]
㉝ 切る　베다(벤다) [ペダ(ペンダ)]
㉞ 刺す　찌르다(찌른다) [チルダ(チルンダ)]

☆〈織る〉と〈絞る〉は짜다で、同音異義語。
☆〈刈る〉と〈切る〉は베다で、区別はない。

114. 足が関係する動詞

① 歩く　걷다(걷는다) [コッタ(コンヌンダ)]
② 行く　가다(간다) [カダ(カンダ)]
③ 踊る　춤추다(춤춘다) [チュムチュダ(チュムチュンダ)]
④ 走る　뛰다(뛴다) [ティダ(ティンダ)]
⑤ 踏む　밟다(밟는다) [パプタ(パムヌンダ)]
⑥ 蹴る　차다(찬다) [チャダ(チャンダ)]
⑦ 通う　다니다(다닌다) [タニダ(タニンダ)]
⑧ 跨がる　걸터타다(걸터탄다) [コルト(ッ)タダ(コルト(ッ)タンダ)]

115. 口が関係する動詞

① 言う　말하다(말한다) [マラダ(マランダ)]

② 歌う　노래하다(노래한다) [ノレハダ(ノレハンダ)]
③ 食う(食べる)　먹다(먹는다) [モクタ(モンヌンダ)]
④ 答える　대답하다(대답한다) [テダ(ッ)パダ(テダ(ッ)パンダ)]
⑤ 語る　이야기하다(이야기한다) [イヤギハダ(イヤギハンダ)]
⑥ 叫ぶ　외치다(외친다) [ウェ(ッ)チダ(ウェ(ッ)チンダ)]
⑦ 吸う　빨다(빤다) [パルダ(パンダ)]
⑧ 尋ねる　묻다(묻는다) [ムッタ(ムンヌンダ)]
⑨ 誓う　맹세하다(맹세한다) [メンセハダ(メンセハンダ)]
⑩ 告げる　고하다(고한다) [コハダ(コハンダ)]
⑪ 唱える　재창하다(재창한다) [チェ(ッ)チャンハダ(チェ(ッ)チャンハンダ)]
⑫ 飲む　마시다(마신다) [マシダ(マシンダ)]
⑬ 吐く　게우다(게운다) [ケウダ(ケウンダ)]
⑭ 呼ぶ　부르다(부른다) [プルダ(プルンダ)]
⑮ 読む　읽다(읽는다) [イクタ(インヌンダ)]
⑯ 吹く　불다(분다) [プルダ(プンダ)]
⑰ 含む　머금다(머금는다) [モグムタ(モグムヌンダ)]
⑱ 誇る　자랑하다(자랑한다) [チャランハダ(チャランハンダ)]

☆〈飲む〉は〈마시다〉が基本の意味であるが、タバコを〈のむ〉というときは〈마시다〉を使わず〈吸う〉の〈피우다〉を使う。また、日本語では薬を飲むというが、ハングルでは〈약을(薬を) 먹다(食べる)〉という。水・酒などは〈마시다〉〈먹다〉のどちらでもよい。〈먹다〉は食べ物一般に広く使われる。

116. 目・耳・鼻が関係する動詞

① 見る　보다(본다) [ポダ(ポンダ)]
② みつめる　쳐다보다(쳐다본다) [チョダボダ(チョダボンダ)]
③ 覗く　엿보다(엿본다) [ヨッポダ(ヨッポンダ)]
④ 眠る　잠자다(잠잔다) [チャムジャダ(チャムジャンダ)]
⑤ 眺める　바라보다(바라본다) [パラボダ(パラボンダ)]

⑥ にらむ　쏘아보다(쏘아본다) [ソアボダ(ソアボンダ)]
⑦ 聞く　듣다(듣는다) [トゥッタ(トゥンヌンダ)]
⑧ 嗅ぐ　맡다(맡는다) [マッタ(マンヌンダ)]

117. 感情を表す動詞

① 飽きる　싫증나다(싫증난다) [シルチュンナダ(シルチュンナンダ)]
② 憤る　분개하다(분개한다) [プンゲハダ(プンゲハンダ)]
③ 疑う　의심하다(의심한다) [ウィシムハダ(ウィシムハンダ)]
④ 恨む　원망하다(원망한다) [ウォンマンハダ(ウォンマンハンダ)]
⑤ 憂える　근심하다(근심한다) [クンシムハダ(クンシムハンダ)]
⑥ 恐れる　무서워하다(무서워한다) [ムソウォハダ(ムソウォハンダ)]
⑦ 驚く　놀라다(놀란다) [ノルラダ(ノルランダ)]
⑧ 覚える　느끼다(느낀다) [ヌッキダ(ヌッキンダ)]
⑨ 思う　생각하다(생각한다) [センガ(ッ)カダ(センガ(ッ)カンダ)]
⑩ 考える　생각하다(생각한다) [センガ(ッ)カダ(センガ(ッ)カンダ)]
⑪ 悔いる　뉘우치다(뉘우친다) [ヌィウ(ッ)チダ(ヌィウ(ッ)チンダ)]
⑫ 好む　좋아하다(좋아한다) [チョアハダ(チョアハンダ)]
⑬ 慕う　사모하다(사모한다) [サモハダ(サモハンダ)]
⑭ 忍ぶ　참다(참는다) [チャムタ(チャムヌンダ)]
⑮ 楽しむ　즐기다(즐긴다) [チュルギダ(チュルギンダ)]
⑯ 慎しむ　삼가하다(삼가한다) [サムガハダ(サムガハンダ)]
⑰ 慰める　위로하다(위로한다) [ウィロハダ(ウィロハンダ)]
⑱ 悩む　고민하다(고민한다) [コミンハダ(コミンハンダ)]
⑲ 憎む　미워하다(미워한다) [ミウォハダ(ミウォハンダ)]
⑳ 願う　바라다(바란다) [パラダ(パランダ)]
㉑ 祈る　빌다(빈다) [ピルダ(ピンダ)]
㉒ 恥じる　부끄러워하다(부끄러워한다) [プッ)クロウォハダ(プ(ッ)クロウォハンダ)]
㉓ 惑う　망설이다(망설인다) [マンソリダ(マンソリンダ)]

㉔ 迷う　헤매다(헤맨다) [ヘメダ(ヘメンダ)]
㉕ 喜ぶ　기뻐하다(기뻐한다) [キ(ッ)ポハダ(キ(ッ)ポハンダ)]
㉖ 忘れる　잊다(잊는다) [イッタ(インヌンダ)]
㉗ 笑う　웃다(웃는다) [ウッタ(ウンヌンダ)]
㉘ 泣く　울다(운다) [ウルダ(ウンダ)]
㉙ 羨む　부러워하다(부러워한다) [プロウォハダ(プロウォハンダ)]
㉚ 怖がる　무서워하다(무서워한다) [ムソウォハダ(ムソウォハンダ)]
㉛ 恐れる　겁내다(겁낸다) [コプネダ(コプネンダ)]

118. 動詞の前にもっとも頻繁に置かれる助詞

① ～を　～를(을) [ルル(ウル)]
② ～が　～가(이) [カ(イ)]
③ ～へ　～로(으로) [ロ(ウロ)]

※( )内は子音で終わる場合、すなわち〈받침〉で終わる場合に使う。

119. 名詞・助詞・動詞から成る簡単な文章

① 歌をうたう　노래를 부른다 [ノレルル プルンダ]
② 映画を見る　영화를 본다 [ヨンファルル ポンダ]
③ 写真を写す　사진을 찍는다 [サジヌル チンヌンダ]
④ 本を借りる　책을 빈다 [チェグル ピンダ]
⑤ ご飯を食べる　밥을 먹는다 [パブル モンヌンダ]
⑥ 海が見える　바다가 보인다 [パダガ ポインダ]
⑦ 犬がいる　개가 있다 [ケガ イッタ]
⑧ 学校がある　학교가 있다 [ハッキョガ イッタ]
⑨ 花が咲く　꽃이 핀다 [コ(ッ)チ ピンダ]
⑩ 火が消える　불이 꺼진다 [プリ コジンダ]
⑪ 学校へ通う　학교에 다닌다 [ハッキョエ タニンダ]

⑫ 海へ行く　바다로 간다 [パダロ カンダ]
⑬ 工場へ行く　공장으로 간다 [コンジャンウロ カンダ]
⑭ 駅へ向かう　역으로 향한다 [ヨグロ ヒャンハンダ]

120. 名詞・助詞・動詞および代名詞から成る簡単な文章

①私は新聞を読む　나는 신문을 읽는다 [ナヌン シンムヌル インヌンダ]
②彼はラジオを聞く　그는 라디오를 듣는다 [クヌン ラディオルル トゥンヌンダ]
③あなたは問題を解く　당신은 문제를 푼다 [タンシヌン ムンジェルル プンダ]

121. ていねいな言葉の作り方

～ㅂ니다型

① 会う→会います　만난다 → 만납니다
② 遊ぶ→遊びます　논다 → 놉니다
③ 売る→売ります　판다 → 팝니다
④ 与える→与えます　준다 → 줍니다
⑤ 見る→見ます　본다 → 봅니다
⑥ 愛する→愛します　사랑한다 → 사랑합니다

☆上記のように、現在形が〈～ㄴ다〉型の動詞から話し言葉を作るには、
　(現在形—ㄴ다)＋ㅂ니다　とすればよい。
　つまり、
　(만난다—ㄴ다)＋ㅂ니다
　＝만나＋ㅂ니다
　＝만납니다　となる。
　⇨なおㅂ+(ㄴ, ㅁ, ㄹ)では、ㅂは[ㅁ]と発音される。

～습니다型

⑦ 植える→植えます　심는다→심습니다
⑧ 写す→写します　찍는다→찍습니다

⑨ 産む→産みます　낳는다 → 낳습니다
⑩ 着る→着ます　입는다 → 입습니다
⑪ 脱ぐ→脱ぎます　벗는다 → 벗습니다
⑫ 死ぬ→死にます　죽는다 → 죽습니다

☆現在形が〈〜는다〉型の動詞から話し言葉を作るには、
　(現在形—는다)+습니다
　とすればよい。
　(심는다—는다)+습니다
　＝심+습니다
　＝심습니다

【特殊型】

⑬ ある→あります ⎫
⑭ いる→います　⎬ 있다 → 있습니다

☆〈있다〉は終止形(原形)と現在形が同じであり、〈〜ㄴ다〉型と〈〜는다〉型のいずれにも属さない特殊な動詞であるが、話し言葉は〈〜습니다〉型である。

第5章 形容詞(2)
形容動詞も含む

―形容動詞も含む―

● **形容詞の性質**

　自立語で活用のあるものを用言と言う。日本語の用言には、動詞・形容詞・形容動詞があるが、ハングルでは動詞と形容詞の2種類しかない。

　ハングルも日本語同様、用言は活用(単語の語尾が規則的に変化することを活用と言う)をもつので、ハングルの作文・会話をするためには活用の要領を知る必要がある。

第5章　形容詞(2)

●活用による形容詞の分類

形容詞
- 原形の語幹が母音で終わる形容詞（Ⅰ部類）
  - 連用形の語幹がㅏで終わるもの: 차다型、바쁘다型
  - 連用形の語幹がㅓで終わるもの: 기쁘다型、크다型、푸르다型
  - 連用形の語幹がㅕで終わるもの: 희다型、건방지다型、조용하다型、현실적이다型*
- 原形の語幹が子音で終わる形容詞（Ⅱ部類）
  - 連用形の語幹がㅏで終わるもの: 아름답다型、작다型
  - 連用形の語幹がㅓで終わるもの: 붉다型、사랑스럽다型
  - 連用形の語幹がㅐㅕで終わるもの: 까맣다型、둥그렇다型、하얗다型

※〈현실적이다〉は内容的には形容詞であるが、構造の上では連語とみるべきであろう。しかし、本書では便宜上、これも形容詞に含めた。

　分類の基準として連用形を採ったのは、連用形が活用形の中で最も語幹の変化が激しいからである。

※動詞(2)95ページ以下を参照のこと。

●形容詞の活用一覧表

例型\活用形	原形の語幹	過去形	未来形
Ⅰ部類	차 바쁘 기쁘 푸르 크 희 속되 건방지 조용하	찼 바빴 기뻤 푸르렀 컸 희었 속되었 건방졌 조용하였 조용했	찰 바쁠 기쁠 푸를 클 흴 속될 건방질 조용할
Ⅱ部類	작 달 아름답 붉 멀 까맣 둥그렇 하얗 사랑스럽 현실적이	작았 달았 아름다왔 붉었 멀었 까맸 둥그랬 하얬 사랑스러웠 현실적이었	작을 달 아름다울 붉을 멀 까말 둥그럴 하얄 사랑스러울 현실적일
主な付属語(토)	다 다고 다는 고 지만 기에 더라도 지	다 습니다 느니	것이다 을것이다 것같다 수록 뿐이다 가 가요 지도 수밖에

第5章　形容詞(2)

規定形	連用形	仮定形	理由形	丁寧な断定形
찬 바쁜 기쁜 푸른 큰 흰 속된 건방진 조용한	차 바빠 기뻐 푸르러 커 희 속되어 건방져 조용하여 조용해	차 바쁘 기쁘 푸르 크 희 속되 건방지 조용하	차 바쁘 기쁘 푸르 크 희 속되 건방지 조용하	찹 바쁩 기쁩 푸릅 큽 흽 속됩 건방집 조용합
작은 단 아름다운 붉은 먼 까만 둥그런 하얀 사랑스러운 현실적인	작아 달아 아름다와 붉어 멀어 까매 둥그래 하얘 사랑스러워 현실적이어	작으 달 아름다우 붉으 멀 까마 둥그러 하야 사랑스러우 현실적이	작으 다 아름다우 붉으 머 까마 둥그러 하야 사랑스러우 현실적이	작습 답 아름답습 붉습 멉 까맣습 둥그렇습 하얗습 사랑스럽습 현실적입
것 것 같다 것이 것은 것도 것을 것보다 것데 것지	**서** 지 다 도 요	**면** 며	**니** 니까 므로 나 오(요)	**니다** 니까

ゴシックは最も基本的な〈토〉を示す。連用形だけは〈토〉がなく、活用形語幹だけでも使用される。

〈차다〉(冷たい)を例にとって形容詞の活用法をみると、

　　原形：차다 (冷たい)

　　連用形：차 (서) (冷たくて)

　　仮定形：차면 (冷たければ)

　　理由形：차니 (冷たいから)

　　丁寧な断定形：참니다 (冷たいのです)

　　過去形：찼다 (冷たかった)

　　未来形：찰것이다 (冷たかろう)

　　規定形：찬 (冷たい…)

となる。

他の、

　　바쁘다 (忙しい)　　　　　작다 (小さい)

　　기쁘다 (うれしい)　　　　달다 (甘い)

　　푸르다 (青い)　　　　　　아름답다 (美しい)

　　크다 (大きい)　　　　　　붉다 (赤い)

　　희다 (白い)　　　　　　　멀다 (遠い)

　　속되다 (俗っぽい)　　　　까맣다 (黒々とした)

　　건방지다 (なまいきだ)　　둥그렇다 (まんまるい)

　　조용하다 (静かだ)　　　　하얗다 (まっ白い)

　　고요하다 (もの静かだ)　　사랑스럽다 (愛らしい)

　　현실적이다 (現実的だ)

なども同じ要領で活用させる。

※例型のうちでは〈고요하다〉(Ⅰ部類)と〈작다〉(Ⅱ部類)が典型的である。

●形容詞の活用の実際

122. 조용하다型

① 静かだ　조용하다 [チョヨンハダ]
② 静かに　조용히 [チョヨンヒ]
③ 静かでない　조용하지 않다 [チョヨンハジ アンタ]
④ 静かならば　조용하면 [チョヨンハミョン]
⑤ 静かだった　조용하였다 [チョヨンハヨッタ]
⑥ 静かだろう　조용할것이다 [チョヨンハルコシダ]
⑦ 静からしい　조용하다고 한다 [チョヨンハダゴ ハンダ]
⑧ 静かなようだ　조용한것 같다 [チョヨンハンゴッ カッタ]
⑨ 静かだそうだ　조용하다고 한다 [チョヨンハダゴ ハンダ]
⑩ 静かで　조용해서 [チョヨンヘソ]
⑪ 静かだと　조용하면 [チョヨンハミョン]
⑫ 静かなので　조용하므로 [チョヨンハムロ]
⑬ 静かだから　조용하니(조용하니까) [チョヨンハニ(チョヨンハニ(ッ)カ)]
⑭ 静かでも　조용해도 [チョヨンヘド]
⑮ 静かだが　조용하나 [チョヨンハナ]
⑯ 静かだけれど　조용하지만 [チョヨンハジマン]
⑰ 静かなのに　조용한데 [チョヨンハンデ]
⑱ 静かだし　조용하고 [チョヨンハゴ]
⑲ 静かなほど　조용할수록 [チョヨンハルスロク]
⑳ 静かなの(準体言)　조용한것 [チョヨンハンゴッ]
㉑ 静かなのを　조용한것을 [チョヨンハンゴスル]
㉒ 静かなのが　조용한것이 [チョヨンハンゴシ]
㉓ 静かなのより　조용한것보다 [チョヨンハンゴッポダ]
㉔ 静かなのと　조용한것과 [チョヨンハンゴックァ]
㉕ 静かなのは　조용한것은 [チョヨンハンゴスン]

㉖ 静かなのも　조용한것도 [チョヨンハンゴット]
㉗ 静かです　조용합니다 [チョヨンハムニダ]
㉘ 静かですか　조용합니까 [チョヨンハムニ(ッ)カ]

123. 작다型

① 小さい　작다 [チャクタ]
② 小さく　작게 [チャクケ]
③ 小さくない　작지 않다 [チャクチ アンタ]
④ 小さければ　작으면 [チャグミョン]
⑤ 小さかった　작았다 [チャガッタ]
⑥ 小さかろう　작을 것이다 [チャグル コシダ]
⑦ 小さいらしい　작다고 한다 [チャクタゴ ハンダ]
⑧ 小さいようだ　작을것 같다 [チャグル ゴッ カッタ]
⑨ 小さそうだ　작다는것 같다 [チャクタヌン ゴッ カッタ]
⑩ 小さくて　작아서 [チャガソ]
⑪ 小さいと　작으면 [チャグミョン]
⑫ 小さいので　작으므로 [チャグムロ]
⑬ 小さいから　작으니(작으니까) [チャグニ(チャグニカ)]
⑭ 小さくても　작아도 [チャガド]
⑮ 小さいが　작으나 [チャグナ]
⑯ 小さいけれど　작지만 [チャクチマン]
⑰ 小さいのに　작은데 [チャグンデ]
⑱ 小さいし　작고 [チャクコ]
⑲ 小さいほど　작을수록 [チャグルスロク]
⑳ 小さいの(準体言)　작은것 [チャグンゴッ]
㉑ 小さいのを　작은것을 [チャグンゴスル]
㉒ 小さいのが　작은것이 [チャグンゴシ]
㉓ 小さいのより　작은것보다 [チャグンゴッポダ]

㉔ 小さいのと　作은것과 [チャグンゴックァ]
㉕ 小さいのは　作은것은 [チャグンゴスン]
㉖ 小さいのも　作은것도 [チャグンゴット]
㉗ 小さいのです　作습니다 [チャクスムニダ]
㉘ 小さいのですか　作습니까 [チャクスムニ(ッ)カ]

124. 文章中にみる形容詞の活用

① この水は冷たい　　　　　　　　이 물은 차다

　⇨冷たい　차다

② 性格が冷たいらしい(と言う)　　성격이 차다고 한다
③ 冷たいから気持がよい　　　　　차니까 기분이 좋다
④ 心も冷たいし顔も醜い　　　　　마음도 차고 얼굴도 못났다
⑤ 冷たいのより熱いのがよい　　　찬것보다 더운것이 좋다
⑥ 空気がたいへん冷たいのです　　공기가 대단히 찹니다
⑦ 丸を小さく描く　　　　　　　　동그라미를 작게 그린다

　⇨小さい　작다

⑧ 小さくて着られない　　　　　　작아서 입지못한다
⑨ 柄は小さくても、胆は大きい　　몸집은 작아도 담은 크다
⑩ 荷物は小さいほど楽だ　　　　　짐은 작을수록 편안하다
⑪ 大きいと小さいのを交換する　　큰것과 작은것을 교환한다
⑫ 小さいのも使い道はある　　　　작은것도 쓸모는 있다
⑬ この頃は忙しくない　　　　　　요즘은 바쁘지 않다

　⇨忙しい　바쁘다

⑭ 彼は最近忙しそうだ(と言う)　　그는 최근 바쁜 것 같다
⑮ 忙しくても一度来て下さい　　　바빠도 한번 와 주십시오
⑯ 忙しいけれど一度行きます　　　바쁘지만 한번 가겠습니다

⑰ 忙しいのは忙しくないの バ쁜것은 바쁘지 않은 것보다 낫다
　よりましだ
⑱ 私はとても忙しいのです　　나는 몹시 바쁩니다

　⇨うれしい　기쁘다

⑲ 私はほんとにうれしかった　나는 정말 기뻤다
⑳ 父もうれしいだろう　　　　아버지도 기쁠것이다
㉑ うれしくて泣きました　　　기뻐서 울었습니다
㉒ うれしくても顔には出すな　기뻐도 얼굴에는 나타내지 말라
㉓ うれしいけれど心配だ　　　기쁘지만 걱정이다
㉔ うれしいのも一時だ　　　　기쁜것도 한때다

☆「ほんとに」は〈정말로〉であるが、会話では〈로〉が省かれることが多い。
☆「うれしいだろう」の対象が目上の人の場合には敬語の〈기쁘실것이다〉を使うのが正しい。

㉕ 太陽は赤く燃えていた　　　태양은 붉게 타고 있었다

　⇨赤い　붉다、燃える　타다

㉖ 本の表紙が赤いらしい(と言う)　책 표지가 붉다고 한다
㉗ 西瓜の中は赤くても外は青い　수박의 속은 붉어도 겉은 푸르다
㉘ 赤ければ赤いほどよい　　　붉으면 붉을수록 좋다
㉙ 赤いのは危険信号だ　　　　붉은것은 위험신호다

　⇨危険　위험、信号　신호
　うさぎは目が赤いんです　토끼는 눈이 붉습니다

☆「本の」の「の」は省略される。「外」は〈밖〉、〈바깥〉である。〈겉〉は「うわべ」の意。「〜が赤い」の「赤い」は普通〈발갛다〉〈빨갛다〉と表現されることが多いが、その区別は微妙である。

㉚ しっ、静かに　　　　　　　쉬, 조용히
㉛ あたりは静かだった　　　　주위는 조용하였다
㉜ ここは静かでいい　　　　　여기는 조용해서 좋다
㉝ 今は静かだが2時間後には…　지금은 조용하나 두시간후에는…

⇨2時間　두시간、〜後　후

㉞ 静かな朝、澄んだ空気　　　　　　　조용한 아침, 맑은 공기

　⇨澄む　맑다

㉟ 静かなのも時には不気味だ　　　　　조용한 것도 때로는 무시무시하다

　⇨時には　때로는

☆「静かだ」は〈조용하다〉が一般に使われるが、〈고요하다〉も文学的な表現として使われる。
　ショーロホフの『静かなるドン』は『고요한 돈』と訳されている。

㊱ より速く、より強く、より美しく!　　보다 빨리, 보다 강하게(억세게), 보다 아름답게

　⇨速い　빠르다

㊲ 夕焼けが美しかった　　　　　　　　저녁노을이 아름다왔다

　⇨夕焼け　저녁노을、朝焼け　아침노을

㊳ 姉より妹のほうが美しいらしい　　　언니보다 동생이 아름답다고 한다
　（と言う）

㊴ 顔は美しくても心は冷たい　　　　　얼굴은 아름다워도 마음은 차다

㊵ 景色は美しく、料理もおいしい　　　경치는 아름답고 요리도 맛있다

　⇨景色　경치、風景　풍경

㊶ 美しいのは自然だけではない　　　　아름다운것은 자연뿐만이 아니다

　⇨自然　자연、〜だけ　〜뿐

☆「AよりBのほうが」という表現ではもっぱら「AよりBが」という形を用いる。
☆山より海のほうがいい　산보다 바다가 좋다

㊷ 彼の考えは現実的だ　　　　　　　　그의 생각은 현실적이다
㊸ きみの意見は現実的でない　　　　　자네의 의견은 현실적이지 않다
㊹ 現実的なので賛成だ　　　　　　　　현실적이므로 찬성이다
㊺ 現実的だけど難しい　　　　　　　　현실적이지만 어렵다

㊻ 現実的なのと、建設的なとこ　　　현실적인것과 건설적인것이 좋다
　　ろがいい
㊼ 歴史的であり世界的だ　　　　　　역사적이며 세계적이다
㊽ 必要かつ十分な条件　　　　　　　필요하고도 충분한 조건

☆〈～的でない〉は、〈～적인 것이 못된다〉とも表現されことがある。

第6章　動詞(2)

●ハングルの動詞の活用による分類

動詞の活用による分類も形容詞のそれに準じている。

動詞	原形の語幹が母音で終わる動詞(Ⅰ部類)	連用形の語幹がㅏで終わるもの	보다型、가다型、잠그다型、고르다型、따르다型、가르다型、오다型
		連用形の語幹がㅓで終わるもの	두다型、서다型、푸다型、기르다型、치르다型、배우다型
		連用形の語幹がㅕで終わるもの	하다型、되다型、켜다型、쉬다型、남기다型、움직이다型、베다型
	原形の語幹が子音で終わる動詞(Ⅱ部類)	連用形の語幹がㅏで終わるもの	막다型、갈다型、돌다型、낫다型、돕다型
		連用形の語幹がㅓで終わるもの	밀다型、먹다型、걷다型、붓다型、긋다型、있다型、눕다型

●未知の動詞の活用型の決め方●

動詞活用一覧表にない動詞が、どの型にしたがって変化するかを知るには、

1. 動詞の原形を知る。
2. 動詞の原形の語幹を決定する。
3. 原形の語幹の最後の語尾に〈받침〉があるかないかによってⅠ部類、Ⅱ部類に分ける。
4. 原形の語幹の最後の母音を見る。
5. その母音と同じか、あるいは同系列の例型によって未知の動詞を変化させる。

例：1. 会う→ 만나다　　　1. 埋める→ 묻다
　　2. 만나　　　　　　　2. 묻
　　3. Ⅰ部類　　　　　　3. Ⅱ部類
　　4. ㅏ　　　　　　　　4. 우 → ㅜ
　　5.〈가다型〉　　　　　5.〈먹다型〉

ㅜはㅓと同系列の母音である。

※慣れないうちは、例型を見つけ出すのが難しいが、辞書を引きながらいくつかの変化形式をみて、活用表を利用するとよいだろう。

第6章 動詞(2)

●動詞の活用一覧表

例型 \ 活用形	原形の語幹	現在形	過去形
Ⅰ部類	보 다	보	본	보았(봤)
	가 다	가	간	가았(갔)
	잠그 다	잠그	잠근	잠갔
	고르 다	고르	고른	골랐
	따르 다	따르	따른	따랐
	가르 다	가르	가른	갈랐
	오 다	오	온	오았(왔)
	두 다	두	둔	두었
	서 다	서	선	서었(섰)
	푸 다	푸	푼	펐
	기르 다	기르	기른	길렀
	치르 다	치르	치른	치렀
	배우 다	배우	배운	배우었(배웠)
	되 다	되	된	되었(됐)
	켜 다	켜	켠	켜었(켰)
	쉬 다	쉬	쉰	쉬었(쉈)
	남기 다	남기	남긴	남겼
	움직이 다	움직이	움직인	움직이었(움직였)
	베 다	베	벤	벴(베었)
Ⅱ部類	막 다	막	막는	막았
	갈 다	갈	간	갈았
	돌 다	돌	돈	돌았

97

未来形	規定形	連用形	仮定形	理由形	丁寧な断定形
볼	보는	보	보	보	봅
갈	가는	가	가	가	갑
잠글	잠그는	잠가	잠그	잠그	잠급
고를	고르는	골라	고르	고르	고릅
따를	따르는	따라	따르	따르	따릅
가를	가르는	갈라	가르	가르	가릅
올	오는	와	오	오	옵
둘	두는	두어	두	두	둡
설	서는	서	서	서	섭
풀	푸는	퍼	푸	푸	풉
기를	기르는	길러	기르	기르	기릅
치를	치르는	치러	치르	치르	치릅
할	하는	하여(해)	하	하	합
될	되는	되어(돼)	되	되	됩
켤	켜는	켜	켜	켜	켭
쉴	쉬는	쉬여	쉬	쉬	쉽
남길	남기는	남겨	남기	남기	남깁
움직일	움직이는	움직여	움직이	움직이	움직입
벨	베는	베어	베	베	뱁
막을	막는	막아	막으	막으	막습
갈	가는	갈아	갈	가	갑
돌	도는	돌아	돌	도	돕

⇨ 現在形は、過去の連体形容としても使われる。〈간 사람〉(行った人)。日本語の〈行く人〉は〈갈 사람〉(갈 사람を直訳すると、行くだろう人になる)。規定形は、現在の連体形容として使われる。〈가는 사람〉(行く人)。〈갈 사람〉〈가는 사람〉は、日本語ではともに〈行く人〉となる。

例型 \ 活用形		原形の語幹	現 在 形	過 去 形
Ⅱ 部 類		낫 다 돕 다 밀 다 먹 다 걷 다 붓 다 긋 다 있 다 눕 다	낫 돕 밀 먹 걷 붓 긋 있 눕	낫는 돕는 민 먹는 걷는 붓는 긋는 있 눕는	나았 도왔 밀었 먹었 걸었 부었 그었 있었 누웠
主 な 付 属 語	用言に共通の付属語	다 고 지만 거니와 기에 더라도 지 겠다 게	다 다고 한다 다는 다는것 같다	다 습니다 을것이다
	動詞にのみ付く付属語	자 고서 다가 는데 나마나 고싶다 지 말라	다느니 들	

未来形	規定形	連用形	仮定形	理由形	丁寧な断定形
나을	낫는	나아	나으	나으	낫습
도울	돕는	도와	도우	도우	돕습
밀	미는	밀어	밀	미	밉
먹을	먹는	먹어	먹으	먹으	먹습
걸을	걷는	걸어	걸으	걸으	걷습
부을	붓는	부어	부으	부으	붓습
그을	긋는	그어	그으	그으	긋습
있을	있는	있어	있으	있으	있습
누을	눕는	누워	누으	누으	눕습
것이다	것	(서)	면	니	니다
것 같다	것 같다	도	며	니까	니까
수록	것이	요	므로	나	
뿐이다	것은				
가	것도			시다	
지	것을				
수 밖에	것 보다				
수 있다	데				
	지				
지라도			면서	ㅂ시다	
망정			러	시오	
지언정			려		
			려고		

⇨ 例型のうち、〈하다型〉（Ⅰ部類）と〈막다型〉（Ⅱ部類）の活用形によく慣れること。

第6章 動詞(2)

● 動詞の活用の実際

125. 하다型 (일하다)

① 働く　일하다 [イルハダ]
② 働きます　일합니다 [イルハムニダ]
③ 働いている　일하고 있다 [イルハゴイッタ]
④ 働いています　일하고 있습니다 [イルハゴイ(ッ)スムニダ]
⑤ 働いた　일하였다(일했다) [イルハヨッタ](イルヘ(ェ)ッタ)
⑥ 働きました　일하였습니다(일했습니다) [イルハヨ(ッ)スムニダ](イルヘ(ッ)スムニダ)
⑦ 働くだろう　일할것이다 [イルハルコシダ]
⑧ 働くでしょう　일할것입니다 [イルハルコシムニダ]
⑨ 働こう　일하자 [イルハジャ]
⑩ 働きましょう　일합시다 [イルハプシダ]
⑪ 働くか　일하는가 [イルハヌンガ]
⑫ 働きますか　일합니까? [イルハムニ(ッ)カ]
⑬ 働け　일하라(일해라) [イルハラ(イレラ)]
⑭ 働きなさい　일하시오 [イルハシオ]
⑮ 働かない　일하지 않는다 [イルハジ アンヌンダ]
⑯ 働きません　일하지 않습니다 [イルハジ アンスムニダ]
⑰ 働かせる　일 시킨다 [イル シ(ッ)キンダ]
⑱ 働かせます　일 시킵니다 [イル シ(ッ)キムニダ]
⑲ 働きたい　일하고 싶다 [イルハゴ シプタ]
⑳ 働きたいのです　일하고 싶습니다 [イルハゴ シプスムニダ]
㉑ 働くそうだ　일하는것 같다 [イルハヌンゴッ カッタ]
㉒ 働くそうです　일하는것 같습니다(일한답니다) [イルハヌンゴッ カッスムニダ(イルハンダムニダ)]
㉓ 働く(ところの)　일하는 [イルハヌン]
㉔ 働き　일하며 [イルハミョ]

㉕ 働いて　일하고 [イルハゴ]
㉖ 働いたり　일하기도 하고 [イルハギド ハゴ]
㉗ 働きながら　일하면서 [イルハミョンソ]
㉘ 働くし　일하거니와 [イルハゴニワ]
㉙ 働いても　일해도 [イルヘド]
㉚ 働くけれど　일하지만 [イルハジマン]
㉛ 働くが　일하나 [イルハナ]
㉜ 働くものの　일하건만 [イルハゴンマン]
㉝ 働くのに　일하는데 [イルハヌンデ]
㉞ 働いてでも　일해서라도 [イルヘ(エ)ソラド]
㉟ 働くにしても　일한다 하더라도 [イルハンダ ハドラド]
㊱ 働いてから　일하고나서 [イルハゴナソ]
㊲ 働こうと(思う)　일하려고 [イルハリョゴ]
㊳ 働いたら　일하거든 [イルハゴドゥン]
㊴ 働けば　일하면 [イルハミョン]
㊵ 働くから　일하니(일하니까) [イルハニ(イルハニ(ッ)カ)]
㊶ 働くので　일하므로 [イルハムロ]
㊷ 働いたところで　일했댔자 [イルヘッテッチャ]
㊸ 働くのが　일하는것이 [イルハヌンゴシ]
㊹ 働くのを　일하는것을 [イルハヌンゴスル]
㊺ 働くのと　일하는것과 [イルハヌンゴックヮ]
㊻ 働くのより　일하는것보다 [イルハヌンゴッポダ]
㊼ 働くのは　일하는것은 [イルハヌンゴスン]
㊽ 働くのも　일하는것도 [イルハヌンゴット]
㊾ 働くのさえ　일하는것조차 [イルハヌンゴッチョ(ッ)チャ]
㊿ 働くのすら　일하는것마저 [イルハヌンゴンマジョ]
51 働くほど　일할수록 [イルハルスロク]
52 働くなり〜するなり　일하든지〜든지 [イルハドゥンジ〜ドゥンジ]
53 働こうが〜しようが　일하건〜건 [イルハゴン〜ゴン]

(54) 働くといっても　일한다고 해도 [イルハンダゴ ヘド]

(55) 働いてこそ　일해야 [イルヘヤ]

(56) 働いてみる　일해본다 [イルヘボンダ]

●文章の中にみる動詞の活用

126. 見る　보다 [ポダ]

① 私はテレビを見ています　나는 텔레비(TV)를 보고 있습니다

② きのうはサッカーの試合を見ました　어제는 축구경기를 보았습니다

③ この絵を見なさい　이 그림을 보시오

④ 最近の雑誌が見たいのです　최근의 잡지가 보고싶습니다

⑤ 本を見ながら食事をしている　책을 보면서 식사를 하고 있다

⑥ いくら見てもわかりません　아무리 보아도 모르겠습니다

⑦ これを見てから感想文を書くこと　이걸 보고나서 감상문을 쓸 것

⑧ 見れば分かる　보면 안다

⑨ もうあなたは見るのもいやです　이젠 당신은 보기도 싫습니다

⇨いやだ、きらいだ　싫다

⑩ 見れば見るほど不思議な花だ　보면 볼수록 신비로운 꽃이다

⇨不思議だ、神秘だ　신비롭다

☆「試合」は〈시합〉であるが、ハングルでは「試合」の代わりに「競技」〈경기〉が多く使われる。

☆〈이걸〉は〈이것을〉(これを)の短縮形。

☆「見るのも」は〈보는것도〉と言う他に、〈보기도〉もある。

⇨보기　見かけ・外見・見ること。

127. 行く　가다 [カダ]

⑪ いっしょに行きましょう　같이 갑시다

⑫ 彼も多分行くでしょう　그도 아마 갈것입니다

⑬ 早く行きなさい　　　　　　　　　　　빨리 가세오(가시오, 가거라)
⑭ あなたの兄さんも行くそうです　　　　당신의 형님도 간다는 것 같습니다
⑮ 前から行こうと思っていました　　　　이전부터 가려고 생각하고 있었습니다
⑯ 行ったらお父さんによろしく伝え　　　가거든 아버님한테 안부 전해주시오
　　て下さい

　　⇨安否　안부　伝える　전하다

⑰ そこへ行くのは賛成できない　　　　　거기로 가는 것은 찬성할 수 없다

　　⇨～できない　～할 수 없다

⑱ 行くのもおっくうです　　　　　　　　가기도(가는것도) 귀찮습니다

　　⇨おっくうだ　귀찮다, 내키지 않다, 꺼림칙하다 (めんどうだ, 気になる)

⑲ 行くなり残るなり、早く決めろ　　　　가든지 있든지 빨리 결정하라(해라)

　　⇨決定　결정

⑳ 行ってこそ(初めて)、そちらの　　　　가야만이 거기 사정은 알 수 있는 법입니다
　　事情は分かるものです

128. 置く　놓다 [ノ(ッ)タ]

例　机の上に置きなさい　　　　　　　　책상위에 놓으시오

　　⇨机の上　책상위

㉑ そこへ置いて、こっちへ来なさい　　　거기에 놓고 이리 오시오
㉒ そこへ置いても大丈夫ですか　　　　　거기에 놓아도 괜찮습니까?
㉓ どこでも置けばよいのに　　　　　　　아무데나 놓으면 될텐데
㉔ 上へ置くのと下へ置くのとは大分　　　위에 놓는것과 아래에 놓는것과는 퍽이나
　　違う　　　　　　　　　　　　　　　　다르다
㉕ 花びんを置くよりいっそなくした　　　꽃병을 놓기보다 차라리 없애는게 낫다
　　ほうがましだ
㉖ どこへ置こうがこっち(私の)の勝手だ　어디에 놓건 내 자유다

⇨ 내(나+의) 私の→こっち

㉗ どこへ置きましょうか　　　　　　어디에 놓을까요?

㉘ 置くといっても、いったいどこへ　놓는다고 해도 도대체 어디에 놓을까?
　　置こうか

㉙ そこへ置いてこそぴったりだ　　　거기에 놓아야 제격이다

☆ 〈없애는게〉は〈없애는것이〉と同義
　「置こうが」は〈놓건〉,〈놓든지〉のどちらでもよい。

129. 立つ　서다 [ソダ]

① この子は14か月目に立ちました　　이 아이는 십사개월만에 섰습니다

　⇨14か月　십사(14)개월

② もう少ししたら立つでしょう　　　오래지 않아 설것입니다
③ 名前を呼んだら立ちなさい　　　　이름을 부르거든 서세오(서거라)
④ しばらくしたら立ちそうです　　　좀 있으면 설것 같습니다
⑤ 自分の力で立ち、自分の足で歩こう　자기 힘으로 서서 자기 발로 걷자

　⇨自分(の)　자기

⑥ 立とうとしても立てないんです　　서려고 해도 서지 못합니다
⑦ 立つのは這うのより難しい　　　　서는것은 기는것보다 힘들다

　⇨這う　기다

⑧ 1人で立つまで待ってみよう　　　혼자서 설 때까지 기다려보자
⑨ 立っただけでまだ歩けません　　　서기만하지 아직 걷지 못합니다

　⇨「～するだけで」は〈～기 만하지〉が動詞の原形の語幹に付く。

⑩ 私を立たせて下さい　　　　　　　저를 세워주세오(주시오)

　⇨자기 힘으로＝제 힘으로
　　자기 발로＝제 발로

130. 学ぶ 배우다 [ペウダ]

① 私は英語を学んでいます	나는 영어를 배우고 있습니다
② 自分の祖国の歴史を学びなさい	자기 조국의 역사를 배우세요
③ 私は絵を習いたい	나는 그림을 배우고 싶다
④ よく学び十分に活用することが大切だ	잘 배워 충분히 활용하는 것이 중요하다
⑤ 何回習ってもまだよく分からない	몇번 배워도 아직 잘 모르겠다
⑥ 学ぼうと思っても金がありませんでした	배우려고 생각해도 돈이 없었습니다
⑦ 熱心に学ぶので私もうれしい	열심히 배우기때문에(배우길래) 나도 기쁘다
⑧ 習ったところで役に立たない	배웠댔자 소용이 없다
⇒役に立たない(仕様がない、仕方ない)	소용이 없다
⑨ 年をとって、習うのは楽でない	나이를 먹고 배우는것은 쉽지 않다
⑩ 学ぶほど頭は開けてきます	배울수록 머리는 트입니다

☆「学ぶので」は、〈배우니까〉〈배우길래〉、〈배우기에〉、〈배우기 때문에〉
☆〈헐치 않다〉「楽でない」は〈헐하지 않다〉の短縮形

131. 働く 일하다 [イルハダ]

① 父は工場で働き、兄は造船所で働き、私は病院で働いている	아버지는 공장에서 일하며 형은 조선소에서 일하고 나는 병원에서 일하고 있다
② 働きながら学び、学びながら働くのがこの大学の特徴です	일하면서 배우고 배우면서 일하는 것이 이 대학 특징입니다
③ むかしは働くのがつらかったが、今は働くのすら楽しい	옛날은 일하기가 괴로웠지만 지금은 일하는것마저 즐겁다

☆「父は工場で「働き」〈일하며〉、兄は造船所で「働き」〈일하고〉」の〈일하며〉と〈일하고〉の厳格な区別はない。

132. する 하다 [ハダ]

① 自分で作詞して作曲した歌を、　　자기가 작사하고 작곡한 노래를 그는
　　彼はりっぱに歌った　　　　　　　　훌륭히 불렀다
② これは母が裁断したのを、姉が　　이것은 어머니가 재단한 것을 누나가 재봉
　　縫いました　　　　　　　　　　　했습니다

☆「歌う」は〈노래부르다〉と〈노래하다〉の2通りの言い方がある。「歌った」が〈불렀다〉となっているのは、その前に「歌」という語があるので、〈노래불렀다〉の〈노래〉が脱落する。
☆「姉」には〈누나〉と〈언니〉がある。〈누나가〉とあるのは弟が姉を呼んでいるため。妹が姉を呼ぶ場合は〈언니〉を使う。

133. 来る 오다 [オダ]

① 彼はこちらへ向かっています(進行)　그는 이쪽으로 오고 있습니다
② 彼は(すでに)ここへ来ています(終了)　그는 (이미) 여기에 와있습니다
③ 1度ここへ来てみろ　　　　　　　한번 여기에 와봐(보아)라

☆〈오고있다〉は対象がこちらへ向かって近づいていることを示し、〈와있다〉はすでに到着している状態を表す。
☆「来てみろ」〈오고보라〉とは言わない。
☆「来てから」は〈오고나서〉〈와서〉。
☆〈와보라〉と〈와서 보라〉は〈와보라〉は「来てみろ」という試みを命令している。〈와서 보라〉は「来て(お前の目で直接見ろ)」の意味である。

134. ～みる ～보다 [ポダ]

① 食べてみよう　　　　　　　　　먹어보자
② 座ってみよう　　　　　　　　　앉아보자

③ ひとつやってみよう 　　　　　　　한 번 해보자
④ 座って見よう 　　　　　　　　　　앉아서 보자
⑤ それ見てみろ(ざまを見ろ) 　　　　그것 봐라
⑥ よく見ておけよ 　　　　　　　　　잘 보고 있어라

☆「見てろ、見ておれよ」は〈보고보라〉とは言わない。〈두고보자〉と言う。

第7章　助動詞

●助動詞の概念

付属語で活用のあるものを助動詞と言う。ハングルに日本語の助動詞に該当する品詞はない。

ハングルで、主に体言の下に付いて、それに一定の意味を付け加える働きをするものとして、〈토〉という品詞があるが、これは助動詞と助詞をひっくるめたもので、日本語の「て・に・を・は」に相当する。

〈토〉は「体言토」と「用言토」に分けられる。

「体言토」は体言に付き、「用言토」は用言に付く。このような意味で、「用言토」がいわゆる助動詞に近いものと考えられるが、「用言토」はそれよりもずっと広い範囲のものを包括している。

ここではハングルの書き方・話し方を習得するために、便宜上日本語の助動詞の分類法に従っている。

●いろいろな助動詞

135. 断定の助動詞

① ～だ　　～다（～이다）
② ～です　～ます　～니다（～ㅂ니다，～습니다）

☆～다は体言や用言に付いて断定の意味を表す〈토〉である。〈～다〉は体言・用言の語幹に付く。

☆～ㅂ니다は〈받침〉のない体言と用言の断定形の語幹に付く。

☆～습니다は〈받침〉のある用言の断定形に付く。ただし、原形語幹がㄹで終わるもの、すなわちㄹ받침(달다、멀다、갈다、돌다、など)は～ㅂ니다を付ける。

달다　답니다 [タムニダ] (○)
　　　달습니다 [タルスムニダ] (×)
이것은 소 (体言) 다　　　これは牛だ

저것은 책 (体言) 이다   あれは本だ
강이 깊 (形容詞) 다   川が深い
물이 흐르 (動詞) 다   水が流れる

☆「～です」「～ます」は「だ」の丁寧形であるが〈ㅂ니다〉は体言・用言に付き、〈～습니다〉は用言にのみ付くので、
　～です＝ㅂ니다
　～ます＝습니다
とみなすことができる。

① これは本です (○)　　　　　　　　이것은 책입니다 (○)
② これは本ます (×)　　　　　　　　이것은 책습니다 (×)
③ 力が強いのです (○)　　　　　　　힘이 셉니다 (○)
④ 力が強います (×)　　　　　　　　힘이 세습니다 (×)
⑤ ぼくは行くのです (○)　　　　　　나는 갑니다 (○)
⑥ ぼくは行きます (○)　　　　　　　나는 가습니다 (×)
⑦ 日が暮れるのです (○)　　　　　　날이 저뭅니다 (○)
⑧ 日が暮れます (○)　　　　　　　　날이 저무습니다 (×)

136. 過去の助動詞

① 1.～した　～다 (～았다, ～었다, ～였다, ～웠다)
② 2.～でした。～ました、　～습니다, (～았습니다), ～었습니다, ～였습니다, ～웠습니다

☆1.は過去を表す口語の書き言葉で、2.は過去を表す口語体である。〈～다〉〈～습니다〉は用言の過去形語幹に付く。
☆1.の〈～았다〉〈～었다〉〈～였다〉〈～웠다〉はともに過去を表す토であるが、このうち〈～였다〉は体言と用言に付き、〈～았다〉〈～었다〉〈～웠다〉は用言にだけ付く。
☆～았다は語幹の母音がㅏ, ㅑ, ㅗ, ㅏ_, ㅗ_の場合に付く。
　ㅏ　막다 (塞ぐ)+았다 → 막았다
　ㅑ　얇다 (薄い)+았다 → 얇았다
　ㅗ　오다 (来る)+았다 → 왔다
　ㅏ르　따르다 (従う)+았다 → 따랐다

ㅗ르 오르다 (登る)+았다 → 올랐다
⇨この場合の語幹とは語尾の다を除いた部分を言う。以下も同じである。
☆~었다は語幹の母音が、ㅓ, ㅕ, ㅜ, ㅡ, ㅕ르, ㅜ르, ㅣ르の場合に付く。
　ㅓ 넣다 (入れる)+었다 → 넣었다
　ㅕ 열다 (開ける)+었다 → 열었다
　ㅜ 두다 (置く、措く)+었다 → 두었다
　ㅡ 크다 (大きい)+었다 → 컸다
　ㅕ르 거르다 (漉(す)く)+었다 → 걸렀다
　ㅜ르 부르다 (呼ぶ)+었다 → 불렀다
　ㅣ르 치르다 (支払う)+었다 → 치렀다
☆北では語幹の母音が、ㅣ, ㅐ, ㅔ, ㅚ, ㅟ, ㅢの場合および語幹の最後の音節が하の場合に~였다となる。しかし、南では하の場合以外は~었다のままである。(北では기였다、以下同じ)。
　ㅣ 기다 (這う)+였다 → 기였다
　ㅐ 개다 (たたむ)+였다 → 개였다
　ㅔ 베다 (切る)+였다 → 베였다
　ㅚ 되다 (なる)+였다 → 되였다
　ㅟ 쥐다 (握る)+였다 → 쥐였다
　ㅢ 회다 (白い)+였다 → 회였다
　하 하다 (する)+였다 → 하였다
☆しかし、語幹の最後の音節に받침がくる場合は~었다となる。
　길다 (長い) → 길었다
　맺다 (結ぶ) → 맺었다
　심다 (植える) → 심었다
　짓다 (建てる) → 지었다
　잇다 (つなぐ) → 이었다
~였다は語幹の最後の音節が、우, 업, 엽, 움, 읍, 입, 앱, 윕(語幹がㅂ받침)で終わる用言に付く。
　우 배우다 (学ぶ)+였다 → 배웠다
　업 덥다 (暑い)+였다 → 더웠다
　엽 귀엽다 (かわいい)+였다 → 귀여웠다
　움 춥다 (寒い)+였다 → 추웠다
　읍 우습다 (おかしい)+였다 → 우스웠다
　입 깁다 (繕う)+였다 → 기웠다
　앱 맵다 (辛い)+였다 → 매웠다
　윕 쉽다 (易い)+였다 → 쉬웠다
☆体言に付く過去形토は~였다、~이었다だけである。

바다였다 [パダヨッタ] 海であった。
산이었다 [サニオッタ] 山であった。
⇨ ~다の代わりに~습니다を付き加えると ていねいな文体となる。
막았다 → 막았습니다 (防ぎました)
넣었다 → 넣었습니다 (入れました)
개었다 → 개었습니다 (たたみました)
배웠다 → 배웠습니다 (学びました)

137. 推量の助動詞

① ~だろう　것이다 (~ㄹ것이다, ~을것이다, ~일것이다)
② ~でしょう　것입니다 (~ㄹ것입니다, ~을것입니다, ~일것입니다)
③ ~しないだろう　~지 않을것이다
④ ~しまい　~지 말자

☆~것이다は用言の未来形語幹に付いて、推量、未来の意味を表す。
　~ㄹ것이다は語幹に받침のない用言に付く。
　오다 (来る) → 올 것이다 (来るだろう)
　되다 (なる) → 될 것이다 (なるだろう)
　희다 (白い) → 흴 것이다 (白いだろう)
　조용하다 (静かだ) → 조용할 것이다 (静かだろう)
☆~을 것이다は語幹に받침のある用言に付く。
　막다 (妨げる) → 막을 것이다 [マグルゴシダ] (妨げるだろう)
　얇다 (薄い) → 얇을 것이다 [ヤルブルゴシダ] (薄いだろう)
　맺다 (結ぶ) → 맺을 것이다 [メジュルゴシダ] (結ぶだろう)
☆ただし、次のような用言には例外がある。
(1) 語幹がㄷ받침で終わる一部の動詞はㄷをㄹに変えて~을 것이다を付ける。
　　걷다 (歩く) → 걸을 것이다 (歩くだろう)
　　듣다 (聞く) → 들을 것이다 (聞くだろう)
　　긷다 (汲む) → 길을 것이다 (汲むだろう)
(2) 語幹がㅂ받침で終わる一部の用言はㅂをなくして残りの語幹に~을 것이다を付ける。
　　곱다 (きれいだ) → 고울 것이다 [コウルゴシダ] (きれいだろう)
　　덥다 (暑い) → 더울 것이다 [トウルゴシダ] (助けるだろう)
(3) 語幹がㄹ받침で終わるものは原形語幹に ~것이다を付ける。

갈다 (耕す) → 갈 것이다 [カルゴシダ] (耕すだろう)
날다 (飛ぶ) → 날 것이다 [ナルゴシダ] (飛ぶだろう)
멀다 (遠い) → 멀 것이다 [モルゴシダ] (遠いだろう)

(4) 語幹がㅅ받침で終わるものはㅅをなくして~을것이다を付ける。

긋다 (引く) → 그을 것이다 [クウルゴシダ] (引くだろう)
낫다 (治る) → 나을 것이다 [ナウルゴシダ] (治るだろう)
짓다 (建てる) → 지을 것이다 [チウルゴシダ] (建てるだろう)

☆丁寧形の「~でしょう」は、~것이다を~것입니다に取り換えればよい。

막을 것이다 → 막을 것입니다 [マグルゴシムニダ]
고을 것이다 → 고을[울] 것입니다 [コウルギシムニダ]
그을 것이다 → 그을 것입니다 [クウルゴシムニダ]

☆~지 않을것이다は用言の原形語幹に付き、打ち消しの推量を表す。

내리다 (降りる・降る) → 내리지 않을 것이다 [ネリジ アヌルコシダ] (降らないだろう・降るまい)
떨어지다 (落ちる) → 떨어지지 않을 것이다 [トロジジ アヌルコシダ] (落ちないだろう・落ちまい)

☆~지 말자は動詞の原形語幹について打ち消しの決意を表す。

받다 (受ける) → 받지 말자 [パッチ マルジャ] (受けまい)
서다 (立つ) → 서지 말자 [ソジ マルジャ] (立つまい)

138. 打消しの助動詞

① ～しない　~지 않는다, 지 못한다
　　　　　　~지 않다, 지 못하다
② ～しません　~지 않습니다, 지 못합니다

☆~지 않는다は動詞の語幹に付いて自発的な打消しを表し、~지 못한다は不可能を表す。

가다 (行く) { → 가지 않는다 [カジ アンヌンダ] (行かない)
　　　　　　 { → 가지 못한다 [カジ モ(ッ)タンだ] (行けない)

듣다 (聞く) { → 듣지 않는다 [トゥッチ アンヌンダ] (聞かない)
　　　　　　 { → 듣지 못한다 [トゥッチ モ(ッ)タンダ] (聞けない)

⇨動詞現在形の前に副詞の안、못が付いても同様の意味を表す。

간다 (行く) { → 안간다 [アンガンダ] (行かない)
　　　　　　 { → 못간다 [モッカンダ] (行けない)

듣다 (聞く) { 안 듣는다 → [アンドゥンヌンダ] (聞かない)
              못 듣는다 → [モットゥンヌンダ] (聞けない)

☆～지 않다、～지 못하다は形容詞の原形語幹に付いて打消しを表す。

차다 (冷たい) { → 차지 않다 [チャジ アンタ] (冷たくない)
               → 차지 못하다 [チャジ モ(ッ)タダ] (冷たくない)

곱다 (きれいだ) { → 곱지 않다 [コプチ アンタ] (きれいでない)
                 → 곱지 못하다 [コプチ モ(ッ)タダ] (きれいでない)

☆차지 않다、곱지 않다が現象に対する単なる説明にとどまるのに対して、차지 못하다、곱지 못하다は現象に対する不満の感情が含まれている。

☆形容詞の現在形の前に、副詞の안、못が付いても同様の効果が表れるが、못はあまり使われない。

곱다 → 안곱다 [アンコプタ] (○)
못곱다 [モッコプタ] (×)
세다 → 안세다 [アンセダ] (○)
못세다 [モッセダ] (×)

☆丁寧形の「～습니다」用言に共通に用いられる。つながり方は①と同じ。

차다 → 차지 않습니다 [チャジ アンスムニダ] (冷たくありません)
     → 차지 못합니다 [チャジ モ(ッ)タムニダ] (冷たくありません)
가다 → 가지 않습니다 [カジ アンスムニダ] (行きません)
     → 가지 못합니다 [カジ モ(ッ)タムニダ] (行けません)

갑니다 [カムニダ] (行きます)
안 갑니다 [アン ガムニダ] (行きません)
못 갑니다 [モッ カムニダ] (行けません)

139. 希望の助動詞

① ～したい (～したいのです)　～고 싶다 (～고 싶습니다)
② ～したがる (～したがるのです)　～고 싶어한다 (～고 싶어합니다)

☆〈～고 싶다〉は自分の希望を表すものであるが、〈싶다〉[シプタ] はハングルでは合成述語と言われている。動詞の原形語幹に付く。

먹다 (食べる) → 먹고 싶다 [モッコ シプタ] (食べたい)
보다 (見る) → 보고 싶다 [ポゴ シプタ] (見たい)
듣다 (聞く) → 듣고 싶다 [トゥッコ シプタ] (聞きたい)

하다 (する) → 하고 싶다 [ハゴシプタ] (したい)
☆丁寧形～고 싶습니다は～고 싶다と取り換えるだけでよい。
  먹고 싶다 → 먹고 싶습니다 (モッコ シプスムニダ)
  보고 싶다 → 보고 싶습니다 (ポゴ シプスムニダ)
  듣고 싶다 → 듣고 싶습니다 (トゥッコ シプスムニダ)
  하고 싶다 → 하고 싶습니다 (ハゴ シプスムニダ)
☆～고 싶어한다は客体の希望を表す。動詞の原形語幹に付く。
  먹다 → 먹고 싶어한다 [モッコ シ(ッ)ポハンダ] (食べたがる)
       → 먹고 싶어합니다 [モッコ シ(ッ)ポハムニダ] (食べたがるのです)
  보다 → 보고 싶어한다 [ポゴ シ(ッ)ポハンダ] (見たがる)
       → 보고 싶어합니다 [ポゴ シ(ッ)ポハムニダ] (見たがるのです)

140. 使役の助動詞

① ～させる(～させます)　이다(～입니다), ～히다(～힙니다), ～기다(～깁니다), ～리다(～립니다), ～우다(～웁니다), ～구다(～굽니다), ～추다(춥니다), ～시키다(～시킵니다), ～게 하다(～게 합니다)

☆ハングルの使役形は非常に複雑で一定の法則を見つけ出すことは難しい。つながり方は動詞の原形語幹にそれぞれの形を付けることによって使役形がつくられる。
(1) **～이다(～입니다)** [～イダ(～イムニダ)]
  〈原形の語幹がㄱ받침で終わるもの〉
  먹다 (食う) → 먹이다 (食わす) [モギダ]
  죽다 (死ぬ) → 죽이다 (殺す) [チュギダ]
  살다 (生きる) → 살리다 (生かす) [サルリダ]
  〈原形の語幹がㄹ받침で終わるもの〉
  줄다 (減る) → 줄이다 (減らす) [チュリダ]
  끓다 (沸く) → 끓이다 (沸かす) [クリダ]
  〈原形の語幹がㅌ받침で終わるもの〉
  핥다 (なめる) → 핥이다 (なめさせる) [ハルチダ]
  훑다 (しごく) → 훑이다 (しごかせる) [フルチダ]
  〈原形の語幹がㅍ받침で終わるもの〉
  짚다 (突く、推しはかる) → 짚이다 (突かせる、推しはかれる) [チ(ッ)ピダ]
  덮다 (覆う) → 덮이다 (かぶせる) [ト(ッ)ピダ]

〈原形の語幹がㅎ받침で終わるもの〉
놓다 (置く) → 놓이다 (置かせる) [ノイダ]
쌓다 (包む) → 쌓이다 (包ませる) [サイダ]
〈原語の語幹がㄲ받침で終わるもの〉
낚다 (釣る) → 낚이다 (釣らせる) [ナ(ッ)キダ]
꺾다 (折る) → 꺾이다 (折らせる) [コ(ッ)キダ]
〈原形の語幹が母音で終わるもの〉
보다 (見る) → 보이다 (見せる) [ボイダ]
추다 (踊る) → 추이다 (踊らせる) [チュイダ]

(2) ~히다(~힙니다) [ヒダ(ヒムニダ)]
〈原形の語幹がㄱ받침で終わるもの〉
익다 (実る) → 익히다 (実らせる) [イ(ッ)キダ]
식다 (冷える) → 식히다 (冷やす) [シ(ッ)キダ]
〈原形の語幹がㄷ받침で終わるもの〉
닫다 (閉じる) → 닫히다 (閉じさせる) [タ(ッ)チダ]
묻다 (埋める) → 묻히다 (埋めさせる) [ム(ッ)チダ]
〈原形の語幹がㅂ받침で終わるもの〉
눕다 (寝る) → 눕히다 (寝かせる) [ヌ(ッ)ピダ]
입다 (着る) → 입히다 (着せる) [イ(ッ)ピダ]
〈原形の語幹がㅈ받침で終わるもの〉
맞다 (当たる) → 맞히다 (当てさせる) [マ(ッ)チダ]
잊다 (忘れる) → 잊히다 (忘れさせる) [イ(ッ)チダ]

(3) ~기다(~깁니다) [~キダ(~キムニダ)]
〈原形の語幹がㄷ받침で終わるもの〉
뜯다 (むしる) → 뜯기다 (むしらせる) [テュッキダ]
〈原形の語幹がㅁ받침で終わるもの〉
남다 (残る) → 남기다 (残らせる) [ナムギダ]
숨다 (隠れる) → 숨기다 (隠させる) [スムギダ]
〈原形の語幹がㅅ받침で終わるもの〉
웃다 (笑う) → 웃기다 (笑わせる) [ウッキダ]
벗다 (脱ぐ) → 벗기다 (脱がせる) [ポッキダ]
〈原形の語幹がㅈ받침で終わるもの〉
찢다 (破る) → 찢기다 (破らせる) [チッキダ]
짖다 (吠える) → 짖게하다 (吠えさせる) [チッキダ]
〈原形の語幹がㅊ받침で終わるもの〉
쫓다 (追う) → 쫓기다 (追わせる) [チョッキダ]

(4) **~리다(~립니다)** [〜リダ(〜リムニダ)]
　　〈原形の語幹がㄹ받침で終わるもの〉
　　날다(飛ぶ) → 날리다(飛ばす)[ナルリダ]
　　살다(生きる) → 살리다(生かす)[サルリダ]
　　울다(泣く) → 울리다(泣かせる)[ウルリダ]

(5) **~우다(~웁니다)** [〜ウダ(〜ウムニダ)]
　　〈原形の語幹がㅡ, ㅏ, ㅔの母音で終わる一部の動詞〉
　　쓰다(書く) → 씌우다(書かせる)[シウダ]
　　자다(眠る) → 재우다(眠らせる)[チェウダ]
　　세다(数える) → 세우다(数えさせる)[セウダ]

(6) **~구다(~굽니다)** [〜クダ(〜クムニダ)]
　　〈原形の語幹がㄷ받침で終わるもの〉
　　돋다(昇る) → 돋구다(昇らせる)[トックダ]
　　〈原形の語幹がㄹ받침で終わるもの〉
　　얼다(凍る) → 얼구다(凍らせる)[オルグダ]
　　달다(焼く) → 달구다(焼かせる)[タルグダ]
　　〈原形の語幹がㅅ받침で終わるもの〉
　　솟다(涌く) → 솟구다(涌かせる)[ソックダ]

(7) **~추다(~춥니다)** [〜チュダ(〜チュムニダ)]
　　〈原形の語幹がㅈ받침で終わるもの〉
　　늦다(遅れる) → 늦추다(遅らせる)[ヌッチュダ]
　　맞다(合う) → 맞추다(合わせる)[マッチュダ]

(8) **~시키다(~시킵니다)** [〜シキダ(〜シキムニダ)]
　　〈~하다型の動詞の語幹が하を시키と言い換えて使役形をつくる〉
　　일하다(働く) → 일시키다(働かせる)[イルシ(ッ)キダ]
　　인식하다(認識する) → 인식시키다(認識させる)[インシクシ(ッ)キダ]

(9) **~게 하다(~게 합니다)** [〜ケハダ(〜ケハムニダ)]
　　〈原形の語幹の如何に関係なく、すべての動詞の原形語幹に付いて使役の意を表す〉
　　읽다(読む) → 읽게 하다(読ませる)[イッケ ハダ]
　　보다(見る) → 보게 하다(見させる)[ポゲ ハダ]
　　하다(する) → 하게 하다(させる)[ハゲ ハダ]

☆以上のようにハングルの使役形は複雑多岐にわたっているので、その使い分けがわからないときは、最後(9)の〈~게 하다〉だけを使っても一応意味は通じる。

141. 受け身の助動詞

① ～れる、られる(れます、られます)

～이다(～입니다)、～히다(～힙니다)、～기다(～깁니다)、～리다(～립니다)、～되다(～됩니다)、～받다(～받습니다)、～당하다(～당합니다)

☆受け身の助動詞は使役の助動詞とまぎらわしい。事実、受け身を表す助動詞と使役を表す助動詞は共通で使われるものが多く、ただ～추다、～구다のみが使役をはっきり表しているに過ぎない。このように、共通の助動詞(一部では상접사[接辞]と呼ばれている)を持つ動詞の多くは使役と受け身の形に分けて使われつつあるようだ。

(使役)	(受け身)
속이다 (騙す)	속히(우)다 (속다) (騙される)
썩이다 (腐らせる)	썩히(우)다 (腐らされる)
먹이다 (食べさせる)	먹히다 (食べられる)
씌우다 (かぶせる)	쓰이다 (かぶせられる)
씻기다 (洗わせる)	씻기우다 (洗われる)
안기다 (抱かせる)	안기우다 (抱かれる)
맡기다 (任せる)	맡기우다 (任される)

しかし、このような区別は一部の動詞においてのみ可能で、いわゆる相接辞をまったく受け入れない動詞も少なくない。

움직이다 (動く)	가다 (行く)
들먹이다 (押しつける)	오다 (来る)
반짝이다 (きらめく)	갚다 (支払う)
지껄이다 (わめき散らす)	돕다 (手伝う)
기웃거리다 (のぞき視る)	주다 (与える)
덜렁거리다 (慌てふためく)	얻다 (得る)
중얼거리다 (つぶやく)	찾다 (探す)

☆～이다の例
쌓다 (積む) → 쌓이다 (積まれる)[サイダ]
놓다 (置く) → 놓이다 (置かれる)[ノイダ]

☆～히다の例
잊다 (忘れる) → 잊히다 (忘れられる)[イ(ッ)チダ]
맺다 (結ぶ) → 맺히다 (結ばれる)[メ(ッ)チダ]

☆~기다の例
  쫓다 (追う) → 쫓기다 (追われる) [チョッキダ]
  빼앗다 (奪う) [ペアッタ] → 빼앗기다 (奪われる) [ペアッキダ]
☆~리다の例
  찌르다 (刺す) [チルダ] → 찔리다 (刺される) [チルリダ]
  팔다 (売る) [パルダ] → 팔리다 (売られる) [パルリダ]
☆~되다の例
  체포 (逮捕) [チェポ] → 체포되다 (逮捕される) [チェポテダ]
  조직 (組織) [チョジク] → 조직되다 (組織される) [チョジクテダ]
  생각하다 (考える) [センガ(ッ)カダ] → 생각되다 (考えられる) [センガクテダ]
☆~받다の例
  사랑 (愛) [サラン] → 사랑받다 (愛される) [サランパッタ]
  인정 (認定) [インジョン] → 인정받다 (認められる) [インジョンパッタ]
  미움 (憎しみ) [ミウム] → 미움받다 (憎まれる) [ミウムパッタ]
  의심 (疑心) [ウィシム] → 의심받다 (疑われる) [ウィシムパッタ]
☆~당하다の例
  모욕 (侮辱) [モヨク] → 모욕당하다 (侮辱される) [モヨクタンハダ]
  고문 (拷問) [コムン] → 고문당하다 (拷問される) [コムンタンハダ]
  거절 (拒絶) [コジョル] → 거절당하다 (拒絶される) [コジョルタンハダ]
  해고 (解雇) [ヘゴ] → 해고당하다 (解雇される) [ヘゴタンハダ]

142. 可能の助動詞

① ~できる(~できます) ~수 있다 (~수 있습니다)
  (ㄹ줄 알다も可能の助動詞に含めてもよい)
  할 수 있다と할 줄 안다は、ほとんど同義。

☆~수 있다は用言の未来形語幹に付き可能の意味を表す。
☆~ㄹ수, 있다は原形の語幹が母音で終わるものに付く。
  가다 (行く) → 갈 수 있다 (行ける) [カルス イッタ]
  보다 (見る) → 볼 수 있다 (見られる) [ポルス イッタ]
  되다 (成る) → 될 수 있다 (成れる) [テルス イッタ]
☆~을수, 있다は原形の語幹が子音で終わるものに付く。
  먹다 (食べる) → 먹을 수 있다 (食べられる) [モグルス イッタ]

낚다 (釣る) → 낚을 수 있다 (釣れる) [ナ(ッ)クルス イッタ]
닫다 (閉じる) → 닫을 수 있다 (閉じられる) [タドゥルス イッタ]
☆次のような場合は例外である。
　動詞の原形の語幹がㄹ받침で終わるものは語幹に～수 있다を付ける。
　날다 (飛ぶ) → 날 수 있다 (飛べる) [ナルス イッタ]
　놀다 (遊ぶ) → 놀 수 있다 (遊べる) [ノルス イッタ]
　걸다 (掛ける) → 걸 수 있다 (掛けられる) [コルス イッタ]
☆次のような動詞の語幹がㅂ・ㅅ받침の場合はそれを除いたものに～을 수 있다を付ける。
　눕다 (寝る) → 누울 수 있다 (寝られる) [ヌウルス イッタ]
　돕다 (手伝う) → 도울 수 있다 (手伝える) [トウルス イッタ]
　낫다 (治る) → 나을 수 있다 (治せる) [ナウルス イッタ]
　붓다 (注ぐ) → 부울 수 있다 (注げる) [プウルス イッタ]
☆次のように動詞の語幹がㄷ받침の場合は、ㄷをㄹ받침にかえて～을 수 있다を付ける。
　걷다 (歩く) → 걸을 수 있다 (歩ける) [コルルス イッタ]
　듣다 (聞く) → 들을 수 있다 (聞ける) [トゥルルス イッタ]

143. 尊敬の助動詞

① ～される(～されます)　～시다(～십니다) [シダ(～シムニダ)]

☆ハングルの尊敬を表すとしては시があるだけだが、自分自身の動作には시は伴わず、まったく違う動詞と入れ代わることがある。このような現象は日本語にも見られる。
　주다 (与える) → 드리다 (さし上げる) [トゥリダ]
　말하다 (言う) → 여쭈다 (申し上げる) [ヨ(ッ)チュダ]
☆시は動詞に付く場合、原形の語幹に付いて主語を敬う意を表す。
　가다 (行く) → 가시다 (行かれる) [カシダ]
　돌아가다 (帰る) → 돌아가시다 (帰られる) [トラガシダ]
　배우다 (学ぶ) → 배우시다 (学ばれる) [ペウシダ]
　기르다 (飼う) → 기르시다 (飼われる) [キルシダ]
　남기다 (残す) → 남기시다 (残される) [ナムギシダ]
　내다 (出す) → 내시다 (出される) [ネシダ]
☆次のような場合は多少の変形をもたらす。
　原形の語幹が、ㄱ、ㄷ、ㅁ、ㅂ、ㅅ、ㅈ、ㅌ、ㅍ、ㅎ、ㄲ、ㄺ、ㄻ、ㄶ、ㅀ、ㅄで終わるものは語幹に～으시다(～으십니다)
　막다 (防ぐ) → 막으시다 (防がれる) [マグシダ]

第 7 章　助動詞

　　닫다 (閉じる) → 닫으시다 (閉じられる)[タドゥシダ]
　　넘다 (越える) → 넘으시다 (越えられる)[ノムシダ]
　　잡다 (取る) → 잡으시다 (取られる)[チャブシダ]
　　맺다 (結ぶ) → 맺으시다 (結ばれる)[メジュシダ]
　　쫓다 (追う) → 쫓으시다 (追われる)[マトゥシダ]
　　맡다 (嗅ぐ) → 맡으시다 (嗅がれる)[マトゥシダ]
　　갚다 (返す) → 갚으시다 (返される)[カ(ッ)プシダ]
　　놓다 (置く) → 놓으시다 (置かれる)[ノウシダ]
　　낚다 (釣る) → 낚으시다 (釣られる)[ナ(ッ)クシダ]
　　삶다 (煮る) → 삶으시다 (煮られる)[サルムシダ]
　　밟다 (踏む) → 밟으시다 (踏まれる)[パルブシダ]
　　끊다 (断つ) → 끊으시다 (断たれる)[クヌシダ]
　　앓다 (煩う) → 앓으시다 (煩わされる)[アルシダ]
　　앉다 (座る) → 앉으시다 (座られる)[アンジュシダ]
☆次のような動詞の語幹の場合、ㄹを省いて〜시다を付ける。
　　갈다 (耕す) → 가시다 (耕される)[カシダ]
　　돌다 (回る) → 도시다 (回られる)[トシダ]
　　불다 (吹く) → 부시다 (吹かれる)[プシダ]
　　밀다 (押す) → 미시다 (押される)[ミシダ]
☆次の動詞は語幹の받침を省いて〜우시다を付ける。
　　눕다 (寝る) → 누우시다 (寝られる)[ヌウシダ]
　　줍다 (拾う) → 주우시다 (拾われる)[チュウシダ]
　　돕다 (助ける) → 도우시다 (助けられる)[トウシダ]
☆次の動詞は語幹のㄷ받침をㄹ받침に置き換えて〜으시다を付ける。
　　걷다 (歩く) → 걸으시다 (歩かれる)[コルシダ]
　　듣다 (聞く) → 들으시다 (聞かれる)[トゥルシダ]
　　긷다 (汲む) → 길으시다 (汲まれる)[キルシダ]
☆次の場合は語幹のㅅ받침を省いたものに〜으시다を付ける。
　　낫다 (治める) → 나으시다 (治められる)[ナウシダ]
　　붓다 (注ぐ) → 부으시다 (注がれる)[プウシダ]
　　잇다 (繋ぐ) → 이으시다 (繋がれる)[イウシダ]
　　짓다 (作る) → 지으시다 (作られる)[チウシダ]
☆次の動詞は語根がまったく変わる。
　　있다 (居る) → 계시다 (居られる)[ケシダ]
　　자다 (眠る) → 주무시다 (お休みになる)[チュムシダ]
　　먹다 (食べる) → 드시다・잡수시다 (召しあがる)[トゥシダ・チャプスシダ]

144. 比況の助動詞

① 〜のようだ(〜のようです)　〜같다, 〜것 같다

　（〜같습니다, 〜것 같습니다）

☆같다の本来の意味は、「等しい」であるが、品詞的にみると、토ではなく形容詞である。〜같다はいろいろな品詞に付いて、比べて譬える意味を表す。

体言につく場合
体言を絶対格として、その後に같다を付ける。
　그림 같다　絵のようだ［クリムカッタ］
　아버지 같다　父のようだ［アボジカッタ］
　저것 같다　あれのようだ［チョゴッ カッタ］

用言に付く場合
〈形容詞に付く場合〉
規定形語幹に 〜것 같다を付ける。
　흰 (白い)　흰것 같다 (白いようだ)［ヒンゴッ カッタ］
　작은 (小さい)　작은것 같다 (小さいようだ)［チャグンゴッ カッタ］
　조용한 (静かな)　조용한것 같다 (静かなようだ)［チョヨンハンゴッ カッタ］

〈動詞に付く場合〉
規定形語幹に〜것 같다を付ける
　보는 (見る) → 보는것 같다 (見るようだ)［ポヌンゴッ カッタ］
　듣는 (聞く) → 듣는것 같다 (聞くようだ)［トゥンヌンゴッ カッタ］
　말하는 (話す) → 말하는것 같다 (話すようだ)［マルハヌンゴッ カッタ］

〈토に付く場合〉
規定形語幹に〜것 같다を付ける。
　〜지 않는 (〜でない) → 지 않는것 같다 (〜でないようだ)［〜チ アンヌンゴッ カッタ］
　〜고 싶은 (〜したい) → 고 싶은것 같다 (〜したいようだ)［〜コシ(ッ)プンゴッ カッタ］
　〜시키는 (〜させる) → 시키는것 같다 (〜させるようだ)［シキ(ッ)ヌンゴッ カッタ］
　〜수 있는 (〜できる) → 수 있는것 같다 (〜できるようだ)［〜ス インヌンゴッ カッタ］
　〜시는 (〜なされる) → 시는것 같다 (〜なされるようだ)［シヌンゴッ カッタ］

145. 伝聞の助動詞

① 〜だそうだ(〜だそうです)　〜다는 것 같다(〜다는것 같습니다)［〜タヌンゴッ

カッタ(〜タヌンゴッカッスムニダ)] (간다고 한다도 一般に使われる)

☆「だそうだ」の〈〜다는것 같다〉は用言や토に付いて、人から伝え聞いたことを表す。
〈動詞に付く場合〉
動詞の現在形語幹に付く。
간다 (行く) → 간다는것 같다(간단다) (行くそうだ)[カンダヌンゴッ カッタ]
본다 (見る) → 본다는것 같다(본단다) (見るそうだ)[ポンダヌンゴッ カッタ]
듣다 (聞く) → 듣는다는것 같다(듣는단다) (聞くそうだ)[トゥンヌンダヌンゴッ カッタ]
〈形容詞に付く場合〉
形容詞の原形語幹に〜다는 것 같다を付ける。
아름답다 (美しい) → 아름답다는것 같다(아름답단다) (美しいそうだ)[アルムダプタヌンゴッ カッタ]
푸르다 (青い) → 푸르다는것 같다(푸르단다) (青いそうだ)[プルダヌンゴッ カッタ]
조용하다 (静かだ) → 조용하다는것 같다(조용하단다) (静かだそうだ)[チョヨンハダヌンゴッ カッタ]
〈토に付く場合〉
現在形語幹に〜다는것 같다を付ける。
〜지 않다 (〜でない) → 〜지 않다는것 같다 (でないそうだ)[〜チアンタヌンゴッ カッタ]
〜고 싶다 (〜したい) → 〜고 싶다는것 같다(하고싶단다) (〜したいそうだ)[〜コシプタヌンゴッ カッタ]
〜시킨다 (〜させる) → 〜시킨다는것 같다(시킨단다) (〜させるそうだ)[〜シキンダヌンゴッ カッタ]
〜수 있다 (〜できる) → 〜수 있다는것 같다(수 있단다) (〜できるそうだ)[〜ス イッタヌンゴッ カッタ]
〜신다 (〜なされる) → 〜신다는것 같다(신단다) (〜なされるそうだ)[〜シンダヌンゴッ カッタ]

146. 様態の助動詞

① 〜のようだ(〜のようです) 〜것 같다, 〜ㄹ것 같다, 〜을것 같다 (〜것 같습니다, 〜ㄹ것 같습니다, 〜을것 같습니다)

☆日本語の伝聞の助動詞と様態の助動詞(〜のようだ)の違いは意味の上でも、接続の上でも認められる。前者は伝え聞きを表し、終止形に付くが、後者はありさまを表して連用形に付く。ハングルの場合にも伝聞の토・〜다는 것 같다と様態の토・것 같다は意味上違うばかりでなく、

接続においても、前者は規定形語幹に付き、後者は未来形語幹に付く違いが認められる。

〈動詞に付く場合〉

보다 (見る) 볼 → 볼 것 같다 (見るようだ) [ポルゴッ カッタ]

오다 (来る) 올 → 올 것 같다 (来るようだ) [オルゴッ カッタ]

말하다 (話す) 말할 → 말할 것 같다 (話すようだ) [マルハルコッ カッタ]

낚다 (釣る) 낚을 → 낚을 것 같다 (釣るようだ) [ナックルコッ カッタ]

잇다 (繋ぐ) 이을 → 이을 것 같다 (繋ぐようだ) [イウルコッ カッタ]

〈形容詞に付く場合〉

붉다 (赤い) 붉을 → 붉을 것 같다 (赤いようだ) [プルグルコッ カッタ]

좋다 (よい) 좋을 → 좋을 것 같다 (よいようだ) [チョウルコッ カッタ]

없다 (無い) 없을 → 없을 것 같다 (無いようだ) [オプスルコッ カッタ]

세다 (強い) 셀 → 셀 것 같다 (強いようだ) [セルコッ カッタ]

〈토に付く場合〉

~지 않다 (~でない) ~지 않을 → ~지 않을것 같다 (~でないようだ) [~チ アヌルコッ カッタ]

~고 싶다 (~したい) ~고싶을 → ~고 싶을것 같다 (~したいようだ) [~コシ(ッ)プルコッ カッタ]

~시키다 (~させる) ~시킬 → 시킬것 같다 (~させるようだ) [~シ(ッ)キルコッ カッタ]

~수 있다 (~できる) ~수 있을 → ~수 있을것 같다 (~できるようだ) [~ス イッスルコッ カッタ]

~시다 (~なさる) ~실 → ~실것 같다 (~なさるようだ) [~シルコッ カッタ]

●助動詞の活用の実際

147. 断定の助動詞の活用(名詞＋断定の助動詞)

① 本だ(本です)　책이다(책입니다) [チェギダ(チェギムニダ)]
② 本だった(本でした)　책이었다(책이었습니다) [チェギオッタ(チェギオッスムニダ)]
③ 本である　책이다 [チェギダ]
④ 本であると　책이면 [チェギミョン]
⑤ 本であるなら　책이라면 [チェギラミョン]
⑥ 本なら　책이면(야) [チェギミョン(ニャ)]

⑦ 本なのに　책인데 [チェギンデ]
⑧ 本だから　책이니까 (책이길래) [チェギニ(ッ)カ (チェギギルレ)]

⇨ ハングルは「〜だ」と「〜である」の区別がはっきりしないが、強いて区別するならば、
　〜だ　　〜다、〜이다 [〜タ、〜イダ]
　〜である　〜인 것이다 [〜インゴシダ]　책인 것이다 [チェギンゴシダ]
とすることができよう。

148. 形容詞＋断定の助動詞

① 赤いです　붉습니다 [プクスムニダ]
② 赤いでしょう　붉지요 [プクチョ]
③ 赤かったです　붉었습니다 [プルゴッスムニダ]
④ 赤かったが　붉었는데 [プルゴンヌンデ]
⑤ 赤いですが　붉은데 [プルグンデ]
⑥ 赤いと　붉으면 [プルグミョン]
⑦ 赤いけど　붉지만 [プクチマン]
⑧ 赤いし　붉기도 하거니와 [プクキド ハゴニワ]

☆相手方の同意を求める「〜でしょう?」は〜지요(〜이지요) [〜チョ(〜イジョ)]と訳す。これはいろいろな品詞に付くことができる。短縮形は죠 [ジョ]
　あれは絵でしょう?　저건 그림이지요? [チョゴン クリミジョ]
　景色がきれいでしょう?　경치가 아름답지요 [キョンチガ アルムダプチョ]
　もうすぐ来るでしょう?　인제 곧 오겠지요 [インジェ コッ オゲッチョ]

149. 動詞＋断定の助動詞

① 見ます　봅니다 [ポムニダ]
　見ません　보지 않습니다 [ポジ アンスムニダ]
② 見ましょう　봅시다 [ポプシダ]
③ 見ました　보았습니다 [ポアッスムニダ]

④ 見たが　봤는데 [ポァンヌンデ]
⑤ 見たけど　봤습니다만 [ポァッスムニダマン]
⑥ 見ると　보니까 [ポニ(ッ)カ]
⑦ 見るから　볼테니까 [ポルテニ(ッ)カ]
⑧ 見ますけど　보겠습니다만 [ポゲッスムニダマン]
⑨ 見ますので　보겠으니까 [ポゲ(ッ)スニ(ッ)カ]

150. 過去の助動詞の活用（名詞＋過去の助動詞）

① 秘密だった(秘密でした)　비밀이었다(비밀이었습니다) [ピミリヨッタ(ピミリオッスムニダ)]
② 秘密だったが　비밀이었으나 [ピミリオ(ッ)スナ]
③ 秘密だったけど　비밀이었지만 [ピミリオッチマン]
④ 秘密だったのは　비밀이었던것은 [ピミリオットンゴスン]
⑤ 秘密だったのが　비밀이었던것이 [ピミリオットンゴシ]
⑥ 秘密だったので　비밀이었으므로 [ピミリオ(ッ)スムロ]
⑦ 秘密だったのに　비밀이었는데 [ピミリオンヌンデ]
⑧ 秘密だっただけに　비밀이었던것만큼 [ピミリオットンゴンマンクム]
⑨ 秘密だったならば　비밀이었다면 [ピミリオッタミョン]

151. 形容詞＋過去の助動詞

① きれいだった(きれいでした)　고왔다(고왔습니다) [コワッタ(コワッスムニダ)]
② きれいだったが　고왔으나 [コワッスナ]
③ きれいだったけれど　고왔지만 [コワッチマン]
④ きれいだったのは　고왔던것은 [コワットンゴスン]
⑤ きれいだったのが　고왔던것이 [コワットンゴシ]
⑥ きれいだったので　고왔으므로 [コワッスムロ]
⑦ きれいだったのに　고왔는데 [コワンヌンデ]

⑧ きれいだっただけに　고왔던것만큼 [コワットンゴンマンクム]
⑨ きれいだったならば　고왔다면 [コワッタミョン]

152. 動詞＋過去の助動詞

① 見た(見ました)　보았다(보았습니다) [ポアッタ(ポアッスムニダ)]
② 見たが　보았으나 [ポア(ッ)スナ]
③ 見たけど　보았지만 [ポアッチマン]
④ 見たのは　보았던것은 [ポアットンゴスン]
⑤ 見たのが　보았던것이 [ポアットンゴシ]
⑥ 見たので　보았으므로 [ポア(ッ)スムロ]
⑦ 見たのに　보았는데 [ポアンヌンデ]
⑧ 見ただけに　보았던것만큼 [ポアットンゴンマンクム]
⑨ 見たならば　보았다면 [ポアッタミョン]

153. 推量の助動詞の活用（形容詞＋推量の助動詞）

① きれいだろう(きれいでしょう)　고울것이다(고울것입니다) [コウルゴシダ]
② きれいだろうと　고울것이라고 [コウルゴシラゴ]
③ きれいだろうが　곱겠지만 [コプケッチマン]
④ きれいではあるまい(きれいではないでしょう)　곱지 않을것이다(곱지 않을 것입니다) [コプチ アヌルゴシダ(コプチ アヌルゴシムニダ)]

154. 動詞＋推量の助動詞

① 見るだろう(見るでしょう)　볼것이다(볼것입니다) [ポルコシダ(ポルコシムニダ)]
② 見るだろうが　보겠는데 [ポゲンヌンデ]
③ 見るだろうけど　보겠지만 [ポゲッチマン]
④ 見るだろう(ところの)　보게 될 [ポゲ テル]

⑤ 見まい(見ますまい)　보지 말자(보지 맙시다) [ポジ マルジャ(ポジ マプシダ)]
⑥ 見まいと　보지 말자고 [ポジ マルジャゴ]

155. 希望の助動詞の活用

① 見たい(見たいのです)　보고싶다(보고싶습니다) [ポゴシプタ(ポゴシプスムニダ)]
② 見たかろう　보고싶을 것이다 [ポゴシ(ッ)プルゴシダ]
③ 見たかろうとも　보고싶어도 [ポゴシ(ッ)ポド]
④ 見たくない　보고싶지 않다 [ポゴシプチ アンタ]
⑤ 見たかった　보고싶었다 [ポゴシ(ッ)ポッタ]
⑥ 見たいと　보고싶으면 [ポゴシ(ッ)プミョン]
⑦ 見たいらしい　보고싶다고 한다 [ポゴシプタゴ ハンダ]
⑧ 見たいそうだ　보고싶다는것 같다(보고싶단다) [ポゴシプタヌンゴッ カッタ(ポゴシプタンダ)]
⑨ 見たいので　보고싶어서 [ポゴシ(ッ)ポソ]
⑩ 見たいのに　보고싶은데 [ポゴシ(ッ)プンデ]
⑪ 見たければ　보고싶으면 [ポゴシ(ッ)プミョン]
⑫ 見たがる(見たがります)　보고싶어한다(보고싶어합니다) [ポゴシ(ッ)ポハンダ(ポゴシ(ッ)ポハムニダ)]
⑬ 見たがった　보고싶어했다 [ポゴシ(ッ)ポヘッタ]
⑭ 見たかろう　보고싶어할 것이다 [ポゴシ(ッ)ポハルコシダ]
⑮ 見たがっても　보고싶어해도 [ポゴシ(ッ)ポヘド]
⑯ 見たがろうと…と　보고싶어하건…건 [ポゴシ(ッ)ポハゴン…ゴン]
⑰ 見たがれば　보고싶어하거든 [ポゴシ(ッ)ポハゴドゥン]
⑱ 見たがるらしい　보고싶어한다고 한다 [ポゴシ(ッ)ポハンダゴ ハンダ]
⑲ 見たがるそうだ　보고싶어한다는것 같다(보고싶어한단다) [ポゴシ(ッ)ポハンダヌンゴッ カッタ]
⑳ 見たがるので　보고싶어해서 [ポゴシ(ッ)ポヘソ]
㉑ 見たがるのも　보고싶어하는것도 [ポゴシ(ッ)ポハヌンゴット]

第7章　助動詞

156. 打消しの助動詞の活用(形容詞＋打消しの助動詞)

① きれいでない(きれいじゃありません)　곱지 않다(곱지 않습니다) [コプチアンタ(コプチアンスムニダ)]
② きれいでないと　곱지 않으면 [コプチ アヌミョン]
③ きれいでないのは　곱지 않은것은 [コプチ アンヌンゴスン]
④ きれいでないのが　곱지 않은것이 [コプチ アンヌンゴシ]
⑤ きれいでないのを　곱지 않은것을 [コプチ アンヌンゴスル]
⑥ きれいでないのに　곱지 않은데 [コプチ アンヌンデ]
⑦ きれいでなくては　곱지 않으면야 [コプチ アヌミョニャ]
⑧ きれいではないし　곱지 않거니와 [コプチ アンコニワ]
⑨ きれいではなかった　곱지 않았다 [コプチ アナッタ]
⑨ きれいでなくても　곱지 않아도 [コプチ アナド]
⑩ きれいでなければ　곱지 않으면 [コプチ アヌミョン]

157. 動詞＋打消しの助動詞

① 見ない(見ません)　보지 않는다(보지 않습니다) [ポジアンヌンダ(ポジ アンスムニダ)]
② 見えない　보이지 않는다(보이지 않는) [ポイジ アンヌンダ(ポイジアンヌン)]
③ 見えなくて　보이지 않아서 [ポイジ アナソ]
④ 見えなくても　보이지 않아도 [ポイジ アナド]
⑤ 見えなくては　보이지 않으면야 [ポイジ アヌミョニャ]
⑥ 見えなかった　보이지 않았다 [ポイジ アナッタ]
⑦ 見えないのは　보이지 않는것은 [ポイジ アンヌンゴスン]
⑧ 見えないと　보이지 않으면 [ポイジ アヌミョン]
⑨ 見えないから　보이지 않으니까(보이지 않길래) [ポイジ アヌニ(ッ)カ(ポイジ アンキルレ)]
⑩ 見えないけれど　보이지 않지만 [ポイジ アンチマン]

⑪ 見えないが　보이지 않으나(보이지 않는데) [ポイジ アヌナ(ポイジ アヌンデ)]
⑫ 見えないし　보이지 않거니와 [ポイジ アンコニワ]
⑬ 見えないそうだ　보이지 않는다는것 같다(―않는단다) [ポイジ アンヌンダヌン ゴッ カッタ(アンヌンダンダ)]
⑭ 見えないらしい　보이지 않다고 한다(―않는것 같다) [ポイジ アンタゴ ハンダ(―アンヌンゴッ カッタ)]
⑮ 見えないようだ　보이지 않을것 같다 [ポイジ アンヌルゴッ カッタ]
⑯ 見えないので　보이지 않으므로 [ポイジ アヌムロ]
⑰ 見えないのに　보이지 않는데 [ポイジ アンヌンデ]
⑱ 見えないだけ　보이지 않는것만큼 [ポイジ アンヌンゴンマンクム]
⑲ 見えなければ　보이지 않으면 [ポイジ アヌミョン]

158. 使役の助動詞の活用

① 見せる　보인다(보입니다) [ポインダ(ポイムニダ)]
② 見せた　보였다 [ポヨッタ]
③ 見せると　보이면 [ポイミョン]
④ 見せるのは　보이는것은 [ポイヌンゴスン]
⑤ 見せるのが　보이는것이 [ポイヌンゴシ]
⑥ 見せるのを　보이는것을 [ポイヌンゴスル]
⑦ 見せるのと　보이는것과 [ポイヌンゴックヮ]
⑧ 見せるから　보일테니까(보이겠으니까) [ポイルテニ(ッ)カ(ポイゲ(ッ)スニ(ッ)カ)]
⑨ 見せるけれど　보이겠지만 [ポイゲッチマン]
⑩ 見せるそうだ　보인다는것 같다(보인단다) [ポインダヌンゴッカッタ(ポインダンダ)]
⑪ 見せるらしい　보인다고 한다(보이는것 같다) [ポインダゴ ハンダ(ポイヌンゴッ カッタ)]
⑫ 見せるようだ　보일것 같다 [ポイルゴッ カッタ]
⑬ 見せるほど　보일수록 [ポイルスロク]

⑭ 見せるだけ　보이는것만큼 [ポイヌンゴンマンクム]
⑮ 見せるばかりで　보이기만하지 [ポイギマンハジ]
⑯ 見せるばかりが　보이는것만이 [ポイヌンゴンマニ]
⑰ 見せれば　보이면 [ポイミョン]
⑱ 見せろ　보여라 [ポヨラ]
⑲ 見せるな　보이자 말라 [ポイジ マルラ]

159. 受身の助動詞の活用

① 騙される(騙されます)　속다(속는다) [ソッタ(ソンヌンダ)]
② 騙された　속았다 [ソガッタ]
③ 騙されたり　속았기도 하고 [ソガッキドハゴ]
④ 騙されるだろう　속을것이다 [ソグルコシダ]
⑤ 騙されながら　속으면서 [ソグミョンソ]
⑥ 騙されながらも　속으면서도 [ソ(ッ)キウミョンソド]
⑦ 騙されそうだ　속을것 같다 [ソグルゴッカッタ]
⑧ 騙されると　속으면 [ソグミョン]
⑨ 騙されるから　속으니까 [ソグニカ]
⑩ 騙されるけれど　속지만 [ソッチマン]
⑪ 騙されるのに　속는데 [ソンヌンデ]
⑫ 騙されるので　속으므로 [ソグムロ]
⑬ 騙されるのは　속는것은 [ソンヌンゴスン]
⑭ 騙されても　속아도 [ソガド]
⑮ 騙されたら　속았다면 [ソガッタミョン]
⑯ 騙されたといっても　속았다고 하여도 [ソガッタゴハヨド]
⑰ 騙されるのすら　속는것 마저 [ソンヌンコッマジョ]
⑱ 騙されるばかりで　속기만 하지 [ソッギマンハジ]
⑲ 騙されるだけ(くらい)　속는것 만큼 [ソンヌンゴンマンクム]
⑳ 騙されてこそ　속았어야 [ソガソヤ]

㉑ 騙されれば　속으면 [ソグミョン]
㉒ 騙されろ　속아라 [ソガラ]
㉓ 騙されるな　속지 말라 [ソクチマルラ]

☆「騙す」は〈속이다〉。なお、一部で会話の中で〈속이다〉を〈속다〉(騙される)の意味で誤って使われていることもあるようだ。

160. 可能の助動詞の活用

① 見られる　볼수 있다(볼수 있습니다) [ポルス イッスムニダ]
② 見られた　볼수 있었다 [ポルス イ(ッ)ソッタ]
③ 見られたもの　볼수 있은것 [ポルス イ(ッ)スンゴッ]
④ 見られたが　볼수 있었으나 [ポルス イ(ッ)ソ(ッ)スナ]
⑤ 見られたのは　볼수 있은것은 [ポルス イ(ッ)スンゴスン]
⑥ 見られたのも　볼수 있은것도 [ポルス イ(ッ)スンゴット]
⑦ 見られたのに　볼수 있었는데 [ポルス イ(ッ)ソンヌンデ]
⑧ 見られたのが　볼수 있은것이 [ポルス イ(ッ)スンゴシ]
⑨ 見られるそうだ　볼수 있다고 한다(—을것 같다, —있단다) [ポルス イッタゴ ハンダ(—ウルコッカッタ、イッタンダ)]
⑩ 見られるから　볼수 있으니까 [ポルス イ(ッ)スニ(ッ)カ]
⑪ 見られるけれど　볼수 있지만 [ポルス イッチマン]
⑫ 見られるのに　볼수 있는데 [ポルス インヌンデ]
⑬ 見られるので　볼수 있으므로 [ポルス イ(ッ)スムロ]
⑭ 見られると　볼수 있으면 [ポルス イ(ッ)スミョン]
⑮ 見られれば　볼수 있으면야 [ポルス イ(ッ)スミョニャ]

161. 尊敬の助動詞の活用

① 帰られる　돌아가신다(돌아가십니다) [トラガシンダ(トラガシムニダ)]
② 帰られた　돌아가셨다 [トラガショッタ]

③ 帰られた方　돌아가신 분 [トラガシン ブン]
④ 帰られたが　돌아가셨으나 [トラガショ(ッ)スナ]
⑤ 帰られたけれど　돌아가셨지만 [トラガショッチマン]
⑥ 帰られたのは　돌아가신것은 [トラガシンゴスン]
⑦ 帰られたのが　돌아가신것이 [トラガシンゴシ]
⑧ 帰られたのも　돌아가신것도 [トラガシンゴット]
⑨ 帰られたのを　돌아가신것을 [トラガシンゴスル]
⑩ 帰られたのに　돌아가셨는데 [トラガションヌンデ]
⑪ 帰られたので　돌아가셨으므로 [トラガショ(ッ)スムロ]
⑫ 帰られるそうだ　돌아가신다는것 같다(돌아가신단다) [トラガシンダヌンゴッ カッタ(トラガシンダンダ)]
⑬ 帰られるらしい　돌아가신다고 한다 [トラガシンダゴ ハンダ]
⑭ 帰られるようだ　돌아가실것 같다 [トラガシルゴッカッタ]
⑮ 帰られて　돌아가셔서 [トラガショソ]
⑯ 帰られてから　돌아가시고나서 [トラガシゴナソ]
⑰ 帰られても　돌아가셔도 [トラガショド]
⑱ 帰られると　돌아가시면 [トラガシミョン]
⑲ 帰られたら　돌아가시거든 [トラガシゴドゥン]
⑳ 帰られたとしたら　돌아가셨다면 [トラガショッタミョン]
㉑ 帰られるんだったら　돌아가신다면 [トラガシンダミョン]
㉒ 帰られれば　돌아가시면 [トラガシミョン]

⇨ 〈돌아가시다〉には(人が)「亡くなられる、お隠れになる」という意味もある。

162. 比況の助動詞の活用

① 見るようだ　보는것 같다(보는것 같습니다) [ポヌンゴッ カッタ(ポヌンゴッ カッスムニダ)]
② 見るようだった　보는것 같았다 [ポヌンゴッ カ(ッ)タッタ]
③ 見るようだが　보는것 같으나 [ポヌンゴッ カ(ッ)トゥナ]
④ 見るようでも　보는것 같아도 [ポヌンゴッ カ(ッ)タド]

133

⑤ 見るように　보는것 같이 [ポヌンゴッ カ(ッ)チ]
⑥ 見るようには　보는것 같지만 [ポヌンゴッ カ(ッ)チマン]
⑦ 見るようで　보는것 같아서 [ポヌンゴッ カ(ッ)タソ]
⑧ 見るようだと　보는것 같으면 [ポヌンゴッ カ(ッ)トゥミョン]
⑨ 見るようだから　보는것 같으니까 [ポヌンゴッ カ(ッ)トゥニ(ッ)カ]
⑩ 見るようだけれど　보는것 같지만 [ポヌンゴッ カッチマン]
⑪ 見るようだし　보는것 같고(보는것 같기도 하고) [ポヌンゴッ カッコ(ポヌンゴッ カッキド ハゴ)]
⑫ 見るような　보는것 같은(보는듯한) [ポヌンゴッ カ(ッ)トゥン(ポヌンドゥ(ッ)タン)]
⑬ 見るようなので　보는것 같으므로(보는것 같길래) [ポヌンゴッカ(ッ)トゥムロ(ポヌンゴッ カッキルレ)]
⑭ 見るようなのが　보는것 같은것이 [ポヌンゴッ カ(ッ)トゥンゴシ]
⑮ 見るようなのは　보는것 같은것은 [ポヌンゴッ カ(ッ)トゥンゴスン]
⑯ 見るようなのも　보는것 같은것도 [ポヌンゴッ カ(ッ)トゥンゴット]
⑰ 見るようなものを　보는것 같은것을 [ポヌンゴッ カ(ッ)トゥンゴスル]
⑱ 見るようなものより　보는것 같은것보다 [ポヌンゴッ カ(ッ)トゥンゴッポダ]
⑲ 見るようだといっても　보는것 같다 해도 [ポヌンゴッ カッタ ヘド]
⑳ 見るようなら　보는것 같으면 [ポヌンゴッ カ(ッ)トゥミョン]
㉑ 見るようだったら　보는것 같다면 [ポヌンゴッ カッタミョン]

163. 伝聞の助動詞の活用

①見るそうだ　본다는것 같다(본단다)　(본다는것 같습니다, 본답니다) [ポンダヌンゴッ カッタ(ポンダンダ)(ポンダヌンゴッ カッスムニダ、ポンダムニダ)]
②見るそうだった　본다는것 같았다 [ポンダヌンゴッ カ(ッ)タッタ]
③見るそうで　본다는것 같아서 [ポンダヌンゴッ カ(ッ)タソ]
④見るそうだが　본다는것 같으나(본다지만) [ポンダヌンゴッ カ(ッ)トゥナ(ポンダジマン)]

⑤ 見るそうだと　본다는것 같다고 [ポンダヌンゴッ カ(ッ)タゴ]
⑥ 見るそうだから　본다는것 같으니까(본다니까) [ポンダヌンゴッ カ(ッ)トゥニ(ッ)カ(ポンダニ(ッ)カ)]
⑦ 見るそうだけど　본다는것 같지만 [ポンダヌンゴッ カッチマン]
⑧ 見るそうだし　본다는것 같고 [ポンダヌンゴッ カッコ]
⑨ 見るそうな　본다는것 같은 [ポンダヌンゴッ カ(ッ)トゥン]
⑩ 見るそうなので　본다는것 같길래 [ポンダヌンゴッ カッキルレ]
⑪ 見るそうだといっても　본다는것 같다고 해도 [ポンダヌンゴッ カッタゴ ヘド]

164. 様態の助動詞

① 倒れそうだ(倒れそうです)　넘어질것 같다(넘어질것 같습니다) [ノモジルコッ カッタ(ノモジルコッ カッスムニダ)]
② 倒れそうだった　넘어질것 같았다 [ノモジルコッ カ(ッ)タッタ]
③ 倒れそうで　넘어질것 같아서 [ノモジルコッ カ(ッ)タソ]
④ 倒れそうだが　넘어질것 같으나 [ノモジルコッ カ(ッ)トゥナ]
⑤ 倒れそうだと　넘어질것 같다고 [ノモジルコッ カッタゴ]
⑥ 倒れそうだから　넘어질것 같으니까 [ノモジルコッ カ(ッ)トゥニ(ッ)カ]
⑦ 倒れそうだけど　넘어질것 같지만 [ノモジルコッ カッチマン]
⑧ 倒れそうだし　넘어질것 같고 [ノモジルコッ カッコ]
⑨ 倒れそうだったら　넘어질것 같으면 [ノモジルコッ カトゥミョン]
⑩ 倒れそうなので　넘어질것 같길래 [ノモジルコッ カッキルレ]
⑪ 倒れそうなのを　넘어질것 같은것을 [ノモジルコッ カ(ッ)トゥンゴスル]
⑫ 倒れそうだといっても　넘어질것 같다고 해도 [ノモジルコッ カッタゴ ヘド]

165. 文章の中にみる助動詞の活用

① これは真実です　　　　　　　이것은 진실입니다
② これが本当ならみんなびっくりする　이것이 사실이라면 모두 깜짝 놀랄것이다
　だろう

ハングル単語文法活用事典

③ 私といっしょに映画でも見ましょう　　저와 함께(같이) 영화라도 봅시다
④ 行くには行きますけれど、あまり期　　가기는 가겠습니다마는 너무 기대하지
　待しないでください　　　　　　　　　마십시오
⑤ 夕方に帰ってきます　　　　　　　　　저녁에는 돌아오겠습니다

☆「私といっしょに」という表現はいくつかある。
　a. 나와 함께［ナワ ハムケ］。나랑 같이［ナラン カ(ッ)チ］。나하고 같이［ナハゴ カ(ッ)チ］。
　b. 저와 함께［チョワ ハムケ］。저랑 같이［チョラン カ(ッ)チ］。저하고 같이［チョハゴ カ(ッ)チ］
　⇨ aは同等あるいは目下の人、bは目上の人に対して使われる。

☆「期待しないで下さい」は〈기대하지 말아주십시오〉と言うべきであるが、一般的に［〜しないで下さい］と言うほうが使われている。要求の仕方は〈〜하지 마십시오〉と言う。

行かないで下さい	가지 마십시오
見ないで下さい	보지 마십시오
動かないで下さい	움직이지 마십시오

⑥ 父は3年前に亡くなりました　　　　　아버지는 삼년전에 죽었습니다
⑦ 夕闇の中で白い罌粟(ケシ)の花が　　　땅거미 속에서 하얀 양귀비 꽃이
　きれいでした　　　　　　　　　　　　아름다웠습니다
⑧ この小説を読んだのはこれで3度　　　이 소설을 읽은것은 이것이 세번째입니다
　目です
⑨ 聞いたけれど、もう忘れてしまった　　들었지만 벌써 잊어버렸다

☆「死にました」の対象が目上の人であれば〈돌아가셨습니다〉というのが正しい。
☆「これで」は〈이것으로〉とはならず、〈이것이〉と意訳する。〈이것이〉は「これが」の意味。しかし、手段の意味の場合には〈이것으로〉を使う。
☆これで松葉酒をつくると言います　이것으로 솔잎 술을 만든다고 합니다

⑩ 今頃はおそらく紅葉(モミジ)がきれい　지금쯤은 아마도 단풍이 아름다울 것이다
　だろう
⑪ 水がなくては住みにくかろう　　　　　물이 없으면 살기 어려울 것이다
⑫ 兄さん、外は寒いでしょう　　　　　　오빠, 바깥은 춥지요

⑬ あんな家には2度と行くまい　　　　　저런 집에는 두번 다시 가지 말자
⑭ 見まいと思いながら、ついうっか　　보지 말자고 생각하면서도 얼결(무심히)
　　り見る　　　　　　　　　　　　　　에 본다

☆오빠とは、妹から兄を言う場合。弟が兄を言う時には형님が一般的。

⑮ 虎を知らない人はいない　　　　　　범을 모르는 사람은 없다
⑯ 彼ももう少し自分の生活をどう　　　그는 좀더 자기 생활을 어떻게 하지 않으
　　にかしなければいけないと思った　　면 안되겠다고 생각했다
⑰ 食べないと病気も治りませんよ　　　먹지 않으면 병도 낫지 않아요
⑱ 急に帰らねばならなくなりました　　갑자기 돌아가지 않으면 안되게 됐습니다
⑲ 高級でなくてもかまいません　　　　고급이 아니라도 상관없습니다

☆「高級でなくても」の「で」の訳し方には注意を要する。
　高級ではない　고급은 아니다［コグブン　アニダ］
　高級でない　　고급이 아니다［コグビ　アニダ］
　以上の「で」はハングルでは主格として訳す。

⑳ 歌劇よりも映画を見たい　　　　　　가극보다 영화를 보고싶다
㉑ あなたに会いたくて来たんです　　　당신을 만나고 싶어서 왔습니다
㉒ 別れる時に一言いいたかった　　　　헤어질때 한마디 하고 싶었다
㉓ 聞きたければ聞かせてあげましょう　듣고싶다면 들려 드립시다
㉔ 私はコーヒーを飲みたかったが、　　나는 커피를 마시고 싶었으나 아내는
　　妻は紅茶を飲みたがった　　　　　　홍차를 마시고 싶어 했다

☆「あなたに」は〈당신에게〉［タンシネゲ］あるいは〈당신한테〉［タンシナンテ］とするべきであるが、ここでは〈당신을〉［タンシヌル］「あなたを」として対格に置いている。主語が「見たい」とか「食いたい」といった言葉と結びつく時には、主語は対格に置かれるのが普通である。
☆「一言いいたい」は〈한마디 말하고 싶다〉であるが「いいたい」の前に「一言」という言葉があるので、〈말〉が脱落した状態。〈말하고싶다〉と断らなくても十分に通じるので、〈한마디 하고싶다〉となる。

㉕ いちばん良いものを見せました　　　제일 좋은 것을 보였습니다

㉖ 今度は主役として出演させるらしい　　이번엔 주역으로서 출연시킨다고 한다
㉗ 犬にえさを食べさせていた　　개에게 먹이를 먹이고 있다
㉘ いくら聞かせてもだめだ　　아무리 들려 주어도 안된다
㉙ 長く待たせてすみません　　오래 기다리게 해서 미안합니다

☆「いちばん」が順番を意味するときの「1番」は、〈일번〉あるいは〈첫번〉[チョッポン]となる。
☆〈이번엔〉は〈이번에는〉[イボネヌン]のつまった形。
☆「いくら聞かせても」は「いくら言っても」とした方が、ハングルとしてはより自然である。〈아무리 말해도〉となる。

㉚ 幼かった頃はよく父から叱られた　　어렸을적에는 자주 아버지한테 욕먹었다
㉛ 助けたり助けられたりするのが大切です　　돕기도 하고 도움받기도 하는것이 중요합니다
㉜ 遅れると大変だ、早く！　　늦으면 야단이다, 빨리！
㉝ 蔑視されるのはいやだ　　멸시당하는 것은 싫다
㉞ もっともらしい宣伝に騙されるなよ　　그럴듯한 선전에 속지 말아라
㉟ 彼はいくら渋ちん(ケチ)と言われても平気だった　　그는 아무리 깍쟁이라는 말을 들어도 태연했다

☆〈욕먹다〉は「お叱りを食らう」の意。「叱る」は〈욕하다〉。
☆「言われる」という受身の形はハングルにはないので「話を聞く」と意訳する。「言われても」「話を聞いても」は〈말을 들어도〉とする。一般に受身の言葉はハングルには少なく、まれにしか使われない。

㊱ 鳥の鳴き声はどこへ行っても聞かれます　　새 울음소리는 어디로 가나 들을 수 있습니다
㊲ やっと英語で片言を話せるようになった　　겨우 영어로 한두마디(몇마디) 말을 할 수 있게 되었다
㊳ 頭が痛くてなかなか寝られない　　머리가 아파서 좀처럼 잠잘 수 없다
㊴ 彼とは別れられない仲になった　　그와는 헤어질수 없는 사이가 되었다
㊵ 作ろうと思えば作れるのに　　만들자고 하면 만들수 있는데

第 7 章　助動詞

☆「仲になった」は〈사이로 되었다〉でなく、〈사이가 되었다〉という。「…になった」「…になりたい」と、結果を示す場合、その対象は主格に置かれる。
　飛行士になった→ 비행사가 되었다 [ピヘンサガ テオッタ]
　画家になりたい→ 화가가 되고 싶다 [ファガガ テゴシプタ]

㊶ 5時には帰られます　　　　　　　　　다섯시에는 돌아오십니다
㊷ あれがお父さんの植えられたバラ　　　저것이 아버지가 심으신 장미꽃입니까?
　　の花ですか
㊸ 胃がんで亡くなられたそうです　　　　위암으로 돌아가셨다고 합니다
㊹ あなた自身の生活を描かれた作品　　　당신 자신의 생활을 그리신 작품이 아닙니까?
　　じゃないんですか
㊺ 先生に会われたら、これを伝えて　　　선생님을 만나시면 이것을 전해주세요
　　下さい　　　　　　　　　　　　　　（주십시오）

☆「お父さんの植えられた」は「お父さんが植えられた」という形で訳される。(動詞各論参照)
☆〈선생님〉は「先生様」。つまり님は「様」を意味する。自分の会社の社長や父親、母親、兄姉にもハングルでは「様」を付ける。〈사장님〉「社長様」、〈교수님〉「教授様」、〈사모님〉(奥様)、형님 (兄様)。

㊻ まるで夢のようでした　　　　　　　　마치 꿈같았습니다
㊼ おじいさんはその話をあまり信じて　　할아버지는 그 이야기를 그다지 믿지 않고
　　いないようです　　　　　　　　　　　있는것 같습니다
㊽ 燃えるような赤色で壁が飾られて　　　불타는듯한 빨간색으로 벽이 장식되어 있
　　いた　　　　　　　　　　　　　　　었다
㊾ 本に書いてあるようにはいかない　　　책에 씌어져 있는것 같이는 안되는 법이다
　　ものだ
㊿ 本人の声を聞くようだと言っても、　　본인의 목소리를 듣는것 같다고 해도 역시
　　やっぱりこれは機械の声です　　　　이건 기계의 목소리입니다

☆「燃えるような」は〈불타는것 같은〉より〈불타는듯한〉と訳した方が簡潔で力強い文章となる。〈빨간〉は〈붉은〉をさらに強調した言い方で「赤々とした」の意。「真っ赤な」は〈새빨간〉となる。

㉑ 来年、世界卓球選手権大会が開か　　내년에 세계탁구선수권대회가 열린다고
　れるそうだ　　　　　　　　　　　　　한다
㉒ 雨が降るそうだが、傘を持って行　　비가온다는것 같은데 우산을 가지고 갈까?
　こうか
㉓ お客さんが来るそうなので、ビール　손님이 온다는것 같길래 맥주를 사왔다
　を買ってきた
㉔ 火星にも生物が存在するそうです　　화성에도 생물이 존재한다고 합니다

☆「降る」は正式には〈내린다〉であるが、〈온다〉「来る」という言葉もよく使われる。しかし逆に、「来る」という意味で〈내린다〉を使うことはない。

㉕ 今にも泣きだしそうだ　　　　　　　금방이라도 울것 같다
㉖ 風が吹いたら倒れそうで安心でき　　바람이 불면 넘어질것 같아서 안심할 수
　ない　　　　　　　　　　　　　　　없다
㉗ 息が止まりそうだから医者に知ら　　숨이 멎을것 같으니까 의사한테 알려주시
　せてください　　　　　　　　　　　오
㉘ パンクしそうだけれど家まではも　　빵꾸날것 같지만 집까지는 견디겠지
　つだろう

☆「医者」も「医師」も同じ意味であるが、ハングルでは「医師」〈의사〉だけを使う。「医者」はハングルでは〈의자〉と書き、〈의자〉(椅子)と発音が同じなので、〈의자〉[ウィジャ]といえば、もっぱら「椅子」を意味するようにとられるため、一般に使われない。なお、「義士」(安重根義士も)も「医師」と同じ〈의사〉。

☆「パンクする」は〈빵꾸난다〉という。なお、〈빵꾸난다〉は俗語で処女を喪失する、という意味。直訳すると「パンクが生じる」であるが、このように日本語で俗に「…する」といった表現をハングルでただ〈…하다〉とは言うとは限らない。たとえば、
食当りする　식중독을 일으키다 [シクチュンドグル イルキダ]
小便(を)する　오줌(을) 눈다 [オジュ(ムル) ヌンダ]
葬式(を)する　장례(를) 치른다 [チャンネ(ルル) チルンダ]
見合する　선본다 [ソン ボンダ]
負傷する　부상당한다 [プサンタンハンダ]
夏まけする　여름탄다 [ヨルムタンダ]

貧乏する　가난 들다 [カナン トゥルダ]
病気(を)する　병(을) 앓는다 [ピョンウル アルヌンダ]
注射する　주사 놓는다 [チュサ ノンヌンダ]

第8章　助詞

●助詞の概念

付属語で活用のないものを助詞と言う。助詞はつねに自立語の後に付いて文節を構成し、語と語との関係を明らかにするとともに、一定の意味を付加する働きをする。ハングルでは助詞という品詞の分け方はしないが、〈토〉がそれにあたる。

●助詞の分類

格助詞	係助詞
接続助詞	終助詞
副助詞	間投助詞

●〈토〉の分類

（体言の토）	（用言の토）	
格토	終結토	尊称토
助토	接続토	時称토
複数토	規定토	

格助詞は体言に付いて、それが他の語にどういう格で続くのかを示す助詞で、日本語では「の」「が」「を」「に」「と」「へ」「より」「から」「や」「で」などがある。ハングルの「格토」がほぼこれに相当する。

接続助詞は用言に付いて、前後の語句、文章をつなぐ助詞で、日本語では「ば」「と」「ても」「けれど」「が」「のに」「ので」「から」「し」「て」「ながら」「たり」などがある。ハングルの「接続토」がこれに相当する。

係助詞は述語に関係のある語に付いて、その陳述に影響をおよぼす助詞で、日本語では「は」「も」「こそ」「さえ」「でも」「しか」「だって」などがある。ハングルの「助토」がこれに相当する。

副助詞は主として、体言に付いて、それに副詞の性質と働きを持たせて、後に続く用言の意味を限定する助詞で、日本語では「まで」「ばかり」「だけ」「ほど」「くらい」

「きり」「など」「なり」「やら」「か」「だの」などがある。ハングルは、「格토」、「助토」の一部、不完全名詞、名詞の一部が、これに似た役割を果たす。

終助詞は常に文の終りに付いて、話し手の細かな感情を表す。日本語では「か」「な」「なあ」「や」「よ」「ぞ」「ぜ」「とも」「の」「ね」「て」「が」などがある。ハングルの「終結토」がほぼこれに相当する。

間投助詞は自由に種々の語に付き、語調を強めたり、感動の意を表す。「ね」「さ」などがある。ハングルでは「終結토」の中に含まれている。

● 助詞の用法

166.「の」の用法

① 兄のカメラ 형의 카메라 [ヒョンエ カメラ]
② 金剛山の春 금강산의 봄 [クムガンサネ ポム]
③ 雪のふる日 눈이 내리는 날 [ヌニ ネリヌンナル]
④ タバコの好きな人 담배를 좋아하는 사람 [タムベルル チョアハヌン サラム]
⑤ 走るのをやめた 달리는 것을 그만두었다 [タルリヌンゴ(ッ)スル クマンドゥオッタ]
⑥ いやなの(ん)です 싫습니다 [シルスムニダ]
⑦ 行くの、行かないのとうるさく言う 가느니 안가느니 하면서 귀찮게 굴다 [カヌニ アンガヌンニ ハミョンソ クィ(ッ)チャンケ クルダ]
⑧ 私は寝ていたの 저는 잤댔어요 [チョヌン チャッテ(ッ)ソヨ]
⑨ あなたも行くの? 당신도 가겠어요? [タンシンド カゲ(ッ)ソヨ]

☆「の」は最も頻繁に使われている助詞であり、それが持つ意味も多い。
☆「の」が所有、所属を示す場合は〈의〉と訳される。
　私の帽子　나의 모자 [ナエ モジャ]
　父のカバン　아버지의 가방 [アボジエ カバン]
　母のエプロン　어머니의 앞치마 [オモニエ アプチマ]
☆「の」が所在を示す場合は〈의〉は通常省かない。
　白頭山のトラ　백두산의 범 [ペクトゥサネ ポム]

庭の梨の木　마당의 배나무 [マダンエ ペナム]
☆主格を示す「の」は〈가(이)〉と訳されるが、それを付けなくても同じ意味で解釈される。
　雨の降った夜　비(가)내린 밤 [ピ(ガ) ネリン パム]
　ほこりの付いた帽子　먼지(가) 묻은 모자 [モンジ(ガ)ムドゥン モジャ]
☆性質を示す「の」は〈를(을)〉〈가(이)〉と訳す。
　酒のきらいな人　술을 싫어하는 사람 [シルル シロハヌン サラム]
　嘘のへたな人　거짓말이 서툰 사람 [コジンマリ ソトゥン サラム]
　流行の早い国　유행이 빠른 나라 [ユヘンイ パルン ナラ]
☆準体言を表す「の」は〈것〉となる。
　作るの　만드는 것 [マンドゥヌン ゴッ]
　歩くの　걷는 것 [コンヌン ゴッ]
　重いの　무거운 것 [ムゴウン ゴッ]
　静かなの　조용한 것 [チョヨンハン ゴッ]
　この時〈것〉は用言の規定形語幹に付く。
☆準体言を表す「の」の次に「です」「だ」が付くと「の」〈것〉は、「です」「だ」に吸収されてしまう。
　今帰ったのだ　금방 돌아왔다 [クムバン トラワッタ]
　何の力もなかった　아무 힘도 없었다 [アム ヒムド オプソッタ]
　静かなんです、辺りが　조용합니다 주위가 [チョヨンハムニダ チュウィガ]
☆対等の関係を表す「の」は〈느니〉と訳される。
　やるの止めるのと　하느니 마느니 하고 [ハヌニ マニニ ハゴ]
　できるのできないのと　되느니 안되느니 하고 [テヌニ アンデヌニ ハゴ]
☆断定の気持をやわらげたり質問の意を表す例文⑨の「の」は、普通〈요〉〈―아요, 어요, 여요〉となる。用言の連用形語幹に付く〈아요〉は用言の原形語幹が陽性母音(ㅏ, ㅑ, ㅗ, ㅛ)で終わるものに付き、〈―어요〉は陰性母音(ㅓ, ㅕ, ㅜ, ㅠ)、〈―여요〉は中性母音(ㅡ, ㅣ)に付く。たとえば、
　私はいいの ↘　나는 좋아요 [ナヌン チョアヨ]
　あなたはいいの? ↗　당신은 좋아요? [タンシヌン チョアヨ]
　もういやなの ↘　인제 싫어요 [インジェ シロヨ]
　もういやなの ↗　인제 싫어요? [インジェ シロヨ]
　今日は休むの ↘　오늘은 쉬어요 [オヌルン シィオヨ]
　今日は休むの ↗　오늘은 쉬어요? [オヌルン シィオヨ]
　例文⑧、⑨は日本語では女性が主に使うが、ハングルでは男性も使っている。文例でも分かるように、語調で断定や疑問を表し、変化や活用はしない。

167.「が」の用法

① 花が咲く　　　　　　　　　　　꽃이 핀다
② 英語が話せる　　　　　　　　　영어를 할 수 있다
③ 早いが仕事はぞんざいだ　　　　빠른데 일은 거칠다
④ 映画を見たがおもしろかった　　영화를 봤는데 재미있었다
⑤ うまくいくといいが　　　　　　잘되면 좋은데

☆主語を表す「が」は〈가(이)〉となる。
　木が　나무가 [ナムガ]
　海が　바다가 [パダガ]
　虎が　범이 [ポミ]
　兄が　형이 [ヒョンイ]
　⇨日本語の「が」はハングルの〈가〉と発音も同じで意味も同じであることは興味深い。
☆体言に付いて、その体言が能力を表す述語の対象である時は、「が」は通常〈를(을)〉となる。
　英語ができる　영어를 할 수 있다 [ヨンオルル ハルス イッタ]
　歌がうたえる　노래를 부를 수 있다 [ノレルル プルルス イッタ]
☆接続を表す「が」は〈데〉となる。〈데〉は用言の規定形語幹に付き、過去の事実に接続する。時には、〈는데〉となり過去形語幹に付く。
　雪はやんだが外は寒い　눈은 그쳤는데 바깥은 춥다 [ヌヌン ク(ッ)チョンヌンデ ポ(ッ)カ(ッ)トゥン チュプタ]
　③、④のように軽い感動を表す〈が〉は、〈데〉となる。体言に付く時は〈인데〉となる。体言、用言の規定形、過去形語幹に付く。過去形に付く場合は〈는데〉となる。
　難しい問題だが　어려운 문제인데 [オリョウン ムンジェインデ]
　それくらいだったらけっこうだが　그만하면 괜찮은데 [クマナミョン クェンチャヌンデ]
　もう少し小さいとよかったんだが　좀더 작으면 좋았는데 [チョムド チャグミョン チョアンヌンデ]

168.「を」の用法

① 本を読む　책을 읽는다 [チェグル インヌンダ]
② 学校を出る　학교를 나온다 [ハクキョルル ナオンダ]
② 飛行機(船、バス)　비행기(배, 버스)를 탄다 [ピヘンギ(ペ、ポス)ルル タンダ]

☆連用格を示す「を」はすべて〈를(을)〉となる。「～に乗る」は、ハングルでは〈～를 타다〉。

169.「に」の用法

① 祖国に帰る　조국에 돌아간다 [チョグゲ トラカンダ]
② 父に話す　아버지에게 이야기한다 [アボジエゲ イヤギハンダ]
③ 先生に叱られた　선생님한테 야단 맞았다, 혼났다 [ソンセンニムハンテ ヤダンマジャッタ、ホンナッタ]
④ 画家になる　화가가 된다 [ファガガ テンデ]
⑤ 映画を見に行く　영화를 보러 간다 [ヨンファルル ポロカンダ]
⑥ 祈りに祈った　빌고 또 빌었다 [ピルゴ ト ピロッタ]
⑦ 酒にタバコにコーヒー　술하고 담배하고 커피 [スルハゴ タムベハゴ コ(ッ)ピ]

☆「に」が場所、方向、帰着点、動作、作用の基準を示す場合は〈에〉となる。
　学校に集まる　학교에 모인다 [ハッキョエ モインダ]
　8時に起きる　여덟시에 일어난다 [ヨドルシエ イロナンダ]
　名古屋に行く　나고야에 간다 [ナゴヤエ カンダ]
　絵に興味を持つ　그림에 흥미를 가진다 [クリメ フンミルル カジンダ]
☆動作、作用の対象が活動体である場合は〈에게〉となる。
　母に　어머니에게 [オモニエゲ]
　姉に　누이에게 [ヌイエゲ]
　友だちに　친구에게 [トンムエゲ]
　犬に　개에게 [ケエゲ]
☆〈한테〉も〈에게〉と同様に用いられる。日本語ではこの区別はつけられない。
☆動作、作用の目標や帰着点が職業や変化の状態を表す場合、「に」は〈가(이)〉となる。
　大人になった　어른이 되었다 [オルニ テオッタ]
　作家になりたい　작가가 되고싶다 [チャッカガ テゴシプタ]
　オタマジャクシからカエルになる　올챙이로부터 개구리가 된다 [オルチェンイロブト ケグリガ テンダ]
☆動作の目的を表す「に」は〈러〉と訳す。動詞の仮定形語幹に付く。
　聞きに行く　들으러 간다 [トゥルロ カンダ]
　勉強しに行く　공부하러 간다 [コンプハロ カンダ]
　〈러〉のあとには通常〈간다〉が付く。
☆同じ動作を重ねて意味を強める場合の「に」は〈~고, 또…다〉となる動詞の原形語幹に付く。
　笑いに笑った　웃고 또 웃었다 [ウッコ ウソッタ]
　泣きに泣いた　울고 또 울었다 [ウルゴ ウルッタ]

走りに走った　달리고 또 달렸다 [タルリゴ ト タルリョッタ]
☆対等の関係を示し、かつ並列の意味を表す「に」は〈하고〉となり、体言に付く。
　五穀とは何でしょう。米に、麦に、粟に、黍に、それから豆です
　　(오곡이란 무엇입니까? 벼하고, 보리하고, 조하고, 기장하고 그리고 콩입니다) [オゴギラン ムオシムニ(ッ)カ ピョハゴ ポリハゴ チョハゴ キジャンハゴ クリゴ コンイムニダ]

170.「へ」の用法

① 海へ行こう　바다로 가자 [パダロ カジャ]
② 家へ着いた　집에 도착했다 [チベ ト(ッ)チャクケッタ]
③ 母への手紙　어머니에로의 편지 [オモニエロウィ ピョンジ]

☆方向を示す「へ」は通常〈로(으로)〉となる。
　学校へ行く　학교로 간다 [ハクキョロ カンダ]
　家へ帰る　집으로 돌아간다 [チプロ トラガンダ]
☆帰着点を示す「へ」は、通常〈에〉と訳す。
　平壌へ着いた　평양에 도착했다 [ピョンヤンエ トチャッケッタ]
　地上へ着陸した　지상에 착륙했다 [チサンエ チャンニュッケッタ]
　　日本語の「に」は本来場所を、「へ」は方向を表す動詞であったが、最近両者は同じように使っている。ハングルでも〈에〉は場所を、〈로〉は方向を示すものであったが、最近は両者を同じように使っている。のみならず日本語の「へ」とハングルの〈에〉が共に場所、方向を表す言葉で、その発音が同じであることは興味深い。
☆対象を示す「へ」は〈에로〉と訳し「への」は〈에로의〉となる。〈에로의〉は〈으로의〉と使われる場合がよくある)。
　各国への往来の自由　각국에로의 왕래의 자유 [カックグエロエ ワンネエ チャユ]

171.「と」の用法

① 犬と猫　　　　　　　　　　개와 고양이
② 兄と行く　　　　　　　　　형님하고 간다
③ 俳優となる　　　　　　　　배우가 된다
④ 来ると言う　　　　　　　　온다고 한다
⑤ 早く来るといいが　　　　　빨리 오면 좋은데

⑥ どこへ行こうとかまわない　　　　　어디로 가건 상관 안하겠다
⑦ １時間と経ち２時間と経つ　　　　　한시간이 지나 두시간이 지난다
⑧ 汗が滝と流れ落ちる　　　　　　　　땀이 폭포마냥 흘러떨어진다
⑨ 時計を見ると１時だった　　　　　　시계를 보니 한시였다
⑩ 金さえあれば万事が解決できると　　돈만 있으면 만사가 해결되거니 하고 생각
　　思ったら間違いだ　　　　　　　　　했다면 잘못이다

☆並列の「と」は〈와(과)〉と訳す。
　父と母　아버지와 어머니 [アボジワ オモニ]
　兄と弟　형과 동생 [ヒョングァ トンセ(ェ)ン]
☆「とともに」の「と」は〈하고〉と訳す。
　父と行く　아버지하고 간다 [アボジハゴ カンダ]
　弟と遊ぶ　동생하고 논다 [トンセンハゴ ノンダ]
☆結果を示す「と」は〈가(이)〉と訳す。
　学者となる　학자가 된다 [ハクチャガ テンダ]
　冬となる　겨울이 된다 [キョウリ テンダ]
☆引用を示す「と」は〈고〉となり、用言の現在形に付く。
　行くという　간다고 한다 [カンダゴ ハンダ]
　いやだという　싫다고 한다 [シルタゴ ハンダ]
　早いという　빠르다고 한다 [パルダゴ ハンダ]
☆仮定を示す「と」は、〈면〉と訳す。用言の仮定形語幹に付く。
　行くといいが　가면 좋은데 [カミョン チョウンデ]
　なおるといいが　나으면 좋은데 [ナウミョン チョウンデ]
☆逆接仮定条件を表す「と」は、〈건〉〈든지〉と訳す。用言の原形語幹に付く。
　帰ろうと　돌아가건 (가든, 가든지) [トラカゴン (カドゥン、カドゥンジ)]
　死のうと　죽건 (죽든, 죽든지) [チュクコン (チュクトゥン、チュクトゥンジ)]
　険しかろうと　험하건 (험하든, 험하든지) [ホマゴン (ホマドゥン、ホマドゥンジ)]
経過時間を示す「と」は、〈가(이)〉となる
　10秒と経ち20秒と経つ　십초가 지나 (또) 이십초가 지난다 [シプチョガ チナ (ト) イシプ
　　チョガ チナンダ]
　1年と経ち2年と経つ　일년이 지나 (또) 이년이 지난다 [イルニョニ チナ (ト) イニョニ チナ
　　ンダ]
☆比較(のように)の意を表す「と」は、〈마냥〉と訳し、体言に付く。
　東洋の美はやがて人類の頭上に雨と注ぐであろう　동양의 미는 멀지 않아 인류의 머리에 비

마냥 뿌려질 것이다 [トンヤンエ ミヌン モルジ アナ イルリュウイエ ピマニャン プリョジルゴシダ]
☆先行事態を示す「と」は〈니〉と訳す。動詞の理由形語幹に付く。
　　トンネルを抜けると海が見えた　터널을 빠지니 바다가 보였다 [トノルル パジニ パダガ ポヨッタ]
☆考えの引用を示す「と」は、〈거니〉と訳す。通常「と思ったら」と連語の形で用いられる。動詞の原形語幹に付く。
　　行けると思っていた　갈 수 있거니 생각하고 있었다 [カルス イッコニハゴ センガ(ッ)カゴイ(ッ)ソッタ]
　　⇨ハングルでは未来の形で使われる。この点、日本語は未来形は通常現在形で表している。この時は動詞原形語幹に〈―겠거니〉を付ける。
　　行けると思ったら　갈 수 있겠거니 하고 생각했다면 [カルス イッテッコニハゴ センガ(ッ)ケッタミョン]
　　できると思ったら　되겠거니 하고 생각했다면 [テェゲッコニハゴ センガ(ッ)ケッタミョン]

172.「より」の用法

① 海より深い　　　　　　　　　　　　바다보다 깊다
② 折れるより仕方がない　　　　　　　수그러들수 밖에 별도리가 없다
③ 午後より始める　　　　　　　　　　오후부터 시작한다

☆比較を表す「より」は〈보다〉となる。
　　山より高い　산보다 높다 [サンポダ ノプタ]
　　虎より強い　범보다 세다 [ポムポダ セダ]
☆限定を示す「より」「しか」は〈수…밖에〉となり、用言の未来形語幹に付く。
　　泣くより他にない　울 수 밖에 없다 [ウルス パ(ッ)ケ オプタ]
　　10里ほどしかならないだろう　십리쯤 밖에 안될것이다 [シムニチュム パ(ッ)ケ アンデルゴシダ]
☆起点を示す「より」は〈부터〉となる。
　　朝より　아침부터 [アチムブ(ッ)ト]
　　夕方より　저녁부터 [チョニョクブ(ッ)ト]

173.「から」の用法

① 釜山から発った　　　　　　　　　　부산에서부터 떠났다

② 食事をしてからタバコを吸う　　　식사를 하고나서 담배를 피운다
③ おじさんからもらった　　　　　　아저씨한테서 받았다
④ 興奮から上気した顔で　　　　　　흥분으로 인해 상기된 얼굴로
⑤ 雨が降るから帰ろう　　　　　　　비가 오니까 돌아가자
⑥ このままではおかないから　　　　그냥은 두지 않을테니

☆起点を示す「から」は〈부터〉〈로(으로)부터〉〈에서〉などと訳される。
　8時から10時まで　여덟시부터 열시까지 [ヨドルシブ(ッ)ト ヨルシ(ッ)カジ]
　韓国から日本へ　한국으로부터 일본으로 [ハングロブ(ッ)ト イルボヌロ]
　日本から来た　일본에서 왔다 [イルボネソ ワッタ]
☆動作の継続を示す「から」は〈고나서〉と訳す。動詞の原形語幹に付く
　顔を洗ってから食事をする　세수를 하고나서 식사를 한다 [セスルル ハゴナソ シクシャルル ハンダ]
　テレビを見てから寝る　텔레비를 보고나서 잔다 [テルレビルル ポゴナソ チャンダ]
☆受け身の対象を示す「から」は〈한테서〉となる。
　父からほめられた　아버지한테서 칭찬받았다 [アボジハンテソ チンチャンパダッタ]
　母から聞かされた　어머니한테서 들었다 [オモニハンテソ トゥロッタ]
☆根拠を示す「から」(で)は〈로(으로)인해〉と訳す。
　空腹から(で)元気のない顔で　공복으로 인해 기운없는 얼굴로 [コンゴグロ イネ キウノムヌン オルグロ]
　衰弱から(で)か細い声で話した　쇠약으로 인해 가냘픈 목소리로 이야기했다 [ソェヤグロ イネ カニャルプン モクソリロ イヤギヘッタ]
☆確定的な動機、理由を示す「から」は、〈니까(으니까)〉と訳す。
　用言の理由形語幹に付く。
　金がないから払えない　돈이 없으니까 못치른다 [トニオ プスニ(ッ)カ モッチルンダ]
　行きたくないから行かない　가기 싫으니까 안간다 [カギシルニ(ッ)カ アンガンダ]
☆決議・断定を示す「から」は、〈테니까〉と訳す。用言の未来形語幹に付く。
　どうしても行くから　어떻게 해서든지 꼭 갈테니까 [オットッケ ヘソドゥンジ コ(ッ)カルテニ(ッ)カ]
　きっと帰ってくるから　꼭(반드시) 돌아올테니까 [コ(ッ)パンドゥシ) トラオルテニ(ッ)カ]

⇨「どうしても」は〈어떻게 해서라도 꼭〉、〈무슨 일이 있어도 꼭〉、〈무슨 일이 있더라도 반드시〉も可。

174.「で」の用法

① 公園で遊ぶ　공원에서 논다 [コンウォネソ ノンダ]

② 筆で書く　붓으로 쓴다［プスロ スンダ］
③ 病気で休む　병으로 쉰다［ピョンウロ スィンダ］
④ 一人で行く　혼자서 간다［ホンジャソ カンダ］

☆場所を示す「で」は、〈에서〉と訳す。
　庭で　마당에서［マダンエソ］
　駅で　역에서［ヨゲソ］
☆手段、材料を示す「で」は、〈로(으로)〉〈로써(으로써)〉と訳す。
　万年筆で　만년필로［マンニョンピルロ］
　蜂蜜で造った酒　꿀로 만든 술［クルロ マンドゥンスル］
　船で行く　배로 간다［ペロ カンダ］
☆原因、理由を示す「で」は、〈로(으로)〉と訳す。
　休暇で休む　휴가로 쉰다［ヒュガロ スィンダ］
　昨日の電報で母が来た　어제 전보로 어머니가 왔다［オジェ チョンボロ オモニガ ワッタ］
☆「して」(人数)の意味を表す「で」は、〈서(이서)〉と訳す。
　2人で行こう　둘이서 가자［トゥリソ カジャ］
　3人で食べよう　셋이서 먹자［セシソ モクチャ］

⇨ 〈둘이〉〈셋이〉は、〈두명이〉〈세명이〉も可。

175.「ば」の用法

① 見ればわかる　　　　　　　　　　　보면 안다
② 父も喜べば母も喜ぶ　　　　　　　　아버지도 기뻐하거니와 어머니도 기뻐한다

☆仮定条件や一般条件を表す「ば」は、〈면〉と訳す。動詞の仮定形語幹に付く。
　来ればいいが　오면 좋은데［オミョン チョウンデ］
　聞けば楽しい　들으면 즐겁다［トゥルミョン チュルゴプタ］
☆同種のことがらの列挙を示す「ば」は、〈거니와〉となる。動詞の原形語幹に付く。
　鳥も歌えば風も歌う　새도 노래하거니와 바람도 노래한다［セド ノレハゴニワ パラムド ノレハンダ］

176.「ても(でも)」の用法

① 見てもわからない　　　　　　　　　보아도(봐도) 모른다

② 飲んでもいいでしょうか　　　　　마셔도 좋습니까?
③ 散歩でもしよう　　　　　　　　산보라도 합시다

☆仮定条件逆接を表す「ても(でも)」は、〈도〉と訳し、用言の連用形語幹に付く。
　食べてもいい　먹어도 좋다[モゴド チョ(ッ)タ]
　捨てても惜しくない　버려도 아깝지 않다[ポリョド ア(ッ)カプチアンタ]
☆軽い気持を示す「でも」は、〈라도(이라도)〉と訳す。体言に付く。
　食事でもしよう　식사라도 하자[シクサラド ハジャ]
　何かわけでもあるのか　무슨 까닭이라도 있는가[ムスン カダルギラド インヌンガ]

177.「けれども」「けれど」「けど」の用法

① 努力するけれども成果は少ない　　　노력하지만 성과는 적다
② 酒が好きだけど今晩はだめだよ　　　술을 좋아하지만 오늘밤은 안되네
③ 歌もいいけど踊りもいい　　　　　　노래도 좋지만 춤도 좋다

☆逆の関係を示す「けれども」、前置詞の「けど」、並列の「けど」など、すべて「けど」は〈지만〉と訳し、用言の原形語幹に付く。

178.「のに」の用法

① 嬉しいのに泣いている　　　　　　　기쁜데 울고 있다
② それは金ではなく真鍮なのに　　　　그건 금이 아니라 놋이라는데

☆確定の逆接条件を示す「のに」は、〈데〉となる。用言の規定形語幹に付く。
　暑いのにオーバーを着ている　더운데 외투를 입고 있다[トウンデ ウェ(ッ)トゥルル イプコ イッタ]
　食べるのに太らない　먹는데 살찌지 않는다[モンヌンデ サルチジ アンヌンダ]
☆話し手の主張がこもった相手への説得を示す「のに」は、通常「なのに」という形を取り、〈라는데(이라는데)〉と訳し、体言に付く。
　絵なのに　그림이라는데[クリミラヌンデ]
　松の木なのに　소나무라는데[ソナムラヌンデ]

179.「ので」の用法

① 忙しいので失礼します　　　　　　　바쁘므로(바빠서) 실례합니다

☆理由を表す「ので」は、〈므로(으므로)〉〈서(아서, 어서)〉と訳し、連用形語幹に付く。
　頭が痛いので休みます　머리가 아프므로(아파서) 쉬겠습니다 [モリガ ア(ッ)プムロ(ア(ッ)パソ) スィゲッスムニダ]
　犬がいるので注意すること　개가 있으므로(있어서) 주의할 것 [ケガ イ(ッ)スムロ(イ(ッ)ソソ) チュウィハルコッ]

180.「し」の用法

① 勇気もあるし人情も深い　　　　　　용기도 있거니와 인정도 있다
② 病人でもあるまいし、寝てばかり　　환자도 아닌데 누워만 있을 수 없다
　いられない
③ 頭もいいし上品だし、一体何が　　　머리도 좋겠다 점잖겠다 도대체 무엇이
　不足なんだ　　　　　　　　　　　　부족하오

☆並列を示す「し」は〈거니와〉となり、用言の原形語幹に付く。
　力も強いし速度も早い　힘도 세거니와 속도도 빠르다 [ヒムド セゴニワ ソクトド パルダ]
　酒も飲むしタバコも吸う　술도 마시거니와 담배도 피운다 [スルド マシゴニワ タムベド ピウンダ]
☆否定の推量の語を受けて逆接条件を表す「し」、「あるまいし」は、通常〈아닌데〉と訳す。
　犬でもあるまいし　개도 아닌데
　乞食でもあるまいし　거지도 아닌데
☆根拠を列挙する意の「し」は〈겠다〉と訳し、体言や用言の原形語幹あるいは過去形語幹に付く。
　空気は新鮮だし、静かだし、休養にはもってこいだ(申し分ない)　공기는 신선하겠다 조용하겠다 휴양에는 그만이다
　大学は卒業したし才能もあるし、前途は有望だ　대학도 졸업했고 재능도 있겠다 전도는 유망하다
⇨単なる列挙を示す「だし」は〈(이)고〉となる。
　兄は医者だし姉は薬剤師だ　형은 의사고 누이는 약제사다
　父は教員だし母は栄養士だ　아버지는 교원이고 어머니는 영양사다

181.「て」の用法

① 食事をして家を出た　　　　　　　식사를 하고 집을 나섰다
② 気分が悪くて誰にも会いたくない　기분이 나빠서 누구도 만나고 싶지 않다
③ 走って行く　　　　　　　　　　　달려간다

☆先行状態を示す「て」は、〈고〉と訳し、動詞の原形語幹に付く。
　食べて　먹고［モッコ］
　見て　보고［ポゴ］
　聞いて　듣고［トゥッコ］
☆原因を示す「て」は〈서〉と訳す。用言の連用形語幹に付く。
　早くて　빨라서［パルラソ］
　赤くて　붉어서［プルゴソ］
　腫れて　부어서［プオソ］

182.「ながら」の用法

① 歩きながら話す　　　　　　　　걸으면서 말한다
② 小さいながら丈夫だ　　　　　　작기는 하나 튼튼하다
③ 自分ながら(も)よくできたと思う　자기로서도 잘 했다고 생각한다
④ 昔ながらの生活　　　　　　　　옛날 그대로의 생활

☆動作が同時に行われていることを示す「ながら」は、〈면서(으면서)〉と訳し、動詞の仮定形語幹に付く。
　食べながら　먹으면서［モグミョンソ］
　行きながら　가면서［カミョンソ］
　助けながら　도우면서［トウミョンソ］
☆逆接の「ながら」は〈기는 하나(이기는 하나)〉となり、名詞、形容詞の原形語幹に付く。
　子供ながらしっかりしている　아이기는 하나 똑똑하다
　老人ながら、健康だ　노인이기는 하나 건강하다
☆自認を表す「ながら」には〈딴〉もあるが、常に〈딴에도〉という連語の形で用いる。
　われながら　제 딴에도［チェ タネド］

183.「たり」の用法

① 立ったり座ったりする 　　　　　섰다 앉았다 한다
② 時々笑ったりする 　　　　　　　때때로 웃곤 한다
③ 場内ではタバコをふかしたり 　　장내에서 담배를 피우거나, 잡담을 하거나
　 雑談をしたりしてはいけません 　해서는 안됩니다

☆動作が並行することを示す「たり」は、〈다…다〉となり、動作の過去形語幹あるいは形容詞の過去形語幹に付く。
　往ったり来たり　왔다 갔다 [ワッタ ガッタ]
　泣いたり笑ったり　울었다 웃었다 [ウロッタ ウソッタ]
　高かったり安かったり　비쌌다 쌌다 [ピ(ッ)サッタ サッタ]
　⇨「往ったり来たり」をハングルでは「来たり往ったり」と表現する。「往ったり来たり」と〈왔다 갔다〉の語呂が似かよっていることから、〈왔다 갔다〉を〈왔다리 갔다리〉と言ったりする人もいるが、もとよりこれは日本語を知っている人が、ハングルをもじった言い方である。
☆示例の「たり」は〈곤〉と訳し、用言の原形語幹に付く。
　見たりする　보곤한다 [ポゴンハンダ]
　聞いたりする　듣곤한다 [トゥッコンハンダ]
　行ったりする　가곤한다 [カゴンハンダ]
　甘かったりする　달곤한다 [タルゴンハンダ]
☆並行の意を表す「たり」は〈거나〉となり、用言の原形語幹に付く。
　私は映画を見たり音楽を聞いたりするのが好きです　나는 영화를 보거나 음악을 듣거나 하는것을 좋아합니다 [ナヌン ヨンファルル ポゴナ ウマグル トゥッコナ ハヌンゴスル チョアハムニダ]

184.「ものの」の用法

① 薬はのんだものの効果はない　　　약을 마셨건만 효과는 없다

☆確定条件逆接を示す「ものの」は、〈건만〉または〈지만〉と訳し、形容詞の現在形語幹、動詞の原形語幹に付く。過去を意味するものは過去形語幹に付く。
　景色は美しいものの、興味はない　경치는 아름답건만 흥미는 없다 [キョンチヌン アルムダプコンマン フンミヌン オプタ]

高く買ったものの、使いみちがない　비싸게 샀건만 쓸모가 없다 [ピ(ッ)サゲ サッコンマン スルモガ オプタ]

185.「ところ、ところが」の用法

① 見たところ、おとなしそうだ　　　보건대 얌전할것 같다
② 忠告をしたところ彼は聞きいれた　충고를 했더니 그는 받아들였다

☆先行状態を表す「ところ」は〈건대〉となり、動詞の原形語幹に付く。
　聞いたところ　듣건대 [トゥッコンデ]
　働いたところ　일하건대 [イルハゴンデ]
☆「そうしたら」の意の「ところが」は〈더니〉と訳す。通常、動詞の過去形語幹に付く。
　行ったところが不在だった　갔더니 집에 없었다 [カットニ チベ オプソッタ]

186.「ところで」の用法

① 行ったところで面白いことはなかろう　갔댔자 재미있는 일은 없을 것이다

☆「たとえ…しても」の意味で使われる「ところで」は〈댔자〉と訳す。用言の過去形語幹に付く。
　見たところで　봤댔자 [ポァッテッチャ]
　行ってみたところで　가봤댔자 [カボァッテッチャ]
　聞いたところで　들었댔자 [トゥロッテッチャ]
　したところで　했댔자 [ヘッテッチャ]

187.「まで」の用法

① この世の果てまで行こう　　　　　　　이 세상 끝까지 가자
② そうしてもいいと考えたまでだ　　　　그렇게 해도 좋겠다고 생각했을 뿐이다
③ おまえまで反対するのか　　　　　　　너까지 반대하는가

☆①終点や②添加の意味を表す「まで」は〈까지〉と訳し、名詞、代名詞、数詞などに付く。

家まで来た 집까지 왔다 [チプカジ ワッタ]
ここまでおいで 여기까지 오너라 [ヨギ(ッ)カジ オノラ]
100まで数えてごらん 백까지 세어보렴 [ペクカジ セオボリョム]
☆限定を表す「まで」は〈을뿐〉と訳す。用言の過去形語幹に付く。
そう言ったまでだ 그렇게 말했을 뿐이다
言ってみたまでのことだ 말해봤을 뿐이다

188.「ばかり」の用法

① 10里ばかり歩いた　　　　　　　십리가량 걸었다
② こればかりはだめです　　　　　이것만은 안됩니다
③ 雨が降らんばかりの空模様　　　금시라도〔금세〕비가 올듯한 날씨
④ 今聞いたばかりだ　　　　　　　갓 들었다

☆程度を示す「ばかり」は〈가량〉と訳し、常に単位名詞のあとに付く
　100ウォンばかり 백원가량 [ペ(ェ)グォンガリャン]
　50mばかり 오십미터 가량 [オシムミトガリャン]
　5匹ばかり 다섯마리가량 [タソンマリガリャン]
　10分ばかり 십분가량 [シプブンガリャン]
　5里ばかり 오리가량 [オリガリャン]
　⇨韓国の10里はほぼ日本の1里(約4km)に相当。限定の意を表す「ばかり」は、〈만〉〈기만〉と
　　なる。〈만〉は名詞や代名詞、〈기만〉は用言の原形語幹に付く。
　　酒ばかり飲むな 술만 마시지 말라 [スルマン マシジマルラ]
　　あればかり見ている 저것만 보고 있다 [チョゴンマン ポゴイッタ]
　　早いばかりでへただ 빠르기만 하지 서투르다 [パルギマン ハジ ソ(ッ)トゥルダ]
　　食べるばかりで働かない 먹기만 하지 일은 안한다 [モッキマン ハジ イル アナンダ]
☆「今にも〜そうである」の「ばかり」は、〈금시라도〜듯하다〉と訳す。〈금시〉は動詞の前に、
　〈〜듯히다〉は動詞未来形の語幹に付く。
　　泣かんばかりの 울듯한 [ウルトゥッタン]
　　倒れんばかりの 넘어질듯한 [ノモジルトゥ(ッ)タン]
☆動詞が終わって間もないことを示す「ばかり」「〜たての」は、〈갓〉を文章の先頭に付ける。
　(〈갓〉は副詞である。)
　　産れたばかりの赤んぼう 갓 태어난 애기　　焼たての肉 갓 구운 고기
　　10時を過ぎたばかりだ 갓 열시가 지났다　　たった今帰ったところだ 갓 돌아온 길이야

189.「だけ」の用法

① 見られるだけ見る　　　　　　　　볼 수 있을만큼 봐라
② 酒だけはやめろ　　　　　　　　　술만은 그만두어라
③ 行くのがいやなだけだ　　　　　　가는것이 싫을뿐이다
④ 相撲取りだけあって力が強い　　　씨름꾼인만큼 힘이 세다
⑤ 熱心に習っただけあって今では　　열심히 배웠더니 지금은 능수가 되었다
　　上手になった

☆程度を表す「だけ」は〈만큼〉となる。可能を表す動詞の未来形語幹に付く。
　食べられるだけ　먹을수 있을만큼 [モグルス イ(ッ)スルマンクム]
　聞けるだけ　들을 수 있을만큼 [トゥルルス イ(ッ)スルマンクム]
　遊べるだけ　놀 수 있을만큼 [ノルス イ(ッ)スルマンクム]
　⇨一般に「…できるだけ…せよ」という表現法には〈토〉よりも〈기껏〉という副詞を使うことが多い。(〜껏は〜の限り、힘껏（力の限り）など)
　食べられるだけ食べよ　기껏(한껏) 먹어라 [キ(ッ)コッ モゴラ]
　聞けるだけ聞け　기껏(한껏) 들어라 [キ(ッ)コッ(ハンコッ) トゥロラ]
　遊べるだけ遊べ　기껏(한껏) 놀아라 [キ(ッ)コッ(ハンコッ) ノルラ]

☆限定の「だけ」は〈만〉と訳す。体言や用言の規定形語幹(この場合は〈것〉をともなう)に付く。
　英語だけは習え　영어말만은 배워라 [ヨンオマルマヌン ペウォラ]
　1回だけ見せてくれ　한번만 보여달라 [ハンボンマン ポヨタルラ]
　彼だけは信じていい　그 사람만은 믿어도 좋다 [クサラムマヌン ミドド チョ(ッ)タ]
　悪いのだけは買うな　나쁜것만은 사지 말라 [ナ(ッ)プンゴンマヌン サジマルラ]
　見るのだけは忘れるな　보는것만은 잊지 말라 [ポヌンゴンマヌン イッチマルラ]

☆断定のことばと共に用いられる場合「だけ」は〈뿐〉と訳され、「だけだ」は〈뿐이다〉となる。用語の未来形語幹に付く。
　いやならやめるだけだ　싫으면 그만둘뿐이다 [シルミョン クマントゥルプニダ]
　欠点は消極的なことだけだ　결함은 소극적인것뿐이다 [キョラムン ソグッチョギンゴッブニダ]

☆「ふさわしい」の意を表す「だけ」は〈만큼〉、「だけあって」は〈니(이니)만큼〉となる。用言の理由形語幹、体言に付く。
　紳士だけあって約束はよく守る　신사니 만큼 약속은 잘 지킨다 [シンサニ マンクム ヤクソグン チャルチキンダ]
　速度が早いだけあってもう着いた　속도가 빠르니만큼 벌써 도착했다 [ソクトガ パルニマン

クム ポルソ ト(ッ)チャケッタ]
彼が活動するだけあって成果は大きい　그가 활동하니만큼 성과는 크다 [クガ ファルトン ハニマンクム ソンクヮヌン クダ]

☆原因, 理由を表す「だけ」〈더니〉は, 通常「だけあって」という連語の形で用いられる。
一生懸命働いただけあって生活は楽になった　열성적으로 일했더니 생활은 풍족해졌다

190.「ほど」の用法

① 2時間ほど行ってくる　　　　두 시간쯤 갔다오겠다
② 見れば見るほど美しい　　　　보면 볼수록 아름답다
③ これほど痛いとは思わなかった　이다지 (이정도) 아프다고는 생각못했다

☆程度を表す「ほど」は〈쯤〉と訳す。
10分ほど　십분쯤 [シブプンチュム]
10円ほど　십원쯤 [シボンチュム]
⇨〈쯤〉の代わりに〈정도〉〈가량〉を用いても意味はまったく同じであるが,〈정도〉(程度),〈가량〉〈仮量〉は名詞である。

☆「～につれて」の意味を表す「ほど」は〈수록〉となる。用言の未来形語幹に付く。
年をとるほど　늙을수록 [ヌルグルスロク]
若いほど　젊을수록 [チョルムルスロク]
きれいなほど　고울수록 [コウルスロク]
大きくなるほど　클수록 [クルスロク]

☆限度をしめす「ほど」は, ハングルでは多く副詞として取り扱われている
これほど　이다지 [イダジ]
それほど　그다지 [クダジ]
さほど　그다지 (고다지) [クダジ (コダジ)]
あれほど　저다지 [チョダジ]
⇨理屈の上では代名詞と〈토〉に分けられるはずだが, 今のところ〈다지〉は独立した〈토〉としてを扱われていない。

191.「くらい」の用法

① 3日くらいかかる　　　　삼일쯤 걸린다
② 赤ん坊くらいに思っている　갓난아이정도로 생각하고 있다

③ うちのおじいさんぐらい正直　　　우리 할아버지만큼 정직한 사람은 없다
　な人はいない

①②の程度を表す「くらい」は〈쯤〉〈정도〉。
③の比較して一番の意味を表す「くらい」は〈만큼〉と訳す。

192.「きり」の用法

① それきりだった　　　　　　　　그뿐이었다
② あれきり消息がない　　　　　　그뒤로 소식이 없다
③ 一声叫んだきり、気を失って　　한마디 외쳤을뿐 정신을 잃고 말았다
　しまった

☆限度を表す「きり」は〈뿐〉と訳す。代名詞や動詞の過去形語幹(この場合は〈을뿐〉となる)に付く。
　これっきり　이것뿐［イゴップン］
　それっきり　그것뿐［コゴップン］
　あれっきり　저것뿐［チョゴップン］
☆以来の意味を表す「きり」は〈뒤로〉と訳す。
　行ったきり手紙もない　간 뒤로 편지도 없다［カンティロ ピョンジド オプタ］
☆動詞の規定形語幹に付く。
　⇨「あれきり」も「それきり」も〈그뒤로〉となる。

193.「など」の用法

① 掃除や洗たくなどをする　　　　청소나 빨래 따위를 한다
② 映画を見るなどして、時間を　　영화를 보는 등 하여 시간을 보냈다
　つぶした
③ おまえなどにやるものか　　　　너 따위에게 줄게 뭐냐

☆例示の「など」は〈따위〉と訳す。
　りんご、梨、桃などを買った　사과 배 복숭아 따위를 샀다

☆行為を例示する場合「など」は〈등〉となる。
음악을 聞くなどして　음악을 듣는 등 하여[ウマグル トゥンヌン ドゥン ハヨ]
⇨このような言い方はあまり使われない。〈…하곤 하여〉(したりして)という表現が一般的である。
散歩するなどして→散歩したりして　산보하는 등 하여 → 산보하곤 하여
☆軽蔑の「など」は〈따위〉と訳す。
青二才などが　풋내기 따위가[プンネギ タウィガ]
おいぼれなどに　늙다리(늙은이) 따위에[ヌクタリ(ヌルグニ) タウィエ]
⇨「など」の俗語「なんか」も〈따위〉と言う。
鉛筆なんかいらないよ　연필따위는 필요없네[ヨンピルタウィヌン ピリョオムネ]

194.「なり」の用法

① どこへなり勝手に行きなさい　　어디로든지 마음대로 가세요
② 行くなり行かないなり、早く　　가든지 안가든지 빨리 결정하라
　　決めろ
③ 家を出たなり帰ってこない　　　집을 나간채 돌아오지 않는다
④ 家を出るなり彼に会った　　　　집을 나서자마자 그를 만났다
⑤ これが多少なり助けになった　　이것이 다소나마 도움이 되었다

☆消極的な限定を表す「なり」は〈든지〉〈든〉と訳す。体言や用言の原形語幹に付く。
お父さんなりお母さんなりが参加してください　아버지든지 어머니든지가 참가해주세요
誰かに聞くなりしな　누구한테 묻든지 하렴
☆並列の意を表す「なり」も〈든지〉〈든〉となる。用言の原形語幹に付く。
食べるなり食べないなり　먹든지 안먹든지[モクトゥンジ アンモクトゥンジ]
赤いなり白いなり　붉든지 희든지[プクトゥンジ フィドゥンジ]
☆状態の継続を表す「なり」は〈채〉と訳す。なお〈채〉は〈토〉ではなく、不完全名詞である。動詞の過去規定形語幹に付く。
行ったなり　간채[カンチェ]
食べたなり　먹은채[モグンチェ]
寝たなり　누운채[ヌウンチェ]
☆同時な継起を表す「なり」は〈자〉と訳す。動詞の原形語幹に付く。
行くなり　가자[カジャ]（「行こう」と言う〈가자〉と同音異義)
会うなり　만나자[マンナジャ]（「会おう」と言う〈만나자〉と同音異義)

➡〈자〉よりも〈―자마자〉(…や否や)の形の方がよく使われる。
　行くやいなや　가자마자 [カジャマジャ]
☆ひかえ目の限定を表す「なり」は〈나마〉と訳す。「なりとも」は、〈나마도〉となる。
　多少なりとも　다소나마도 [タソナマド]
　一時なりとも　일시나마도 [イルシナマド]

195.「や」の用法

① 本や鉛筆や定規を買った　　　　책이랑 연필이랑 자랑 샀다
② 姉や兄が皆集まった　　　　　　언니며 오빠며 다 모였다
③ イルス(日秀)やこっちへおいで　일수야 이리 오렴
④ 僕行かないや　　　　　　　　　나 안갈래

☆①②の並列の意を表す「や」は、〈랑(이랑)〉〈며(이며)〉と訳す。両者の間に厳格な差はない。並列の連文節を受ける「を」や「が」が、日本語では脱落するが、ハングルではその場所の並列の〈토〉である〈랑〉、〈며〉が入りこむことに注意。
　リンゴや梨(や)を買った　사과랑 배랑 샀다
　本や絵本(や)がたくさんある　책이며 그림책이며 많이 있다
➡〈며〉がつく文では並列を表す連文節と用言との間に、「皆」〈모두〉とか「たくさん」〈많이〉とか言った副詞が挿入されていることに注意。
☆呼びかけの「や」は〈야, 아〉となる。〈야〉は받침のない名詞のあとに、〈아〉は받침のある名詞のあとに付く。
　ヒョンギ(賢基)や　현기야 [ヒョンギヤ]
　チョンナム(正男)や　정남아 [チョンナマ]
☆強めの意を表す「や」は〈래〉と訳す。動詞未来形語幹に付く。
　これや!　이거래 [イゴレ]

196.「やら」の用法

① 何のことやら分からない　　　　무슨 일인지 모르겠다
② 手やら足やら泥だらけだ　　　　손이랑 발이랑 흙투성이다

☆不確かな意を表す「やら」は〈지(ㄴ지, 인지)〉となる。〈ㄴ지〉は받침のない体言に、〈인지〉は받침のある体言に付く。

どんぐりやら栗やら分からない　도토린지 밤인지 모르겠다
金曜日やら土曜日やら分からない　금요일인지 토요일인지 모르겠다
☆並列の意を表す「やら」は〈랑(이랑)〉〈기도하고〉となる。〈랑〉は体言に、〈기도하고〉は用言の原形語幹に付く。
おかしいやら情けないやら腹が立つやら　우습기도 하고 한심하기도 하고 화가 나기도 하고

197.「か」の用法

① これは何か　　　　　　　　　　이것은 무엇인가
② おまえは誰か　　　　　　　　　너는 누구냐
③ そんなことがあるものか　　　　그럴리가 있겠나
④ よく見ろ、いいか　　　　　　　잘 보라 알겠소?
⑤ なんと高いことか　　　　　　　얼마나 높은가
⑥ 君も行かないか　　　　　　　　너도 안갈래?
⑦ さっさと歩けないのか　　　　　냉큼 걷지 못할까
⑧ 誰か来たらしい　　　　　　　　누군지 온것 같다
⑨ 死ぬか生きるかの戦いだ　　　　죽느냐 사느냐의 싸움이다
⑩ 大学か…行けないこともないさ　대학이라도…갈수도 있지

☆①②③疑問の「か」はいろいろに訳されるが、それぞれニュアンスが違う。

何か　　何なのか、何か　무엇인가
　　　　何か　뭔가
　　　　何だ　뭐야
　　　　何だ(い)　뭐냐

誰か　　誰なのか、誰か　누구인가
　　　　誰か　누군가
　　　　誰だ　누구야
　　　　誰だ(い)　누구냐

(そんなことが)　　｛ あるものか　　있는가?
あるものか　　　　 あるものかえ　있겠나?
　　　　　　　　　 あるものかね　있겠소?
　　　　　　　　　 あるものかい　있느냐?

☆念を押す「か」は〈는가〉〈소〉となる。動詞の過去形語幹、原形語幹に付く。ただし〈있다〉は原形語幹に付く。

分かったか　｛ 分かったか　알았는가?
　　　　　　　 分かったね　알았소?

あるか　　　｛ あるか　　있는가?
　　　　　　　 あるかね　있소?

⇨未来を意味する時称〈겠다〉の疑問形もよく使われる。動詞の原形語幹に付く。

分かる　　　｛ 分かるか　알겠는가?
　　　　　　　 分かるね　알겠소?

行くか　　　｛ 行くか　　가겠는가?
　　　　　　　 行くかね　가겠소?

☆感動の「か」は〈ㄴ가〉、または〈〜가〉とする。形容詞の規定形語幹に付く。
(何と)早いことか　(얼마나)빠른가? [オルマナ パルンガ]
(何と)美しいことか　(얼마나)아름다운가? [オルマナ アルムダウンガ]
⇨この時「ことか」の「こと」は省かれる。

☆勧誘の「か」は〈소〉〈나〉となる。
「(今すぐ)行かないか」は、
｛ 안가는가? [アンガヌンガ]
　 안가나? [アンガナ]

「(先に)行かないか」は、
안가겠는가? [アンガゲンヌンガ]
안가겠소? [アンガゲッソ]
안가겠나? [アンガゲンナ]

☆相手を責める意の「か」は〈까〉〈가〉となる。
この時は、不可能かどうかをただす〈〜지 못할까〉を動詞原形語幹に付ける。
言わんか　말하지 못할까? [マルハジ モ(ッ)タルカ]
やめんか　ユ만두지 못할까? [クマントゥジ モ(ッ)タルカ]
座らんか　앉지 못할까? [アンチ モ(ッ)タルカ]

☆はっきりしない意を表す「か」は〈지〉となる。
だれか　누군지 [ヌグンジ]

これか　이건지 [イゴンジ]
それか　그건지 [クゴンジ]
あれか　저건지 [チョゴンジ]
どれか　어느건지 [オヌゴンジ]

☆選択の意を表す「か」は〈냐(이냐)〉〈느냐〉となる。〈냐(이냐)〉は体言に付き、〈느냐〉は動詞の原形語幹に付く、受身の動詞に付くときは受け身の形の動詞語幹に付く。

工業か農業か　공업이냐 농업이냐 [コンオピニャ ノンオピニャ]
治療か予防か　치료냐 예방이냐 [チリョニャ イェバンイニャ]
食うか食われるか　먹느냐 먹히느냐 [モンヌニャ モ(ッ)キヌニャ]

☆自分に言い聞かせる意の「か」は〈라〉(이라)と訳す。

通知書か　통지서라 [トンジソラ]
明日は日曜日か　내일은 일요일이라 [ネイルヌンイリョイリラ]

198.「だの」の用法

① 服だの食糧だのと準備する　　　　옷이랑 식량이랑 준비한다
② 癌(がん)だの肝硬変だのと言っ　　암이니 간경변이니 하던 사람이 건강
　　てた人が健康になった　　　　　　해졌다

☆並列の意味を表す「だの」は、〈랑(이랑)〉と訳す。〈やら〉の項を参照。
☆並列の意を引用する場合、「だの」は〈니(이니)〉と訳す。体言および用言の理由形に付く。

ケチだの握り屋だのと言われていた人が福祉事業に金を寄付した　깍쟁이니 구두쇠니 하던 사람이 복지사업에 돈을 기부(성금)하였다 [カクチェンイニ クドゥスェニ ハドンサラミ ポクチサオベ トヌル キブ(ソングム)ハヨッタ]
甘いだの苦いだのとケチをつける　다니 쓰니 하고 트집을 잡는다 [タニ スニハゴ トゥジブル チャムヌンダ]
行くだのやめるだのともめている　가니 마니 하고 옥신각신하고 있다 [カニ マニ ハゴ オクシンガクシンハゴイッタ]

199.「とは」の用法

① 文学とは何か　　　　　　　　　　문학이란 무엇인가
② バカとはひどいな　　　　　　　　바보라니 너무하구나

☆規定を下す「とは」は〈란(이란)〉と訳す。
   アレルギーとは何か　알레르기란 무엇인가? [アルレルギラン ムオシンガ]
   構造改革とは何か　구조개혁이란 무엇인가? [クジョケヒョギラン ムオシンガ]
☆「…というのは」の意味を表す「とは」は〈라니〈이라니〉〉と訳す。
   忠告とはありがたいな　충고라니 고맙네 [チュンゴラニ コマムネ]
   死亡とは気の毒だな　사망이라니 안됐구나 [サマンイラニ アンデックナ]

200.「は」の用法

① これは鶏です　　　　　　　　　이것은 닭입니다
② おいしくはない　　　　　　　　맛있지는 않다

☆規定の意を表す「は」は、〈는(은)〉となる。
   私は先生です　나는 선생입니다 [ナヌン ソンセンイムニダ]
   あれは帽子です　저것은 모자입니다 [チョゴスン モジャイムニダ]
☆形容詞について「…ではない」の意を表す「…くは」は、〈…지는〉となる。形容詞の原形語幹に付く。
   早くはない　빠르지는 않다 [パルジヌン アンタ]
   (値段が)高くはない　비싸지는 않다 [ピサジヌン アンタ]

201.「も」の用法

① 彼には力も知恵も情熱もある　　그에게는 힘도 지혜도 정열도 있다
② アフリカにも虎がいるかしら　　아프리카에도 범이 있을까요
③ もう20年にもなる　　　　　　　벌써 이십년이나 된다
④ 誰にも会いたくない　　　　　　누구도 만나고 싶지 않다
⑤ 赤ん坊の頭ほどもある大きな花　갓난아이 머리만한 큰 꽃

☆2つ以上の事がらの一致を示す「も」は〈도〉となる。
   海も山も　바다도 산도 [パダド サンド]
   父も母も　아버지도 어머니도 [アボジド オモニド]

☆①②③「も」が他の動詞と結びついた場合、日本語では同じ形をとっていてもそれらの訳は必ずしも同じではない。
　⇨場所を示す「にも」は〈에도〉となる。
　　韓国にも　한국에도［ハングゲド］
　　日本にも　일본에도［イルボネド］
　⇨数量を示す「にも」は、〈나(이나)〉となる。
　　半世紀にもなる　반세기나 된다［パンセギナ テンダ］
　　90歳にもなる　아흔살이나 된다［アフンサリナ テンダ］
　⇨人と関係のある「にも」は、〈한테도〉となる。
　　父にも言うな　아버지한테도 말하지 말라［アボジハンテド マルハジ マルラ］
☆比較を示す「ほどもある」は、「ほどの」と意訳する。〈만한〉となる。
　　握りこぶしほどもある鼻　주먹만한 코［チュモンマナンコ］

202.「こそ」の用法

① 今度こそ許さないぞ　　　　　　　이번에야말로 용서안할테다
② あなたこそ嘘つきだ　　　　　　　당신이야말로 거짓말쟁이다
③ 得こそすれ損はない　　　　　　　득일지언정 손해는 없다
④ 無理だからこそ、お願いする　　　무리기 때문에 부탁하는것입니다
　　んです

☆①②強調の「こそ」は、〈야말로(이야말로)〉と訳す。
　彼こそ紳士だ　그야말로 신사다［クヤマルロ シンサダ］
　それこそ大変だ　그야말로 야단이다［クヤマルロ ヤダニダ］
　ライオンこそ百獣の王だ　사자야말로 백수의 왕이다［サジャヤマルロ ペクスウィ ワンイダ］
　今年こそ中国語をマスターしよう　금년이야말로 중국말을 마스터하자［クムニョニヤマルロ チュングンマル マストゥーハジャ］
☆「~であっても、~ではない」の意味の「こそ」は、〈지언정〉〈망정〉となる。体言に付く時は〈일지언정〉〈일망정〉となり、用言に付く時は未来形語幹に付く。
　年こそとれ、気は若い　늙(었)을 망정 마음은 젊다［ヌルグル マンジョン マウムン チョムタ］
☆理由を強調する「こそ」は、「だからこそ」という形で〈기때문에〉と訳される。体言、用言の原形語幹に付く。
　おまえだからこそ　너이기때문에［ノイギ(ッ)テムネ］
　大丈夫からこそ　튼튼하기때문에［トゥントゥナギ(ッ)テムネ］

美しいからこそ　아름답기때문에 [アルムダプキ(ッ)テムネ]

203.「さえ」の用法

① 祖国では星さえ美しく感じられる　　　조국에서는 별마저 아름답게 느껴진다
② 自分さえ正しければ…　　　　　　　자기만 옳다면…

☆ある１つのことがらを強調する意味の「さえ」は、〈마저〉と訳す。
　子供さえ知っている　아이마저 알고있다 [アイマジョ アルゴイッタ]
　息をするのさえ忘れていた　숨쉬는것마저 잊고있었다 [スムスィヌンゴンマジョ イッコイ(ッ)ソ(ッ)タ]
☆仮定文の中で条件を満たす最小限のものを示す「さえ」は、〈만〉と訳す。この場合、通常〈면〉という仮定の〈토〉が付く。
　仕事さえまじめにすれば　일만 진지하게 하면 [イルマンチンジハゲ ハミョン]
　自白(自状)さえすれば許してやる　자백만 하면 용서해준다 [ジャベ(ェ)ンマン ハミョン ヨンソヘ(ェ)ジュンダ]

204.「すら」の用法

① あいさつすらしない　　　　　　　　인사조차 안한다

☆とくに著しいひと事を挙げて他を類推させる意の「すら」は、〈조차〉と訳す。
　着替えすらない　갈아입을 옷조차 없다 [カライブル オッチョチャ オプタ]
　犬すら人の恩を知っている　개조차 사람은혜를 알고있다 [ケジョチャ サラムウネルル アルゴイッタ]

205.「しか」の用法

① あと３日しか残っていない　　　　　　이제 삼일밖에 남지 않았다
② そうとしか考えられない　　　　　　　그렇다고밖에 생각할수 없다

☆「しか」は限定の意味を表し、常に打ち消しの語が呼応する〈밖에〉と訳す。
☆「そうとしか」は、〈그렇게 밖에〉とも表現される。

206.「だって」の用法

① ぼくだってできる　　　　　　　나라도 할수 있다
② あれだって父さんが植えたんだよ　저것도 아버지가 심었다네

☆「でも」の意の「だって」は〈라도〉〈도〉と訳す。
　子供だって分かる　아이라도 안다 [アイラド アンダ]
　ぼくだって困るよ　나도 난처하네 [ナド ナンチョハネ]
☆強調しながら例を累加する「だって」は〈도〉と訳す。
　これだって　이것도 [イゴット]
　それだって　그것도 [クゴット]

207.「な」の用法

① いたずらをするな　　　　장난하지(장난치지) 말라
② おいしいな　　　　　　　맛있구나
③ 早くしな　　　　　　　　빨리 해
④ きっと来るな　　　　　　꼭 오겠지(오지)

☆禁止の意を表す「な」は、〈지 말라〉とする。動詞原形語幹に付く。
　行くな　가지 마라 [カジ マラ]
　食べるな　먹지 마라 [モッチ マラ]
☆感嘆の「な」は〈구나〉と訳す。形容詞の原形語幹に付く。
　大きいな　크구나 [クグナ]
　速いな　빠르구나 [パルグナ]
　面白いな　재미있구나 [チェミイックナ]
　静かだな　조용하구나 [チョヨンハグナ]
☆勧誘、命令の「な」は、通常、動詞の原形語幹自体であったり、原形の語幹に〈게〉を付けた形になる。
　早く行きな　빨리 가(가게) [パルリ カ(カゲ)]
　さあ、食べな　자. 먹어(게) [チャ モゴ(モケ)]
☆念を押す「な」は、〈지〉〈겠지〉となる。
　(きっと)行くな　(꼭)가겠지(가지) [コッ)カゲッチ(カジ)]

169

(きっと)守るな　(꼭・반드시)지키겠지(지키지)　[(コッ・パンドゥシ)チキゲッチ(チキジ)]

208.「ぞ」の用法

① 見えるぞ　　　　　　　　　　보이는구나
② いいぞ　　　　　　　　　　　좋구나(좋다)
③ 行くぞ　　　　　　　　　　　갈테다(간다, 가겠다)

☆強い指示を表す「ぞ」は、いろいろな訳し方がある。
(動詞)

行くぞ $\begin{cases} 갈테다 [カルテダ] \\ 간다 [カンダ] \\ 가겠다 [カゲッタ] \\ 가겠소 [カゲッソ] \end{cases}$

(形容詞)

いいぞ $\begin{cases} 좋구나 [チョ(ッ)クナ] \\ 좋다 [チョ(ッ)タ] \\ 좋소 [チョ(ッ)ソ] \end{cases}$

(だぞ)

金だぞ $\begin{cases} 금이요 [クミヨ] \\ 금이다 [クミダ] \\ 금이로구나 [クミログナ](金だな) \end{cases}$

⇨「ぞ」は日本語では男性語であるが、ハングルのそれには男女の区別はない。

209.「ぜ」の用法

① だめだぜ　　　　　　　　　　안되네
② 流れが速いぜ　　　　　　　　물살이 빠르네

☆指示を示す「ぜ」は、〈네〉〈세〉と訳す。用言の原形語幹に付く。
　静かだぜ　조용하네 [チョヨンハネ]
　動くぜ　움직이네 [ウムジギネ]

第8章　助詞

いっしょに行こうぜ　같이 가세 [カ(ッ)チ カセ]

210.「なあ」の用法

① いいなあ　　　　　　　　　　　좋구만
② おいしいなあ　　　　　　　　　맛있구만

☆詠嘆の意を表す「なあ」は、〈구만〉と訳す。用言の原形語幹に付く。
　きれいだなあ　곱구만 [コプクマン]
　よく食べるなあ　잘 먹구만 [チャル モックマン]
　⇨「なあ」が「な」(感嘆)に通じるように、〈구만〉は〈구나〉と通じる。両者はいずれを用いてもほとんど同じ。

211.「とも」の用法

① もちろん行くとも　　　　　　　물론 가고말고
② 美しいとも　　　　　　　　　　아름답고 말고

☆強い断定を表す「とも」は、〈고말고〉と訳す。用言の原形語幹に付く。

212.「かしら」の用法

① 来るかしら　　　　　　　　　　올까요
② 誰かしてくれないかしら　　　　누가 해주지 않을까요

☆疑問を示す「かしら」は、〈까요〉と訳す。用言の未来形語幹に付く。
　美しいかしら　아름다울까요? [アルムダウル(ッ)カヨ]
　青いかしら　푸를까요? [プルル(ッ)カヨ]
　立つかしら　설까요? [ソル(ッ)カヨ]
　⇨〈까요〉はハングルでは男性も使う。

171

213.「こと」の用法

① きれいだこと　　　　　　　　곱기도 하네
② 明日おたずねしてもいいこと?　내일 찾아가도 좋아요?

☆感動の「こと」は、〈기도하네〉とする。形容詞の原形語幹に付く。
　高いこと　높기도 하네 [ノプキド ハネ]
　早いこと　빠르기도 하네 [パルギド ハネ]
☆疑問の「こと」は〈요〉と訳す。通常「いいこと?」となるが、〈좋아요〉と訳す。その他、用言連用形語幹に付く。
　冷たいこと?　차요? [チャヨ]
　いけないこと?　안돼요? [アンデヨ]
　⇨〈기도하네〉は主に女性語であるが、〈요〉は男性もよく使う。

214.「よ」の用法

① 懐かしいふるさとよ　　　　그리운 고향이여
② おいしいですよ　　　　　　맛있어요
③ 起きろよ　　　　　　　　　일어나려무나
④ 知らないわよ　　　　　　　몰라요

☆書き言葉の呼びかけの「よ」は、〈여(이여)〉と訳す。
　さらば祖国よ　잘 있어라 조국이여 [チャル イ(ッ)ソラ チョグギヨ]
☆念を押す「よ」は、〈요〉となる。用言の連用形語幹に付く。
　きれいですよ　고와요 [コワヨ]
　早いですよ　빨라요 [パルラヨ]
　来ますよ　와요 [ワヨ]
☆促しの「よ」は、〈~려무나〉と訳す。用言の原形に付く。
　行けよ　가려무나 [カリョムナ]
　見ろよ　보려무나 [ポリョムナ]
　静かにしろよ　조용하려무나 [チョヨンハリョムナ]
　⇨〈려무나〉の縮んだ形の〈렴〉も、同じように使われる。
☆④の日本文は女性語であるが、韓国では男女の区別なしに使われ、〈요〉〈래요〉と訳す。〈요〉

は用言の連用形語幹に、〈래요〉は動詞の未来形語幹に付き、認定、決意を表す。

早いわよ　빨라요［パルラヨ］
高いわよ　높아요［ノ(ッ)パヨ］
行くわよ　갈래요［カルレヨ］
見るわよ　볼래요［ボルレヨ］
するわよ　할래요［ハルレヨ］

215.「わ」の用法

① まあ、きれいだわ　　　　　　　　아이 고와라
② ここにもあるわ　　　　　　　　　여기에도 있어요
③ 私も行くわ　　　　　　　　　　　저도 가겠어요

☆感動の「わ」は、〈라〉と訳す。形容詞の連用形語幹に付く。
　冷たいわ　차라［チャラ］
　はずかしいわ　창피해라［チャンピへ(ェ)ラ］
☆強い断定の「わ」は、〈요〉と訳す。用言の連用形語幹に付く。
　ないわ　없어요［オプソヨ］
　きれいだわ　고와요［コワヨ］
　よく回るわ　잘 돌아요［チャル トラヨ］
☆軽い決意(決心)を表す「わ」は、〈겠어요〉と訳す。動詞の原形語幹に付く。
　飲むわ　마시겠어요［マシゲ(ッ)ソヨ］
　歩くわ　걷겠어요［コッケ(ッ)ソヨ］
　⇨①は主に女性語、②③は男女とも使う。

216.「ね(ねえ)」の用法

① あのね、兄さんがね　　　　　　　저말야 형님이 말이야
② すばらしい景色ですねえ　　　　　훌륭한 경치군요

☆文中、あるいは文末にあって感動を表すところの「ね」は〈말야〉、〈말이야〉、〈말입니다〉などと訳せるが、聞きづらい感じを与えるので使わない方が望ましい。
☆感動の「ね」は、〈구만요〉と訳す。

いいお父さんですね　좋은 아버지군요 [チョウン アボジグニョ]
かわいい子ね　귀여운 아이군요 [クィヨウンアイグニョ]

217.「もの」の用法

① とてもさびしいんですもの　　　　아주 쓸쓸해서 그래요
② だって知らなかったんだもの　　　글쎄 몰랐으니까 그래요(그렇죠)

☆理由を示し訴える意を表す「もの」は、〈그래요〉となる。いろいろのつながり方があるが、主に形容詞の連用形に付く。
　頭が痛いんですもの　머리가 아파서 그래요 [モリガ ア(ッ)パソ クレヨ]

218.「さ」の用法

① ぼくはさ、近頃食欲がなくて　　　난 말이지 요즘 밥맛이 없어서 애먹고 있네
　困ってるんだ
② きのう結婚式があったとさ　　　　어제 결혼식이 있었네
③ そりゃ、あたりまえさ　　　　　　그거야 물론이지

☆軽い念をおす「さ」は、〈지(지)〉と訳す。
　そしてさ　그리고말이지 [クリゴマリジ]
　兄さんがさ　형님이말이지 [ヒョンニミマリジ]
☆不確かな伝聞を表す「さ」は、〈대〉と訳す。用言の現在形語幹、過去形語幹に付く。
　行くとさ(行ったとさ)　간대(갔대) [カンデ(カ(ッ)テ)]
　見るとさ(見たとさ)　본대(봤대) [ポンデ(ポァッテ)]
　早いとさ(早かったとさ)　빠르대(빨랐대) [パルデ(パルラ(ッ)テ)]
☆軽く言ってのける「さ」は、〈지〉となる。
　そうさ、そうとも　그렇지, 그렇고말고 [クロ(ッ)チ クロ(ッ)コマルゴ]
　3時頃行くさ　세시쯤에 가지 [セシ(ッ)チュメ カジ]
　あれはおいしいさ　저건 맛있지 [チョゴン マシッチ]

第9章　副　　詞

●副詞の定義

行動や状態を特徴づける品詞を副詞と言う。副詞は用言を修飾する。

●副詞の分類

（日本語）　　　（ハングル）
情態副詞　　　　様相副詞　　　　　　否定副詞
程度副詞　　　　様態副詞
叙述副詞　　　　接続副詞

副詞の分け方は、日本語とハングルの間では非常なへだたりがある。

ハングルの様相副詞というのは、行動の行われ方、程度、方向、場所、時間などを表す副詞で、日本語の情態副詞と程度副詞はこの枠内に入る。しかし、様相副詞には、〈널리〉(広く)、〈깊이〉(深く)、〈철저히〉(徹底的に)、〈힘껏〉(力いっぱい)、〈함께〉(いっしょに)、〈한사코〉(やっきになって、必死に)など、日本語としては副詞外にあるものまで含まれている。

反対に、日本語の情態副詞である「きらきら」、「ひらひら」、「がんがん」、「にこにこ」などは、象徴詞という独立した品詞としてとり扱われている。

様態副詞は、ほぼ日本語の程度副詞に該当し、話し手の陳述に対する態度を表す。〈및〉(および)、〈또는〉(または)、〈혹은〉(あるいは)などの接続副詞は、日本語の接続詞に相当するものであるが、中には〈겸〉(兼)のように、名詞であるものも含まれている。

否定副詞には、〈아니〉、〈안〉、〈못〉などがあるが、日本語にはこれに相当する語はなく、否定の助動詞がその役割を果たしている。

●単語

前述したように、日本語とハングルの副詞には相当な違いが見られるので、日本語の副詞の規定に沿ってその条件を満たすものだけを挙げるのは、学問的意義はあると

しても実用的ではない。そこで、ここでは、用言を修飾する連語も一応副詞とみなして、用途別に挙げることにする。

219. 動作の方法を表す副詞

① 急いで　바삐(급히)［パ(ッ)ピ(ク(ッ)ピ)］
② 速く　속히［ソ(ッ)キ］
③ ゆっくりと　천천히［チョンチョニ］
④ 高く　높이［ノ(ッ)ピ］
⑤ 広く　널리［ノルリ］
⑥ 深く　깊이［キ(ッ)ピ］
⑦ いっしょに　같이［カ(ッ)チ］
⑧ 別々に　따로따로［タロ(ッ)タロ］
⑨ 共に　함께［ハム(ッ)ケ］
⑩ 思いきり　마음껏［マウムコッ］
⑪ やっきになって(必死に、命がけで)　한사코［ハンサ(ッ)コ］
⑫ 力いっぱい　힘껏［ヒム(ッ)コッ］
⑬ いきなり　갑자기［カプチャギ］
⑭ 突然に　돌연히［トリョニ］
⑮ だしぬけに　불쑥・불시로［プルスク・プルシロ］
⑯ 徹底的に　철저히［チョルチョヒ］
⑰ 無理やりに　다짜고짜로［タ(ッ)チャコ(ッ)チャロ］
⑱ ちりぢり　산산이［サンサニ］
⑲ あべこべに　거꾸로［コ(ッ)クロ］
⑳ じっくり　곰곰히［コムゴミ］
㉑ おもむろに　서서히［ソソヒ］
㉒ 悠々(と)　넉넉히, 유유히［ノンノ(ッ)キ、ユユヒ］

220. 程度を表す副詞

① 最も　가장［カジャン］
② ごく　극히［ク(ッ)キ］
③ はなはだ　심히［シミ］
④ 大変　대단히［テダニ］
⑤ とても　몹시［モプシ］
⑥ たくさん　많이［マニ］
⑦ すこぶる　아주［アジュ］
⑧ まったく　전혀［チョニョ］
⑨ すっかり　온통［オントン］
⑩ はるかに　훨씬［フォルシン］
⑪ ひどく　매우［メウ］
⑫ とても　무척［ムチョク］
⑬ さらに　더욱［トウク］
⑭ もっと　더욱더［トウクト］
⑮ もう少し　좀더［チョムド］
⑯ あまり(あんまり)　너무［ノム］

⑰ 相当に 상당히 [サンダンヒ]
⑱ なかなか 여간(좀처럼) [ヨガン(チョムチョロム)]
⑲ ずいぶん 퍽 [ポク]
⑳ いくらか 좀 [チョム]
㉑ 若干 약간 [ヤッカン]

221. 方向・場所を表す副詞

① 遠く 멀리 [モルリ]
② 近く 가까이 [カ(ッ)カイ]
③ 所々 곳곳이 [コッコシ]
④ あちこち 여기저기 [ヨギチョギ]
⑤ 家々 집집이 [チプチビ]
⑥ すみずみ 구석구석 [クソククソク]

222. 時間を表す副詞

① すでに 이미 [イミ]
② もはや 벌써 [ポルソ]
③ さっき 아까 [ア(ッ)カ]
④ 今しがた 방금 [パングム]
⑤ これから 앞으로 [ア(ッ)プロ]
⑥ 後で 있다가 [イッタガ]
⑦ 間もなく 곧 [コッ]
⑧ ついさっき 금방 [クムバン]

223. 動作や状態の特徴を表す副詞

① こんなに 이리 [イリ]
② そんなに 그리 [クリ]
③ あんなに 저리 [チョリ]
④ これほど 이다지 [イダジ]
⑤ それほど 그다지 [クダジ]
⑥ あれほど 저다지 [チョダジ]
⑦ これくらいにして 이만(해서) [イマン(ヘソ)]
⑧ それくらいにして 그만 [クマン]
⑨ あれくらいにして 저만 [チョマン]
⑩ 何とかかんとか 이럭저럭 [イロクチョロク]

224. 疑問を表す副詞

① なぜ 왜 [ウェ]
② どうして 어째서 [オ(ッ)チェソ]
③ なんで 어찌 [オ(ッ)チ]
④ なにゆえ 어이 [オイ]

⑤ いかに(どう)　어떻게 [オ(ッ)ト(ッ)ケ]

225. 確信を表す副詞

① もちろん　물론 [ムルロン]
② 決して　결코 [キョル(ッ)コ]
③ 本当に　정말 [チョンマル]
④ 事実　사실 [サシル]
⑤ さすが　과연 [クァヨン]
⑥ まことに　정녕 [チョンニョン]
⑦ まさに　참으로 [チャムロ]
⑧ まったく　참 [チャム]
⑨ 当然　당연히 [タンヨニ]
⑩ きっと　반드시, 꼭 [パンドゥシ、コク]

226. 仮定を表す副詞

① もしも(もし)　만약 [マニャク]
② 万一　만일 [マニル]
③ たとい(たとえ)　설사 [ソルサ]
④ かりに　가령 [カリョン]
⑤ いくら　아무리 [アムリ]
⑥ よしんば　설혹 [ソルホク]

227. 推量を表す副詞

① おそらく　모름지기 [モルムジギ]
② さぞ　짐작컨대 [チムジャクコンデ]
③ さだめし　아마도 [アマド]
④ 多分　아마 [アマ]

228. 疑惑を表す副詞

① まさか　설마 [ソルマ]
② よもや　설마 [ソルマ]
③ いったい　도대체 [トデ(ッ)チェ]
④ いったいぜんたい　대관절 [テクァンジョル]
⑤ 果して　과연, 역시 [クァヨン、ヨクシ]

229. 願望を表す副詞

① どうぞ　어서 [オソ]
② お願いだから　제발 [チェバル]

③ 後生だから　제발［チェバル］
④ どうか　부디［プディ］
⑤ なにとぞ　아무쪼록［アム(ッ)チョロク］
⑥ ぜひ　꼭［コク］

230. 打消しを表す副詞

① 決して　결코［キョルコ］
② いっこうに　하나도［ハナド］
③ とうてい　도저히［トジョヒ］
④ ぜんぜん　전연［チョニョン］

231. 義務・必要を表す副詞

① 当然　마땅히［マ(ッ)タンヒ］
② きっと　꼭［コク］
③ 必ずや　기어코［キオ(ッ)コ］
④ どうしても　기어이［キオイ］
⑤ とにかく　하여간(좌우간 어쨌든)［ハヨガン(チャウガン オ(ッ)チェ(ッ)トゥン)］
⑥ あたりまえ(当然)　당연히［タンヨニ］

232. 陳述のつながりを表す副詞

① かえって　오히려［オヒリョ］
② あべこべに　도리어［トリオ］
③ まして、ことさら　하물며［ハムルミョ］
④ さらに　더구나［トグナ］
⑤ なおかつ　더우기［トウギ］
⑥ それから　그리고［クリゴ］
⑦ すなわち　즉［チュク］
⑧ 結局　결국［キョルグク］
⑨ なお　더욱(또한)［トウク(トハン)］
⑩ いわゆる　이른바(소위)［イルンバ(ソウィ)］
⑪ いわば　이를테면［イルルテミョン］
⑫ とりわけ(特に)　특히［トゥッキ］

233. 擬声・擬態語

① ぴかぴか　번쩍번쩍［ポンチョクポンチョク］
② てかてか　번들번들［ポンドゥルポンドゥル］

③ きらきら 반짝반짝 [パンチャクパンチャク]
④ ざらざら 거칠거칠 [コチルコチル]
⑤ つるつる 반들반들 [パンドゥルパンドゥル]
⑥ ぬるぬる 매끈매끈 [メクンメクン]
⑦ はたはた 펄펄 [ポルポル]
⑧ ひらひら 너풀너풀 [ノ(ッ)プルノ(ッ)プル]
⑨ しとしと 부슬부슬 [プスルプスル]
⑩ ゆらゆら 흔들흔들 [フンドゥルフンドゥル]

⑪ にこにこ 싱글싱글 [シングルシングル] / 방글방글 [パングルパングル] / 방실방실 [パンシルパンシル]
⑫ にやにや 히죽히죽 [ヒジュキジュク]
⑬ からから 깔깔 [カルカル]
⑭ わんわん 멍멍 [モンモン]
⑮ にゃあご 야옹 [ヤオン]
⑯ こけこっこ 꼬끼요 [コ(ッ)キヨ]
⑰ かあかあ 까옥까옥 [カオクカオク]
⑱ ぴいちくぱあちく 짹짹 [チェクチェク]
⑲ げろげろ 개큰개큰 [ケ(ェ)(ッ)クンケ(ェ)(ッ)クン]

234. 文中にみる副詞の応用

① 思いきり(思いの丈)勉強してみたい　　마음껏 공부하고 싶다
② いきなり石ころが落ちてきた　　갑자기 돌멩이가 내리떨어졌다
③ 無理やりにひっぱって行った　　다짜고짜로 끌고갔다
④ 朝鮮半島で最も高い山は白頭山です　　조선반도에서 제일 높은산은 백두산이다
⑤ おじいさんはすこぶる健康です　　할아버지는 아주 건강하십니다
⑥ まったく根拠のない話だ　　전혀 근거없는 이야기다

☆目上の人々には尊敬語を使うので「健康です」は、〈건강합니다〉ではなく、〈건강하십니다〉となる。
☆「根拠のない」は、〈근거없는〉と絶対格に置く。

⑦ 鉄は鉛よりはるかに硬い　　철은 연보다 훨씬 굳다
⑧ ずいぶん苦労しました　　퍽 고생했습니다
⑨ 遠くに見えるのが灯台です　　멀리 보이는것이 등대입니다

⑩ すみずみまでよく探せ　　　　　　　　구석구석까지 잘 찾아라
⑪ すでに連絡はついていました　　　　　이미 연락은 되어 있었습니다
⑫ 今しがた到着したばかりです　　　　　방금 도착했습니다
⑬ 後で話してやるから　　　　　　　　　있다가 이야기해주마
⑭ まもなく五時をお知らせします　　　　곧 다섯시가 되겠습니다

☆「…したばかりだ」は、〈방금…했다〉と意訳する。
☆〈해주마〉の〈마〉は目下の者に対する意向を表す〈토〉で、「から」の意。
　가마［カマ］　行くから
　보마［ポマ］　見るから
　일하마［イルハマ］　働くから
☆⑭は直訳すると、「まもなく5時になるでしょう」となる。これは、放送のきまり文句で、日本の時報にならって意訳した。「お知らせします」という表現は、〈알려드리겠습니다〉と言う。

⑮ さほど悪くはなかった　　　　　　　　그다지 나쁘지는 않았다
⑯ これくらいにして家へ帰ろう　　　　　이만하고 집으로 돌아가자
⑰ なぜ象の鼻は長いんだろう　　　　　　왜 코끼리의 코는 길까?
⑱ どうして約束を守らなかったんだ　　　어째서 약속을 지키지 않았소?
⑲「なぜ」と、「なんで」がどう　　　　　〈왜〉하고 〈어째서〉가 어떻게 다른가
　　違うのか

☆⑱は、語調によって疑問を表し、最後の〈소〉に力がこもる。これが叙述文になると、〈소〉に力がこもらない。
　だから約束を守らなかったんだ　그래서 약속을 지키지 않았소［クレソ ヤクソグル チ(ッ)キジ アナッソ］

⑳ もちろんこれは私の想像ですが…　　　물론 이건 저의 상상입니다마는…
㉑ さすがに名射手だ　　　　　　　　　　과연 명사수다
㉒ 金剛山の秋はまったくすばらしい　　　금강산의 가을은 참 멋있다
㉓ もしもこれが真実ならみん　　　　　　만약 이것이 진실이라면 모두 놀랄것이다
　　な驚くだろう

ハングル単語文法活用事典

㉔ たとい、雨が降っても計画は実行すべきだ　　　설사 비가 와도 계획은 실행해야 할 것이다
㉕ あなたがかりに病気にでもなったらどうする　　　당신이 가령 병에라도 걸렸다면 어떻게 하겠소?

☆〈비가 와도〉は、「雨が来ても」が直訳であるが「雨が降る」を〈비가 내린다〉とも言い、〈비가 온다〉とも言う。
☆「病気になる」と言う表現は、ハングルでは意味をなさない。「病気にかかる」と言う。「かぜをひく」も、「かぜにかかる」と言う。→〈감기 걸린다〉。この時、「に」は脱落して絶対格に置かれる。

㉖ おそらく月には生物はいないでしょう　　　모름지기 달에는 생물은 없을것입니다
㉗ これは多分、父の筆跡だと思われます　　　이것은 아마 아버지의 필적이라고 생각됩니다
㉘ どうぞお座りください　　　어서 앉으시오
㉙ 後生だからそんなことは言わないで　　　제발 그런 말은 하지 말아 주세요(마세요)
㉚ なにとぞ幸福に暮らして下さい　　　아무쪼록 행복하게 살아주십시오

☆ ㉘「お座り下さい」を直訳することは難しい、ハングルでは、「お座りなさい」と言う。
☆ ㉙「そんなことは」は、〈그런것은〉ではなく、〈그런 말은〉(そういう言葉は)とする。

㉛ この恩は決して忘れません　　　이 은혜는 결코 잊지 않겠습니다
㉜ これはとうてい不可能な要求だ　　　이건 도저히 불가능한 요구다

☆ ㉛「恩」は、〈은혜〉「恩恵」のハングル音である。

㉝ あなたは当然忠告を聞き入れるべきだった　　　당신은 응당 충고를 받아들여야 했을것이다

㉞ きっと勝ってください　　　　　꼭 이겨주십시오
㉟ とにかく座りたまえ　　　　　　하여간 앉소

☆ ㉝「すべきだ」は、〈…해야 할것이다〉、「…すべきだった」は、〈…해야 했을것이다〉となる。
　行くべきだ　가야 할 것이다 [カヤ ハルコシダ]
　行くべきだった　가야 했을것이였다(갔어야 할것이였다) [カヤヘ(ッ)スルコシヨッタ (カ(ッ)ソヤ ハルコシヨッタ)]。〈갔어야 했다〉も可。
☆ ㉟「…したまえ」の「たまえ」は、〈소〉、〈오〉となる。〈소〉は받침のある語の後に、〈오〉は받침のない語のあとに付く。
　聞きたまえ　듣소, 들으오 [トゥッソ, トゥルオ]
　見たまえ　보오 [ポオ]

㊱ 治るどころかかえって悪化し　　낫기는 커녕 오히려 악화되었다
　　た
㊲ 自分が悪いのにあべこべにく　　자기가 잘 못했는데 도리여 대든다
　　ってかかる
㊳ 抗生物質、すなわちペニシリ　　항생제, 즉 페니실린, 마이신 등
　　ン、マイシンなど
㊴ いわばこれが人生というもの　　이를테면 이것이 인생이라는 것이 아닐까요
　　ではないでしょうか

☆「…どころか、かえって…」は、〈…기는 커녕 오히려…〉と言う。動詞の原形語幹に付く。
　死ぬどころかかえって　죽기는 커녕 오히려 [チュクキヌンコニョン オヒリョ]
　助けるどころかかって　돕기는 커녕 오히려 [トプキヌンコニョン オヒリョ]
☆ ㊳「抗生物質」は、〈항생제〉(抗生剤)とも言う。外来語の薬の名称の発音は、日本語とハングルでは多少違っているので注意を要する。たとえば、
　ペニシリン　페니실린 [ペニシルリン]
　ストレプトマイシン　스트렙토마이신 [ス(ッ)トゥレプトマイシン]
　カナマイシン　가나마이신 [カナマイシン]
　テラマイシン　테라마이신 [テラマイシン]
　クロロマイセチン　레보마이신 [レボマイシン]
　エリスロマイシン　에리트마이신 [エリ(ッ)トゥロマイシン]

☆ ㊴ 「…というものでは」は、〈…라는것이〉と言う。通常、「ないでしょうか」をともなって、〈…라는것이 아닐까요〉、あるいは、〈…라는것이 아닙니까〉と言う。

㊵ 星がきらきら輝いていた	별이 반짝반짝 빛나고 있었다
㊶ ざらざらした手	거칠거칠한 손
㊷ 旗がひらひらと風にはためいていた	깃발이 너풀너풀 바람에 나부끼고 있다
㊸ にやにや笑うのはよせ	히죽히죽 웃지 말라(말아라)
㊹ 鶏がこけこっこと朝を告げた	닭이 꼬끼오하고 아침을 알렸다

☆ハングルでは、疑声疑態語のあとに付く「…と」は普通訳さない。
　きらきら＝きらきらと→ 반짝반짝 [パンチャクパンチャク]
　ひらひら＝ひらひらと→ 너풀너풀 [ノ(ッ)プルノ(ッ)プル]
　にやにや＝にやにやと→ 히죽히죽 [ヒジュ(ッ)ヒジュク]

第10章　連 体 詞
（動詞・形容詞の連体形について）

●連体詞の定義

体言の上についてその体言を修飾する品詞を連体詞と言う。この定義からすると当然、ハングルにも連体詞に当たるものがあるべきだが、そのような品詞は設けられていない。日本語の連体詞である「この」「その」「かの」「あの」などは代名詞に属しており、「たいした」「大それた」「小さな」「おかしな」などは形容詞に属している。さらに、「来る」(きたる)「去る」「明るく」などは副詞に、「あらゆる」は冠形詞に属している。

●いろいろな連体詞

235.「…の」「…が」の形をとるもの

① この　이[イ]
② その　그[ク]
③ かの　그[ク]
④ あの　저[チョ]
⑤ どの　어느[オヌ]
⑥ ほんの　불과[プルグァ]
⑦ まったくの　전혀[チョニョ]
⑧ 大(だい)の　큰[クン]
⑨ わが　우리[ウリ]

236.「…た(だ)」の形をとるもの

① たいした　대단한[テダナン]
② 大それた　엉뚱한[オントゥンハン]
③ とんだ　뜻밖의[トゥッパ(ッ)ケ]

237. 動詞から派生したもの

① ある　한, 어느(한)[ハン、オヌ(ハン)]
② 来る　오는[オヌン]

③ 去る　지난 [チナン]
④ 明くる　밝아올 [パルガオル]
⑤ あらゆる　모든 [モドゥン]
⑥ いわゆる　이른바 [イルンバ]
⑦ とある　어떤 [オ(ッ)トン]

238.「な」の形をとるもの

① いろんな　여러가지 [ヨロガジ]
② 大きな　커다란 [コダラン]
③ 小さな　자그마한 [チャグマハン]
④ おかしな　우스운, 이상한 [ウスウン、イサンハン]
⑤ ばかな ┌ 어처구니 없는 [オチョクニオムヌン]
         └ 바보같은 [パボカットゥン]

239. 文章の中にみる連体詞の応用

① この人は誰ですか　　　　　　　　　이 사람(분)은 누굽니까?
② あの山を越えたら村がある　　　　저 산을 넘으면 마을이 있다
③ どの道を選んでよいのやら　　　　어느 길을 택하면 좋은지(좋을지)
④ ほんの1点の差で敗けた　　　　　　불과 한점의 차로 졌다
⑤ 彼は電気はズブのしろうとだ　　　그는 전기는 전혀 백지다
⑥ たいした腕前だ　　　　　　　　　대단한 솜씨다
⑦ 大それた陰謀　　　　　　　　　　엉뚱한 음모
⑧ とんだ贈りものをもらってびっくりした　뜻밖의 선물을 받고 깜짝 놀랬다
⑨ ある海辺であった事です　　　　　어느 한 해변가에서 있었던 일입니다
⑩ 学会は来る5月3日に開かれる　　　학회는 오는 오월삼일에 열립니다
⑪ 去る1983年に　　　　　　　　　　지난 천구백팔십삼년에
⑫ 明くる1985年には　　　　　　　　밝아올 천구백팔십오년에는
⑬ あらゆる困難に打ち勝とう　　　　모든 곤란을 극복하자
⑭ いわゆる第8芸術とは映画のことです　이른바 제팔예술이란 영화를 말합니다

第10章　連体詞

⑮ とある喫茶店に立ちよって時　　　　어떤 다방에 들러 시간을 보냈다
　　間をつぶした

☆「打ち勝つ」は〈쳐이기다〉と言う。〈극복하자〉は「克服しよう」
☆喫茶店は〈다방〉と言う。다방は漢字で「茶房」

⑯ いろんな経験を積んだ人です　　　여러가지 경험을 쌓은 사람입니다
⑰ 私には大きな希望がある　　　　　나에게는 커다란 희망이 있다
⑱ 小さな自家用車でもあったらなあ　자그마한 자가용차라도 있었으면
⑲ 昨晩おかしな夢をみました　　　　어제밤 이상한 꿈을 꾸었습니다

☆希望を表す「…なあ」は〈면(으면)〉となる。用言の過去形語幹に付く。
　力が強かったらなあ　힘이 세었으면［ヒミセ(ッ)スミョン］
　いっしょに行ったらなあ　같이 갔으면［カ(ッ)チ カ(ッ)スミョン］
☆「夢を見た」は〈꿈을 꾸었다〉と言う。

第11章　接続詞

● **接続詞の定義**

文と文、単語と単語を接続する自立語を接続詞と言う。ハングルには接続詞と言う品詞はなく、多くは副詞の中に含まれているが、連語の形をとっているものも少なくない。

● **いろいろな接続詞**

240. 順接を表す接続詞

① だから　글쎄, 그러니［クルセ、クロニ］
② ですから　그러니까［クロニ(ッ)カ］
③ だって　그렇지만［クロ(ッ)チマン］
④ したがって　따라서［タラソ］
⑤ それで　그래서［クレソ］
⑥ そこで　그러니［クロニ］
⑦ で　그래［クレ］
⑧ ゆえに　때문에［テムネ］
⑨ それゆえ　그러므로［クロムロ］
⑩ すると　그러면［クロミョン］

241. 逆接を表す接続詞

① しかし　그러나［クロナ］
② しかしながら　그렇긴 그렇지만［クロ(ッ)キン クロ(ッ)チマン］
③ ところが　그런데［クロンデ］
④ だが　한데［ハンデ］
⑤ ですが　하지만［ハジマン］
⑥ が　허나［ホナ］
⑦ それでも　그렇지만［クロ(ッ)チマン］
⑧ でも　하지만［ハジマン］
⑨ それなのに　그런데도［クロンデド］
⑩ なのに　그런데［クロンデ］
⑪ それにしても　그렇다치고도［クロ(ッ)タ(ッ)チゴド］
⑫ とはいえ　그렇다고 하여［クロ(ッ)タゴハヨ］
⑬ とはいうものの　그렇다고 하지만［クロ(ッ)タゴハジマン］
⑭ けれども　그렇지만［クロ(ッ)チマン］

⑮ だけど　そうだけど [クロ(ッ)チマン]　⑯ さりとて　そうだと [クロ(ッ)タゴ]

242. 並列・添加を表す接続詞

① ならびに　및 [ミッ]
② および　및 [ミッ]
③ また　또 [ト]
④ または　또는 [トォヌン]
⑤ そして　그리고 [クリゴ]
⑥ そうして　그리하여 [クリハヨ]
⑦ それに　게다가 [ケダガ]
⑧ それから　그다음 [クダウム]
⑨ その上　더우기 [トウギ]
⑩ おまけに　게다가 [ケダガ]
⑪ しかも　그리고 또 [クリゴ ト]
⑫ なお　또한 [トハン]
⑬ なおかつ　더구나 [トグナ]
⑭ ただし　다만 [タマン]
⑮ もっと　더욱 [トウㇰ]
⑯ 次に　다음으로 [タウムロ]

243. 選択を表す接続詞

① あるいは　혹은 [ホグン]
② または　또는 [トヌン]
③ もしくは　아니면 [アニミョン]
④ ないし　내지 [ネジ]
⑤ ないしは　내지는 [ネジヌン]
⑥ それとも　그렇지 않으면 [クロ(ッ)チアヌミョン]
⑦ はたまた(あるいは)　혹은 [ホグン]

244. 話題の転換を表す接続詞

① さて　그래, 자 [クレ、チャ]
② そもそも　대관절 [テグァンジョル]
③ ところで　그런데 [クロンデ]
④ ときに　딴 이야기지만 [タン イヤギジマン]
⑤ では　그럼 [クロム]
⑥ それでは(それなら)　그렇다면 [クロッタミョン]
⑦ それはそうと　그건 그렇고 [クゴン クッロコ]
⑧ どだい、もともと　도대체 [トデチェ]

245. 文章の中にみる接続詞の応用

① あそこは静かで景色も美しい、だから休養には適している

저기는 조용하고 경치도 아름답다. 그래서 휴양에는 적합하다

② 計画は簡単だ。したがって実行は可能だと思う

계획은 간단하다. 따라서 실행은 가능하다고 생각한다

③ 彼は来なかった。すると何か事情でも

그는 오지 않았다. 그러면 무슨 사정이라도

④ ナイロンは丈夫だ。しかし熱には弱い

나이론은 튼튼하다. 그러나 열에는 약하다

⑤ 彼は雄弁家だ。ところが実践力はない

그는 웅변가다. 그런데 실천력은 없다

⑥ これという代案はない。さりとてじっと座ってばかりもおれないし…

이렇다할 대안은 없다. 그렇다고 가만히 앉아만 있을수도 없고

⑦ あなたに卒業証書ならびに賞状を授与します

당신에게 졸업증서 및 상장을 수여합니다 (하겠습니다)

⑧ 胃は弱いし、おまけに最近は肝臓まで悪くなってよわっている

위는 약하지 게다가 최근에는 간장까지 나빠져서 애먹고 있다

⑨ きみの要求は聞き入れよう ただし条件付きだ

자네 요구는 받아들이겠네. 다만 조건부일세

⑩ スコップ、もしくはつるはしをもってくること

삽 아니면 곡괭이를 가지고 올 것

⑪ 10万円ないし20万円はするでしょう

십만원 내지 이십만원은 할것입니다

⑫ 映画を見ようか。それとも小説でも読もうか

영화를 볼까. 그렇지 않으면 소설이라도 읽을까?

⑬ 議論はそれくらいにして、さて結論は	의논은 그만하고 자 그래 그래서 결론은?
⑭ やあ、こりゃ久しぶりですな。ところで健康の方はどうですか	야 이거 오래간만이구만. 그런데 건강은 어떻습니까?(어때요)
⑮ これで公演は全部終わりました。ではみなさんさようなら	이것으로 공연은 전부 끝났습니다. 그럼 여러분 안녕히 가십시오

☆「健康の方は」は〈건강은〉「健康は」とする。

第12章　感動詞

●感動詞の定義

感動、呼びかけ、応答などを表すものを感動詞と言う。ハングルでも感動詞は独立した品詞として取り扱われている。

●いろいろな感動詞

246. 感動を表す感動詞

① あ　아 [ア]
② ああ　아(아이고, 에크) [ア(アイゴ、エ(ッ)ク)]
③ あっ　악(아이) [アク(アイ)]
④ あれ　에그(아야) [エグ(アヤ)]
⑤ いや　아니 [アニ]
⑥ おや　이런(아이참) [イロン(アイチャム)]
⑦ ようし　어디 [オディ]
⑧ ね　아이(여보) [アイ(ヨボ)]
⑨ はて　흠(글쎄) [フム(クルセ)]
⑩ ほう　허 [ホ]

247. 呼びかけを表すもの

① おい　얘(야, 여봐) [イェ(ヤ、ヨボァ)]
② こら　야!(이놈) [ヤ!(イノム)]
③ これ　이놈(요놈) [イノム(ヨノム)]
④ さあ　자 [チャ]
⑤ それ　야(자) [ヤ(チャ)]
⑥ よし　어디 [オディ]
⑦ もし　여보 [ヨボ]
⑧ もしもし　여보세요 [ヨボセヨ]
⑨ よう　어(야) [オ(ヤ)]
⑩ ねえ　저, 있잖아요 [チョ、イッチャナヨ]

248. 応答を表すもの

① ああ　응 [ウン]
② いいえ　아니요 [アニヨ]

③ いいえ(いえ)　아뇨 [アニョ]
④ いや　아니 [アニ]
⑤ ええ　네 [ネ]
⑥ はい　예 [イェ]
⑦ へい　네네 [ネネ]
⑧ いいよ　좋아요 [チョアヨ]

249. かけ声を表すもの

① どっこいしょ(よいしょ)　　　이영차, 어이구
② よいしょ(えんやこりゃ)　　　어여차
③ ほいきた　　　　　　　　　　영치기, 영차
④ わっしょい　　　　　　　　　영차(이영차)

250. あいさつを表すもの

① おはよう(ございます)　　　안녕하십니까?(안녕하세요?)
② こんにちは　　　　　　　　안녕하십니까?
③ こんばんは　　　　　　　　안녕하십니까?
④ お休みなさい　　　　　　　안녕히 주무십시오(주무세요)
⑤ さようなら　　　　　　　　안녕히 계십시오(안녕히 계세요)
⑥ さようなら　　　　　　　　안녕히 가십시오(안녕히 가세요)

☆ハングルでは朝昼晩のあいさつが区別されていない。「おはよう」を〈밤새 안녕하셨습니까?〉〈안녕히 주무셨습니까?〉とすることもできるが、その使い分けが分からなかったら〈안녕하십니까?〉だけでもかまわない。

☆〈さようなら〉を単に、〈안녕히〉〈안녕〉としても可。〈안녕히 계십시오〉は立ち去る人が、〈안녕히 가십시오〉はそのままいる人がそれぞれ相手に使う。

251. 文章の中にみる感動詞

① ああ、何と美しい景色だろう　　　아, 얼마나 아름다운 경친가
② あっ、びっくりした　　　　　　　아이쿠, 깜짝이야

③ おや、本当ですか　　　　　　　　　이런, 정말입니까?
④ はて、どうしたらいいんだ　　　　　글쎄, 어떻게 하면 좋겠소?
⑤ ほう、そうですかね　　　　　　　　허, 그래요(그런가요)

☆〈경친가〉는〈경치인가〉(景色だろうか)のつまった形。
☆〈에게, 정말인가요〉としても同じ意味。

⑥ おい、いっしょに行こう　　　　　　애, 같이 가자(어이, 같이 가세)
⑦ ぜひ、こっちへ来てみなさい　　　　자, 이리 와보시오
⑧ もし、ひょっとするとあなた　　　　여보 혹시 당신은…
　　は
⑨ もしもし、病院ですか　　　　　　　여보세요, 병원입니까?
⑩ よう、入学試験に合格したん　　　　어, 입학시험에 합격됐다면서?
　　だって

☆「いっしょに行こうぜ」は〈같이 가세〉〈같이 가세나〉〈같이 가자구〉など似かよった表現法がある。
☆「ひょっとすると」は〈혹시〉と言う。
☆元来〈합격됐다〉は「合格された」の意であるが、ハングルでは能動形の動詞を被動形に置くことがよくある。

⑪ いいえ、これは私のじゃありません　아니요, 이건 제게 (제것이) 아닙니다
⑫ はあ、わかりました。それじゃ　　　네, 알았습니다. 그럼…
⑬ はい、きっと行きます　　　　　　　예, 꼭 가겠습니다

☆「私の」は〈내것〉〈제것〉〈내게〉〈제게〉などいろいろな言い方がある。
☆〈가겠습니다〉も〈갑니다〉も日本語では「行きます」であるが、前者は話者の決議がはっきり含まれている形で、後者はそれがあいまいな形である。両者を比較してみる。
　はい、行きます　예, 갑니다 [イェ カムニダ]
　はい、きっと行きます　예, 꼭 가겠습니다 [イェ コッカゲッスムニダ]
「はい」は、〈예〉が無難である。

第12章 感動詞

〈네〉もくだけた言い方としてよく使われる。
〈가겠습니다〉は「行くでしょう」という未来の意味にも使われるが、現在ではもっぱらそれよりも話者の決意を表明する意で使われることが多い。

⑭ どっこいしょ、ちょっと休んでいこうか	어이구, 좀 쉬었다갈까?
⑮ さあ、もっと力を出すんだ。よいしょ、よいしょ	자, 좀더 힘을 내게. 어여차, 어여차
⑯ おはよう。よく眠れましたか	안녕하십니까, 편안히 주무셨습니까?
⑰ さようなら、お父さんによろしく	안녕히, 아버지에게 안부전해주십시오

☆⑰は主に男性的な言い方であり、女性の場合は〈안녕히, 아버지에게 안부전해주세요〉と言った方が柔らかい感じを与える。しかし、最近は〈~세요〉は男女に区別なく使われているようだ。
〈안부를 전해주십시오〉は「安否を伝えて下さい」が原意。

第13章　数　詞

●数詞の定義

数量や順序を表す語を数詞と言う。ハングルでは独立した品詞として取り扱われているが、日本語では通常名詞の中に入れている。

●数詞の分類

　　［日本語の数詞］　　　　　［ハングルの数詞］
　　　数量数詞　　　　　　　　数量数詞
　　　順序数詞　　　　　　　　順序数詞

数詞の分類法は両国語とも同じであるが、ハングルでは数量数詞と順序数詞をさらに固有語の数詞と漢語の数詞とに分けている。これは日本語でも見られる現象で、「一」を「ひとつ」「いち」と読んでいるのとよく似ている。ただし日本語に比べてハングルでは、固有語の使用範囲がいくぶん広いようである。

●いろいろな数詞の実例と応用

252. 固有ハングルの数詞・漢語の数詞

① 1(ひとつ)　일(하나)［イル(ハナ)］
② 2(ふたつ)　이(둘, 두)［イ(トゥル、トゥ)］
③ 3(みっつ)　삼, 셋(세, 석, 서)［サム、セッ(セ)(ソク)(ソ)］
④ 4(よっつ)　사(넷, 네, 넉, 너)［サ(ネッ、ネ、ノク、ノ)］
⑤ 5(いつつ)　오(다섯, 닷)［オ(タソッ、タッ)］
⑥ 6(むっつ)　육(여섯)［ユク(ヨソッ)］
⑦ 7(ななつ)　칠(일곱)［チル(イルゴブ)］
⑧ 8(やっつ)　팔(여덟)［パル(ヨドル)］
⑨ 9(ここのつ)　구(아홉)［ク(アホブ)］
⑩ 10(とう)　십(열)［シブ(ヨル)］
⑪ 11　십일(열하나)［シビル(ヨルハナ)］
⑫ 12　십이(열둘)［シビ(ヨルトゥル)］
⑬ 13　십삼(열셋)［シブサム(ヨルセッ)］
⑭ 14　십사(열넷)［シブサ(ヨルレッ)］

⑮ 15　십오(열다섯)［シボ(ヨルタソッ)］
⑯ 16　십육(열여섯)［シムニュク(ヨロソッ)］
⑰ 17　십칠(열일곱)［シプチル(ヨリルゴプ)］
⑱ 18　십팔(열여덟)［シプパル(ヨリョドル)］
⑲ 19　십구(열아홉)［シプク(ヨラホプ)］
⑳ 20　이십(스물, 스무)［イシプ(スムル、スム)］
㉑ 21　이십일(스물하나)［イシピル(スムルハナ)］
㉒ 22　이십이(스물둘)［イシビ(スムルトゥル)］
㉓ 23　이십삼(스물셋)［イシプサム(スムルセッ)］
㉔ 24　이십사(스물넷)［イシプサ(スムルレッ)］
㉕ 25　이십오(스물다섯)［イシボ(スムルタソッ)］
㉖ 26　이십육(스물여섯)［イシムニュク(スムルヨソッ)］
㉗ 27　이십칠(스물일곱)［イシプチル(スムリルゴプ)］
㉘ 28　이십팔(스물여덟)［イシプパル(スムリョドル)］
㉙ 29　이십구(스물아홉)［イシプク(スムルアホプ)］
㉚ 30　삼십(서른)［サムシプ(ソルン)］
㉛ 31　삼십일(서른하나)［サムシビル(ソルンハナ)］
㉜ 35　삼십오(서른다섯)［サムシボ(ソルンタソッ)］
㉝ 40　사십(마흔)［サシプ(マフン)］
㉞ 41　사십일(마흔하나)［サシビル(マフンハナ)］
㉟ 50　오십(쉰)［オシプ(スィン)］
㊱ 60　육십(예순)［ユクシプ(イェスン)］
㊲ 70　칠십(일흔)［チルシプ(イルン)］
㊳ 80　팔십(여든)［パルシプ(ヨドゥン)］
㊴ 90　구십(아흔)［クシプ(アフン)］
㊵ 100　백(온)［ペク(オン)］

⇨左は漢語の数詞、( )内は固有語の数詞。これらの区別があるのは99まで、日本語は9まで。かつては100も固有語の〈온〉[オン]が使われていた。〈온가족〉(全家族)、〈온갖〉(全ての、あらゆる)などに〈온〉はまだ生きている。

㊶ 200　이백［イベク］
㊷ 300　삼백［サムベク］
㊸ 500　오백［オベク］
㊹ 千　천［チョン］
㊺ 2千　이천［イチョン］
㊻ 万　만［マン］
㊼ 10万　십만［シムマン］
㊽ 百万　백만［ペンマン］
㊾ 千万　천만［チョンマン］
㊿ 1億　일억［イロク］

(51) 10億　십억［シボㇰ］
(52) 百億　백억［ペゴㇰ］
(53) 千億　천억［チョノㇰ］
(54) 1兆　일조［イㇽチョ］

253. 数詞の応用・数量の数詞

① 果物　과실［クァシㇽ(クァイㇽ)］
1個　한개［ハンゲ］
2個　두개［トゥゲ］
3個　세개［セゲ］
4個　네개［ネゲ］
5個　다섯개［タソッケ］
6個　여섯개［ヨソッケ］
7個　일곱개［イㇽゴㇷ゚ケ］
8個　여덟개［ヨドㇽケ］
9個　아홉개［アホㇷ゚ケ］
10個　열개［ヨㇽケ］
② 犬1匹　개 한 마리［ケ ハンマリ］
③ 食事1食　식사 한 끼［シㇰサ ハンキ］
④ たまご1個　달걀 한 개［タㇽギャㇽ ハンゲ］
⑤ 料理1人前　요리 한 사람분［ヨリ ハンサラㇺブン］
⑥ ビール1本　맥주 한 병［メㇰチュ ハンビョン］
⑦ ごはん1膳　밥 한 상［パㇷ゚ ハンサン］
⑧ 夜1晩　밤 한 밤［パㇺ ハンバㇺ］
⑨ 菓子1袋　과자 한 봉지［クヮジャ ハンボンジ］
⑩ 船1隻　배 한 척［ペ ハンチョㇰ］
⑪ 人1人　사람 한 사람［サラㇺ ハンサラㇺ］
⑫ リンゴ1箱　사과 한 상자［サグヮ ハンサンジャ］
⑬ 下着1枚　속옷 한 벌［ソゴッ ハンボㇽ］
⑭ さじ1本　숟가락 한 개［スッカラㇰ ハンゲ］
⑮ 詩1篇　시 한 편［シハンピョン］
⑯ マッチ1本　성냥 한 가치［ソンニャン ハンガチ］
⑰ マッチ1箱　성냥 한 곽［ソンニャン ハングヮㇰ］
⑱ はきもの1足　신발 한 켤레［シンバㇽ ハンキョㇽレ］
⑲ 鳥1羽　새 한 마리［セ ハンマリ］
⑳ 服1着　옷 한 벌［オッ ハンボㇽ］
㉑ 薬1錠　약 한 알［ヤㇰ ハナㇽ］
㉒ 鉛筆1ダース　연필 한 다스［ヨンピㇽ ハンダス］
㉓ 水1滴　물 한 방울［ムㇽ ハンバンウㇽ］
㉔ 電報1通　전보 한 통［チョンボ ハントン］

㉕ 電話1通話　전화 한 통화［チョヌヮ ハントンファ］
㉖ 皿1皿　접시 한 접시［チョプシ ハンジョプシ］
㉗ 家1軒　집 한 채［チプ ハンチェ］
㉘ 車両1両　차량 한 량［チャヤン ハニャン］

㉙ （アパートの）1棟　（아빠트의）일 동［（アパートゥ）イルドン］
㉚ 銃1挺　총 한 자루［チョン ハンジャル］
㉛ 本1冊　책 한 권［チェク ハングォン］
㉜ 建物1階　건물 한 층［コンムル ハンチュン］
㉝ 部屋1間　방 한 칸［パン ハンカン］

⇨以上の数詞は「3」「4」を〈세〉〈네〉と表記するが、次の場合は〈석〉〈넉〉となる。

㉞ タバコ　담배［タムベ］
　1本　한 대［ハンデ］
　2本　두 대［トゥデ］
　3本　석 대［ソクデ］
　4本　넉 대［ノクデ］
　5本　다섯 대［タソッデ］
㉟ 木1本　나무 한 그루［ナム ハンデ（グル）］
㊱ ラジオ1台　라디오 한 대［ラディオ ハンデ］
㊲ 馬1頭　말 한 두(필)［マル ハンドゥ（ピル）］
㊳ 釘1本　못 한 대(개)［モッハンデ（ゲ）］

㊴ モーター1台　전동기 한 대［チョンドンギ ハンデ］
㊵ ほうき1本　빗자루 한 대［ピ(ッ)チャル ハンデ］
㊶ 飛行機1機　비행기 한 대［ピヘンギ ハンデ］
㊷ 酒1杯　술 한 잔［スル ハンジャン］
㊸ 自動車1台　자동차 한 대［チャドンチャ ハンデ］
㊹ 電灯1灯　전등 한 등［チョンドゥン ハンドゥン］
㊺ 紙1枚　종이 한 장［チョンイ ハンジャン］

☆木は1本〈한 대〉2本〈두 대〉の他に、1株〈한 그루〉2株〈두 그루〉3株〈세 그루〉4株〈네 그루〉…という言い方もある。
☆1人前〈한 사람분〉を〈한 사람몫〉とも言う。
☆ビール～本の瓶は漢字では「瓶」である。
☆飛行機の〈한 대〉〈두 대〉は漢字では「1台」「2台」である。「機」〈기〉という単位は通常用いない。
☆「1人」「2人」を「名」という単位を用いて〈한 명〉〈두 명〉とも言うこともある。

☆「1羽」「2羽」は「1匹」「2匹」と「匹」で表す。
⇨数量の数詞の数字はすべて固有語読みをする。

254. 順序の数詞

① 1番、2番、3番	첫번, 두번, 세번
② 第1、第2、第3	제일, 제이, 제삼
③ 第1条、第2条、第3条	제1조, 제2조, 제3조
④ 1つ目、2つ目、3つ目	첫째, 둘째, 셋째
⑤ 1度目、2度目、3度目	첫번째, 두번째, 세번째
⑥ 1回目、2回目、3回目	첫회째, 이회째, 삼회째
⑦ 1号、2号、3号	일호, 이호, 삼호
⑧ 1等(着)、2等(着)、3等(着)	일등, 이등, 삼등
⑨ 1位、2位、3位	일위, 이위, 삼위

☆第1、第2は〈첫째〉〈둘째〉〈셋째〉…と表現することもある。
☆「度目」は〈한번째〉でなく〈첫번째〉とあることに注意。
　〈첫〉とは「初」の意味。
☆「1回目」も〈한회째〉でなく〈첫회째〉となる。
☆順位を示す「着」は、〈등〉すなわち〈等〉を使う。

255. 年齢の表し方

① ひとつ、ふたつ、みっつ、はたち	한 살, 두 살, 세 살, 스무 살
② 1歳、2歳、3歳、20歳	일세, 이세, 삼세, 이십세
③ 満1歳	만 한 살
④ 数え年で15歳	세는 나이로 열다섯살

☆①固有語的な表現法。
☆②漢語的な表現法で最近は使われなくなった。
☆③「数え年」は〈세는 나이〉。

第13章　数詞

256. 時間の表し方

① 1時、2時、3時　　　　　　　　　　한시, 두시, 세시
② 1時10分、2時40分、5時30分　　　한시 십분, 두시 사십분, 다섯시 삼십분
③ 5時半、6時半、10時半　　　　　　다섯시 반, 여섯시 반, 열시 반
④ 午前4時、午後3時20分　　　　　　오전 네시, 오후 세시 이십분
⑤ 5分20秒、2分49秒6　　　　　　　오분 이십초, 이분 사십구초 육
⑥ 5時5分前、0時2分前　　　　　　　다섯시 오분전, 영시 이분전
⑦ 19時、22時10分　　　　　　　　　열아홉시, 스물두시 십분

☆時間は日本語では「時」も「分」も音読みであるが、ハングルでは時間を固有語読みし、分、秒は漢語読みすることに注意。
　したがって、5時20分を〈오시 이십분〉としてはいけない。
　〈다섯시 이십분〉と言う。また、反対に〈다섯시 스물분〉と言ってはいけない。

257. 年・月・日・曜日の表し方

① 1930年　　　　　　　　　　　　　천구백삼십년
② 1960年8月　　　　　　　　　　　 천구백육십년 팔월
③ 1978年4月3日　　　　　　　　　　천구백칠십팔년 사월 삼일
④ 紀元前、紀元後、1世紀　　　　　　기원전, 기원후, 일세기
⑤ 西暦(西紀)、陰暦　　　　　　　　 서력(서기), 음력
⑥ 6月6日 日・月・火・水曜日　　　　유월 육일 일・월・화・수요일
⑦ 10月10日 木・金・土曜日　　　　　시월 십일 목・금・토요일

☆年月はすべて漢語読みをする。順序は日本語と同じである。⑥や⑦の6月、10月の読み方は特別で、〈육월〉でなく〈유월〉、〈십월〉でなく〈시월〉となることに注意。

258. 度量衡・長さの単位

① メートル(m)　　　　　　　　　　 미터 [ミ(ッ)ト]

② ミリメートル(mm)　　　　　밀리미터［ミルリミ(ッ)ト］
③ センチメートル(cm)　　　　센티미터［センチミ(ッ)ト］
④ キロメートル(km)　　　　　킬로미터［キルロミ(ッ)ト］
⑤ 里　　　　　　　　　　　　리［イ］
⑥ マイル　　　　　　　　　　마일［マイル］

259. 重さの単位

① キログラム(kg)　　　　　　킬로그램［キルログレム］
② グラム(g)　　　　　　　　 그램［グレム］
③ ミリグラム(mg)　　　　　　밀리그램［ミルリグレム］
④ トン(t)　　　　　　　　　 톤［トン］
⑤ 貫　　　　　　　　　　　　관［クァン］
⑥ 斤　　　　　　　　　　　　근［クン］
⑦ ポンド　　　　　　　　　　파운드［パウンドゥ］

260. 広さの単位

① 平方メートル(m^2)　　　　　평방미터［ピョンバンミ(ッ)ト］
② 平方キロメートル(km^2)　　평방킬로미터［ピョンバンキルロミト］
③ 平方センチメートル(cm^2)　평방센티미터［ピョンバンセンチミ(ッ)ト］
④ ヘクタール(ha)　　　　　　 헥타르［ヘクタァル］
⑤ 坪　　　　　　　　　　　　평［ピョン］

261. 体積の単位

① 立方メートル(m^3)　　　　　입방미터［イプバンミ(ッ)ト］
② 立方センチメートル(cm^3)　입방센티미터［イプバンセンチミ(ッ)ト］
③ リットル(ℓ)　　　　　　　　 리터［リ(ッ)ト］

④ 合 홉 [ホプ]
⑤ 升 되 [テ]

262. 計算に関連したもの

① たし算(加算) 덧셈(가산) [トッセム(カサン)]
② ひき算(減算) 뺄셈(감산) [ペルセム(カムサン)]
③ かけ算(乗算) 곱셈(승산) [コプセム(スンサン)]
④ 割り算 나누기 [ナヌギ]
⑤ 自乗 자승 [チャスン]
⑥ 平方根 제곱근(평방근) [チェゴプグン(ピョンバングン)]

263. 四則計算の読み方

① 2+3=5です 둘 더하기 셋은 다섯입니다
② 6-3=3です 여섯 빼기 셋은 셋입니다
③ 3×4=12です 셋 곱하기 넷은 열둘입니다
④ 8÷4=2です 여덟 나누기 넷은 둘입니다
⑤ 15に3をたすと、18です 열다섯에 셋을 더하면 열여덟입니다
⑥ 30から16をひくと14です 서른에 열여섯을 빼면 열넷입니다
⑦ 5に8をかけると40です 다섯에 여덟을 곱하면 마흔입니다
⑧ 16を4で割ると、4です 열여섯을 넷으로 나누면 넷입니다
⑨ 16を3で割ると5で、1が残ります 열여섯을 셋으로 나누면 다섯이고 하나가 남습니다

⇨なお、하나、둘、셋、넷、다섯、여섯、일곱、여덟、아홉、열の代わりに漢語の일、이、삼、사、오、육、칠、팔、구 십(一、二、三、四、五、六、七、八、九、十)を使っても可。

付　　　録

●漢字のハングル音について

　見舞(い)と書くと、日本人なら誰も「病気見舞い」のことだと思うだろう。ところで、漢字の意味からすると、「見て舞う」ということになるから、「病気の容体を伺う」こととはずいぶんかけ離れたことになる。ハングル(韓国語)では「見舞」うは「問安」だが、この熟語のほうがよっぽど「見舞い」の意味に近いように思われる。

　「一入」はどうだろう。若い人はこの熟語をきちんと読めないかもしれない。一入は入ることを意味するのではなく、「ひとしお」と読み、ひときわ、一層意味する。「寂しさが一入身にしみる」という具合に使う。支払(い)などはもうすっかり、韓国語、中国語にも入っている。黄昏にしても、「誰そ、彼は」と、愛しき女(あるいは男)を人の顔が見分けにくくなった時分、つまり夕暮れ時のことから使われるようになった。これらの日本でできた熟語もまた、いまでは韓国語にも中国語にも入っている。

　化学、科学、物理などの近代科学用語や、哲学、経済、社会などの学術用語などは、いち早く欧米化・近代化に成功した日本から韓国(朝鮮)や中国が(逆)輸入したことはよく知られている。しかし、いま挙げた黄昏、支払(い)、さらに家出、手下、手配などふだんの日常語の中にも探せばきりがないほどある。

　こう見てくると、漢字はもう中国の文字ではなく、完璧に日本の文字のように思えてくる。日本人が漢字を縦横無尽に、まるで自国の文字のように使いこなしていることがよくわかる。

　それに比べ、韓国語では漢字の使い方は単調である。それは、ハングル音に象徴的に表れていると言ってよい。かつては漢字をなんとか自己のものにしようと格闘したようだが、それも放棄し、さらに李朝(朝鮮王朝)成宗代(在位1469〜94)に、漢字を一部の例外を除いて一通りの読み方しかできないように決めてしまった。おおむね呉音が多いと言われ、仏教用語の読みをする日本語とよく似ている。日本語のように、漢音、呉音、宋音(唐音)の他に、訓読みというものがない。

　たとえば、日本では「女性」は「じょせい」とも「にょしょう」とも読むが、後者

は韓国語の「여성」[ヨソン]、あるいは「녀성」[ニョソン]と酷似した読み方である。日本語では、女は訓読みで「おんな」「め」などの読み方もある。「食堂」も日本では「しょくどう」とも「じきどう」とも読む。韓国語の「식당」には「じきどう」が近い。このようにみると、漢字のハングル音(朝鮮語読み)はどうも呉音、すなわち仏教用語の読み方が多いようだ。

＊　＊　＊

それでも、漢字という母胎を同じくしているだけに、日本語読みと韓国語読みにはある法則を設けることにより、分類することができる。2つの国は海を隔ててはいるが、漢字、儒教、仏教といろいろな文化が朝鮮半島から日本へ伝わってきたので、その本来の古層にはぬきさしならぬ深い縁があるようだ。

①日本音でア行の場合、ハングル音は「ㅇ」になる。

　　阿 아[ア]　　以 이[イ]　　宇 우[ウ]　　曳 예[エ]　　呉 오[オ]

②日本音のカ行の場合、ハングル音は「ㄱ」になる。

　　仮 가[カ]　　奇 기[キ]　　久 구[ク]　　計 계[ケ]　　古 고[コ]

③日本音がガ行の場合、ハングル音は「ㅇ」になる。

　　我 아[ア]　　楽 악[アク]　　岩 암[アム]　　魚 어[オ]　　玉 옥[オク]

④日本音がサ行の場合、ハングル音は「ㅅ・ㅈ」になる。

　　紗 사[サ]　　矢 시[シ]　　数 수[ス]　　世 세[セ]　　素 소[ソ]

　　左 좌[チュャ]　志 지[チ]　　州 주[チュ]　　製 제[チェ]　　租 조[チョ]

⑤日本音がタ行の場合、ハングル音は「ㄷ・ㅌ・ㅈ・ㅊ」などになる(朝鮮古音はみなㅇであった)。

　　多 다[タ]　　池 지[チ]　　痛 통[トン]　　鉄 철[チョル]　　吐 토[ト]

⑥日本音がナ行の場合、ハングル音は「ㄴ」になる(ナとアは相通じた関係で、ハングル音が「ㅇ」になることもある)。

　　奈 나[ナ]　　尼 니[ニ]　　奴 노[ノ]　　年 년[ニョン]　　能 능[ヌン]

⑦日本音がハ行の場合、ハングル音は「ㅍ・ㅂ」になる(日本現代語のハ音は、古音ではパ・バ行であった。例えばハラ〈原〉の古音はバラである)。

　　破 파[パ]　　被 피[ピ]　　普 보[ポ]　　閉 폐[ペ]　　補 보[ポ]

⑧日本音がマ行の場合、ハングル音は「ㅁ」になる。

馬 마[マ]　　味 미[ミ]　　無 무[ム]　　昧 매[メ]　　名 명[ミョン]　　毛 모[モ]

⑨日本音がヤ行の場合、ハングル音は「ㅇ」になる。

夜 야[ヤ]　　油 유[ユ]　　余 여[ヨ]

⑩日本音がラ行の場合、ハングル音は「ㄹ」になる。

羅 라[ラ]　　利 리[リ]　　累 루[ル]　　礼 레[レ]　　路 로[ロ]　　炉 로[ロ]

〈終声子音(パッチム)〉

この例はあまりにも多いので、代表的な一部だけを紹介する。

①仮名1字で書ける漢字には、パッチムが付かない。両語の音がほとんど同じになる。これらはいわゆる万葉仮名に使われていることが多い。

加 가[カ]　　価 가[カ]　　九 구[ク]　　気 기[キ]
奇 기[キ]　　那 나[ナ]　　阿 아[ア]　　以 이[イ]
怒 노[ノ]　　多 다[タ]　　刀 도[ト]　　裸 라[ラ]
涙 루[ル]　　麻 마[マ]　　宇 우[ウ]　　世 세[セ]

②カナ2字で書き、終声(子音)下にクがつく漢字には「ㄱ」パッチムになる。

覚 각[カク]　　毒 독[トク]　　洛 락[ラク]　　楽 락[ラク]　　肋 륵[ルク]　　膜 막[マク]
目 목[モク]　　朴 박[パク]　　泊 박[パク]　　北 북[プク]　　速 속[ソク]　　息 식[シク]

③終声(子音)が「ン」の場合は「ㄴ」あるいは「ㅁ」のパッチムになる。

ㄴ　簡 간[カン]　　昆 곤[コン]　　緊 긴[キン]
　　段 단[タン]　　屯 둔[トゥン]　　卵 란[ラン]
　　論 론[ロン]　　隣 린[リン]　　慢 만[マン]
　　飯 반[パン]　　本 본[ポン]　　先 선[ソン]

ㅁ　甘 감[カム]　　剣 검[ゴム]　　金 금[クム]
　　男 남[ナム]　　念 념[ニョム]　　賃 임[イム]
　　覧 람[ラム]　　陰 음[ウム]　　炎 염[ヨム]
　　岩 암[アム]　　心 심[シム]　　凡 범[ポム]

④終声(子音)がツの場合は、「ㄹ」のパッチムが付く。

達 달[タル]　　突 돌[トル]　　発 발[パル]　　列 열[ヨル]

末 말[マル]　　　抜 발[パル]　　　殺 살[サル]　　　仏 불[プル]
熱 열[ヨル]　　　失 실[シル]　　　説 설[ソル]　　　決 결[キョル]

⑤最後がウのパッチムは、「ㅂ」あるいは「ㅇ」のパッチムがつく。ただし、「ㅂ」の場合は、日本語の旧仮名遣いでは「ふ」であった。

ㅂ　甲 갑[カプ]　　　納 납[ナプ]　　　答 답[タプ]
　　粒 립[リプ]　　　集 집[チプ]　　　法 법[ポプ]
　　挿 삽[サプ]　　　習 습[スプ]　　　葉 엽[ヨプ]
　　急 급[クプ]　　　業 업[オプ]　　　合 합[ハプ]

ㅇ　剛 강[カン]　　　孔 공[コン]　　　弓 궁[クン]
　　肯 긍[クン]　　　娘 랑[ラン]　　　農 농[ノン]
　　堂 당[タン]　　　冬 동[トン]　　　登 등[トゥン]
　　亡 망[マン]　　　方 방[パン]　　　相 상[サン]

⑥ヘイと読む場合はたいてい「병」になる。

丙 병[ピョン]　　兵 병[ピョン]　　餅 병[ピョン]　　併 병[ピョン]

⑦セキと読む場合はたいてい「석」になる。

夕 석[ソク]　　石 석[ソク]　　昔 석[ソク]　　席 석[ソク]　　析 석[ソク]
碩 석[ソク]　　晳 석[ソク]　　惜 석[ソク]　　釈 석[ソク]　　錫 석[ソク]

⑧テキと読む場合はたいてい「적」になる。

敵 적[チョク]　　笛 적[チョク]　　的 적[チョク]　　赤 적[チョク]
積 적[チョク]　　狄 적[チョク]　　吊 적[チョク]

⑨ハイ・バイと読む場合はたいてい「배」になる。

輩 배[ペ]　　俳 배[ペ]　　杯 배[ペ]　　配 배[ペ]　　背 배[ペ]　　胚 배[ペ]
拝 배[ペ]　　排 배[ペ]　　倍 배[ペ]　　賠 배[ペ]　　陪 배[ペ]

⑩ケイと読む場合はたいてい「경」になる。

景 경[キョン]　　京 경[キョン]　　径 경[キョン]　　鯨 경[キョン]
警 경[キョン]　　経 경[キョン]　　敬 경[キョン]　　慶 경[キョン]

●日韓で意味の異なる主な熟語

「親舊」といっても日本人にはわからない。「舊」は「旧」の正字だ。親旧は「チング」と読み、韓国に少し通じている日本人なら、友人の意味であることがすぐにわかる。親舊(親旧)、つまり旧くから親しいから、知己、友人の意味になる。漢字の意味は日韓ともに同じだが、熟語になると違ってくるものもある。よく使われて間違いそうな主なものを挙げておく。

磨錬 마련 [マリョン]　準備、用意
去来 거래 [コレ]　取引き
男便 남편 [ナムピョン]　主人、だんな
専貰 전세 [チョンセ]　貸切り
便紙 편지 [ピョンジ]　手紙
口号 구호 [クホー]　スローガン
手票 수표 [スピョ]　小切手
外上 외상 [ウェサン]　つけ
郵票 우표 [ウピョ]　切手
書房 서방 [ソバン]　ご主人、婿殿
車票 차표 [チャピョ]　切符
福夫人 복부인 [ポクプイン]　土地投機に熱心な奥さん
証夫人 증부인 [チュンブイン]　証券投機に熱心な奥さん
於音 어음 [オウム]　手形
名単 명단 [ミョンダン]　名簿
主礼 주례 [チュレ]　仲人
名銜 명함 [ミョンハム]　名刺
職銜 직함 [チッカム]　肩書
都売 도매 [トメ]　御売り
誠金 성금 [ソングム]　寄付(金)
肉談 육담 [ユクタム]　わい談

人事 인사 [インサ]　挨拶・人事
俗談 속담 [ソクタム]　ことわざ、俚諺
誤入 오입 [オイプ]　妻以外の女性との性交
親旧 친구 [チング]　友人、知己
放学 방학 [パンハク]　学校の休暇
徳談 덕담 [トクタム]　ためになる話
波動 파동 [パドン]　騒擾
理事 이사 [イサ]　取締役
家口 가구 [カグ]　世帯
同生 동생 [トンセン]　弟、妹
食口 식구 [シクク]　家族
図章 도장 [トジャン]　ハンコ、印章
姑母 고모 [コモ]　おば、父の姉妹
姨母 이모 [イモ]　おば、母の姉妹
工夫 공부 [コンブ]　勉強
団束 단속 [タンソク]　取締り
宮合 궁합 [クンハプ]　相性
三寸 삼촌 [サムチョン]　おじさん
四寸 사촌 [サチョン]　いとこ
登記 등기 [トゥンギ]　書留
問議 문의 [ムニ]　問い合わせ
独食 독식 [トクシク]　独り占め

接受 접수 [チョプス]　受付
万若 만약 [マニャク]　もし
猝富 졸부 [チョルブ]　にわか成金
甲富 갑부 [カプブ]　金持ち
打字 타자 [タジャ]　タイプ
打字員(手) 타자원(수) [タジャウォン]　タイピスト
大庁 대청 [テチョン]　広い板の間
福券 복권 [ポクォン]　宝くじ
平生 평생 [ピョンセン]　生涯
門牌 문패 [ムンペ]　表礼
近似 근사 [クンサ]　素敵、近似
再修生 재수생 [チェスセン]　大学浪人
学院 학원 [ハグォン]　学習塾、予備校
売尽 매진 [メジン]　売切れ
垈地 대지 [テジ]　敷地
内服 내복 [ネボク]　下着
酒幕 주막 [チュマク]　居酒屋
公主 공주 [コンジュ]　王姫
外換 외환 [ウェファン]　為替
仮量 가량 [カリャン]　およそ、ほど
宝貝 보배 [ポベェ]　宝物、財宝
額子 액자 [エクチャ]　額縁
本銭 본전 [ポンジョン]　元金、元手
賻儀 부의 [プウィ]　香典、祝儀
穀食 곡식 [コクシク]　穀物
食単 식단 [シクタン]　献立
外人 외인 [ウェイン]　部外者
痛声 통성 [トンソン]　うめき声
弄談 농담 [ノンダム]　冗談

鉄物 철물 [チョルムル]　金物、荒物
仏銭 불전 [プルジョン]　賽銭
福田 복전 [ポクチョン]　賽銭箱
酒母 주모 [チュモ]　酒場のママ
別世 별세 [ピョルセ]　死亡、死去
別故 별고 [ピョルゴ]　別条
有故 유고 [ユゴ]　大事故
典当舗 전당포 [チョンダンポ]　質屋
福徳房 복덕방 [ポクトクパン]　家屋の周旋屋
外家 외가 [ウェガ]　里(妻の実家)
丈人 장인 [チャンイン]　岳父
丈母 장모 [チャンモ]　岳母
乾達 건달 [コンダル]　遊び人、ゴロつき
路宿者 노숙자 [ノスクチャ]　ホームレス
面刀 면도 [ミョンド]　カミソリ
独子 독자 [トクチャ]　1人息子
処身 처신 [チョシン]　身の振り方
芥子 개자 [ケジャ]　洋辛子
休紙 휴지 [ヒュジ]　塵紙
法堂 법당 [ポプタン]　本堂、お寺
内外 내외 [ネウェ]　夫妻、内外
高捧 고봉 [コボン]　大盛り、山盛り
高喊 고함 [コハム]　怒鳴り声
自害 자해 [チャヘ]　自分の体を害すること、自殺未遂
食単 식단 [シクタン]　献立
失手 실수 [シルス]　不手際、失敗
当到 당도 [タンド]　到着
逍風 소풍 [ソプン]　遠足

●南北の主な単語の違い

	南	北
ドーナツ	도넛	가락지빵
ブラジャー	브래지어	가슴띠, 유방띠
(妻の)里	처가	가시집
岳父	장인	가시아버지(장인)
じゃんけん	가위 바위 보	가위주먹, 장기포
秋の収穫	추수	가을걷이
横断歩道	횡단보도	건늠길
沃土	옥토	건땅
懸案問題	현안문제	걸린문제
議論(話し合い)	의논	토론
冬着	겨우살이	겨울나이
エピソード	에피소드	곁애기
カマボコ	어묵	고기떡
換気	환기	공기갈이
サーカス	서커스	교예
警察	경찰	안전원
刑務所	교도소	교화소
ジュース	쥬스	과일단물, 과일즙
弁当	도시락	곽밥(밥곽)
将校	장교	군관
グループ	그룹	그루빠
ポークレイン	포크레인	기계삽
優能選手	유능(한) 선수	기둥선수
キャラメル	캬라멜	기름사탕
ケーブル	케이블	까벨

	南	北
曳引船(タグボート)	예인선	끌배
スリッパ	슬리퍼	쓰레바, 끌신
牽引車	견인차	끌차
ワンピース	원피스	원피스, 달린옷
野菜	야채	남새(야채)
大根	무	무우
脱穀	탈곡	낟알털이
冷蔵庫	냉장고	냉동기(냉장고)
ノルマ	책임량	노르마
感度	감도	느낌도
運行表	운행표	다님표
羊羹(ようかん)	양갱(단팥묵)	단묵
養鶏場	양계장	닭공장
愛煙家	애연가	담배질군, 딤비찌골
韓(漢)医師	한의사	동의사
周囲	주위	두리(주위)
トラクター	트랙터	뜨락또르
浮力	부력	뜰힘(부력)
トレーラー	트레일러	련결차
鉄道公安官	철도공안원	렬차안전원
フィルターたばこ	필터담배	려과담배
台風	대풍	만풍년(대풍)
ファックス(FAX)	팩시밀리	모사전송(팩시밀리)
カラー	칼라	목달개
首巻	목도리(목수건)	목수건
アヒル	집오리	오리, 집오리, 물닭
水上スキー	수상스키	물스키(수상스키)

	南	北
さざえ	소라	바다골뱅이(소라)
海草	해조류(해초)	바다나물(해초)
ラジオ	라디오	라지오
農耕牛	일소	부림소
姦通事件	간통사건	부화사건
音域	음역	소리너비
音程	음정	소리사이
レコード	음반	소리관, 녹음테이프
ノック	노크	손기척
水屋(みずや)	찬장	식장, 가시장
掲示板	게시판	알림판
弾倉	탄창	탄창, 알쌈
鍛冶屋	대장간	야장간
陸橋	육교	어김다리, 무지개다리
アイスクリーム	아이스크림	얼음보숭이(어름과자)
瀕死状態	빈사상태	반죽음, 얼죽음
休み時間の体操	쉬는시간 체조	업간체조
夏服	하복, 여름옷	여름옷
傷痍軍人	상이군인	영예군인
シナリオ	시나리오	영화문학, 극본
結婚に必要な品	혼수	예장
遊歩道	산책로	유보도
柔道	유도	유술
ボールペン	볼펜	원주필
トイレ	화장실	위생실(화장실)
トイレットペーパー	화장지	위생종이
帰順者	귀순자(탈북자)	의거자

	南	北
率先垂範	솔선수범	이신작칙
連詩	연시	이음시
小学校	초등학교	인민학교
すぐ(に)	곧, 바로	인차 (곧, 바로)
つわり(悪阻)	입덧	입쓰리
天然資源	천연자원	천연자원, 자연부원
電気釜	전기밥솥	전기밥가마
ミキサー	믹서	전기분쇄기
士兵(兵士)	사병	전사, 병사
貝殼	조가비	조갑지
断髪	단발머리	단발머리, 증발머리
既製服	기성복	지은 옷, 해논 옷, 기성복
ヘリコプター	헬리콥터	직승기
コンテナ	컨테이너	짐함
駐車場	주차장	주차장, 차마당
カーテン	커텐	창문보
解雇	해직	철직
在庫品	재고품	채화품
募兵	모병	초모
田舎者	촌뜨기	촌바우, 촌띠
アクセサリー	악세사리	치레걸이
激風	모진바람	칼바람
洪水	홍수	큰 물 (홍수)
木ネジ	나사못	타래못
味噌汁	된장국	토장국
土壁	흙벽	토피, 토벽
田畑	논밭	포전

	南	北
小切手	수표	행표
未婚母	미혼모	해방처녀
嘘	빈말, 거짓말	후라이, 거짓뿌리
相互	상호, 서로	호상
ドライクリーニング	드라이크리닝	화학세탁
日蝕	일식	해가림
継母	계모	훗어머니
理髪店、美容院、サウナ、軽食などの日常サービス店	일반상점(가게)	편의시설
リアルタイム	실시간(real time)	실시간
巡航ミサイル	순항미사일	순환미사일(로켓)
話し合い、相談	의논, 상담	토론
郵便局	우체국	우편국, 체신소
ニワトリの玉子	달걀	닭알
弁当	도시락	곽밥, 벤또
妻	아내	안해
泥棒	도둑	도적
拾う	줍다	줏다
歪曲	왜곡	외곡
上	위	우(우에)
上の歯	윗니	웃이

主な外来語のハングル表記

【ア】

アイキュー IQ 아이 큐
アイシャドー eye shadow 아이 섀도
アイスクリーム ice cream 아이스 크림
アイスコーヒー iced coffee 아이스 커피
アイスボックス icebox 아이스 박스
アイテム item 아이템
アイディア idea 아이디어
アイロニー irony 아이러니
アウトサイダー outsider 아웃 사이더
アウトライン outline 아우트 라인
アカデミー academy 아카데미
アキレス Achilles 아킬레스
アクション action 액션
アクセサリー accessory 악세서리
アクセント accent 악센트
アジト agitation point 아지트
アスピリン aspirin 아스피린
アスファルト asphalt 아스팔트
アトリエ atelier 아틀리에
アドバルーン adballon 애드 벌룬
アナウンサー announcer 아나운서
アナログ analogue 아날로그
アニメーション animation 애니메이션
アパート apartment house 아파트
アピール appeal 어필
アフターサービス after service 애프터 서비스
アベレージ average 애버리지
アマチュア、アマ amateur 아마추어
アリバイ alibi 알리바이
アルカリ alkali 알칼리
アルバイト arbeit 아르바이트
アルバム album 앨범
アルファベット alphabet 알파벳
アルミ aluminium 알루미늄
アレルギー allergie 알레르기
アンカーマン ancherman 앵커 맨
アングル angle 앵글
アンケート enquête 앙케트
アンコール encore 앙코르
アンサンブル ensemble 앙상블
アンダーウェア underwear 언더 웨어
アンダーライン underline 언더 라인
アンテナ antenna 안테나
アンビュランス ambulance 앰뷸런스
アーケード arcade 아케이드
アース earth 어스
アーチ arch 아치

【イ】

イエローカード yellow card 옐로 카드
イスラム Islam 이슬람
イッシュー issue 이슈
イデオロギー Ideologie 이데올로기
イベント event 이벤트
イメージ image 이미지
イヤホーン earphone 이어폰
イラスト illustration 일러스트
インク ink 잉크
インサイド inside 인사이드
インスタント instant 인스턴트
インタビュー interview 인터뷰
インターチェンジ interchange 인터체인지
インターネット internet 인터넷
インターバル interval 인터벌
インターホーン interphone 인터폰

インターン intern 인턴
インチ inch 인치
インテリア interior 인테리어
インディアン Indian 인디언
インデックス index 인덱스
インフルエンザ influenza 인플루엔자
インフレ inflation 인플레
イースト yeast 이스트

【ウ】

ウイスキー whiskey／whisky 위스키
ウイット wit 위트
ウェディング wedding 웨딩
ウエーター waiter 웨이터
ウエートレス waitress 웨이트리스
ウォーミングアップ warmingup 워밍 업
ウール wool 울

【エ】

エアコン airconditioner 에어컨
エイズ AIDS 에이즈
エキス extract 엑스
エコー echo 에코
エゴイスト egoist 에고이스트
エスカレーター escalator 에스컬레이터
エチケット étiquette 에티켓
エッセイ essay 에세이
エヌジー N.G. 엔지
エネルギー energy 에너지
エピソード episode 에피소드
エラー error 에러
エリート élite 엘리트
エレベーター elevator 엘리베이터
エロチック erotic 에로틱
エンジニア engineer 엔지니어
エンジン engine 엔진
エントリー entry 엔트리
エージェンシー agency 에이전시
エース ace 에이스

【オ】

オアシス oasis 오아시스
オクターブ octave 옥타브
オゾン ozone 오존
オフィス office 오피스
オフセット offset 오프셋
オペレーター operator 오퍼레이터
オムニバス omnibus 옴니버스
オリエンテーション orientation 오리엔테이션
オリジナル original 오리지널
オリンピック Olympic 올림픽
オンライン on-line 온라인
オーダー order 오더
オーバータイム over time 오버 타임
オーブン oven 오븐
オープンゲーム open game 오픈 게임

【カ】

カウントダウン countdown 카운트 다운
カタルシス katharsis 카타르시스
カタログ catalogue 카타로그
カトリック Catholic 카톨릭
カリカチュア caricature 캐리커쳐
カン can 캔
ガイドライン guideline 가이드라인
ガス gas 가스
ガードル girdle 거들
ガードレール guardrail 가드레일

【キ】

キャスチング casting 캐스팅
キャッチフレーズ catchphrase 캐치 프레이즈
キャリア career 커리어
キログラム、キロ kilogram 킬로그램

主な外来語のハングル表記

キロメートル、キロ kilometer 킬로미터
キングサイズ king size 킹 사이즈
ギア gear 기어
ギター guitar 기타
ギャグ gag 개그
ギャップ gap 갭
ギャラリー gallery 갤러리
ギャング gang 갱

【ク】

クレジットカード credit card 크레디트 카드
クロッキー croquis 크로키
クーデター coup d'Etat 쿠데타
グライダー glider 글라이더
グラウンド ground 그라운드
グラス glass 글래스
グラッフィクデザイン graphic design 그래픽 디자인
グラフ graph 그래프
グラマー glamour 글래머
グラム gram 그램
グリーンベルト greenbelt 그린벨트
グローブ glove 글로브

【ケ】

ケチャップ ketchup 케첩
ケーブル cable 케이블
ケーブルテレビ CATV 케이블TV
ゲスト guest 게스트
ゲージ gauge 게이지
ゲーム game 게임

【コ】

ココア cocoa 코코아
コニャック cognac 코냑
コピーライター copywriter 카피라이터
コンサルティング consulting 컨설팅
コンテナー container 컨테이너
コンディション condition 컨디션
コンパクトディスク compact disk 콤팩트 디스크
コンマ comma 콤마
コーヒ coffee 커피
ゴシップ gossip 가십
ゴルフ golf 골프

【サ】

サイクル cycle 사이클
サイズ size 사이즈
サイダー cider 사이더
サイドライン sideline 사이드 라인
サイレン siren 사이렌
サイン sign 사인
サウナ sauna 사우나
サスペンス suspense 서스펜스
サッカー soccer 사커
サッシ sash 새시
サファイア sapphire 사파이어
サマー summer 섬머
サラダ salad 샐러드
サラリーマン salaried man 샐러리맨
サロン salon 살롱
サングラス sunglass 선글래스
サンタクロース Santa Claus 산타 클라우스
サンダル sandal 샌들
サンドイッチ sandwich 샌드위치
サンプル sample 샘플
サーカス circus 서커스
サークル circle 서클
サービス service 서비스
サーフィン surfing 서핑
サーブ serve 서브

【シ】

シガレット cigarette 시가렛

217

システム system 시스템
シチュー stew 스튜
シナリオ scenario 시나리오
シニア senior 시니어
シネマ cinéma 시네마
シミーズ chemise 슈미즈
シャッター shutter 셔터
シャツ shirt 셔츠
シャワー shower 샤워
シャンソン chanson 샹송
シャンデリア chandelier 샹들리에
シャンプー shampoo 샴푸
シャンペン champagne 샴페인
ショック shock 쇼크
ショッピング shopping 쇼핑
ショー show 쇼
ショーウィンド show window 쇼우윈도우
ショーツ shorts 쇼츠
シリーズ series 시리즈
シルク silk 실크
シルクロード Silk Road 실크 로드
シンドローム syndrome 신드롬
シンフォニー symphony 심포니
シンボル symbol 심볼
シンポジウム symposium 심포지엄
シーズン season 시즌
シーツ sheet 시트
シーディーロム CD-ROM 시디 롬
シーン scene 신
ジェリー jelly 젤리
ジグザグ zigzag 지그재그
ジプシー Gypsy／Gipsy 집시
ジャケット jacket 쟈켓
ジャズ jazz 재즈
ジャックナイフ jackknife 잭나이프
ジャム jam 잼
ジャングル jungle 정글

ジャンパー jumper 점퍼
ジャンプ jump 점프
ジャンボ jumbo 점보
ジャンル genre 쟝르
ジャーナリスト journalist 저널리스트
ジュニア junior 쥬니어
ジュース juice 쥬스
ジョイント joint 조인트
ジョギング jogging 조깅
ジープ jeep 지프
ジーンズ jean 진

【ス】

スイッチ switch 스위치
スイング swing 스윙
スカウト scout 스카우트
スカート skirt 스커트
スカーフ scarf 스카프
スコア score 스코어
スキャンダル scandal 스캔들
スキンダイビング skin diving 스킨 다이빙
スキー ski 스키
スクール school 스쿨
スクラップ scrap 스크랩
スクリーン screen 스크린
スケジュール schedule 스케줄
スケッチ sketch 스케치
スケート skate 스케이트
スケール scale 스케일
スタイル style 스타일
スタジアム stadium 스타디엄
スタジオ studio 스튜디오
スタッフ staff 스태프
スタミナ stamina 스태미나
スタンダード standard 스탠다드
スタンド stand 스탠드
スタンドバー stand bar 스탠드 바

スタンプ stamp 스탬프
スター star 스타
スチュワーデス stewardess 스튜어디스
スチーム steam 스팀
ステッカー sticker 스티커
ステップ step 스텝
ステレオ stereo 스테레오
ステーキ steak 스테이크
ステージ stage 스테이지
ストッキング stocking 스타킹
ストライキ、スト strike 스트라이크
ストレス stress 스트레스
ストーリー story 스토리
スナックバー snack corner 스낵 코너
スナップ snap 스냅
スパイ spy 스파이
スパイク spike 스파이크
スパゲッティ spaghetti 스파게티
スピーカー speaker 스피커
スピード speed 스피드
スプリングボード springboard 스프링보드
スプレー spray 스프레이
スプーン spoon 스푼
スペア spare 스페어
スペル spelling 스펠링
スペース space 스페이스
スポットライト spotlight 스포트라이트
スポンサー sponsor 스폰서
スポンジ sponge 스폰지
スポーツ sports 스포츠
スマイル smile 스마일
スマート smart 스마트
スムーズ smooth 스무드
スモッグ smog 스모그
スライド slide 슬라이드
スラム slum 슬럼
スランプ slump 슬럼프

スリッパ slipper 슬리퍼
スリル thrill 스릴
スレート slate 슬레이트
スローガン slogan 슬로건
スローモーション slow motion 슬로 모션
スーパー supermarket 슈퍼마켓
スーパーマン superman 슈퍼맨
スープ soup 수프

【セ】

セカンド second 세컨드
セックス sex 섹스
セット set 세트
セミナー seminar 세미나
セメント cement 시멘트
セルフサービス selfservice 셀프 서비스
セレナーデ Serenade 세레나데
センサス census 센서스
センサー sensor 센서
センス sense 센스
センセーション sensation 센세이션
センターサークル center circle 센터 서클
センターライン center line 센터 라인
センチメンタル sentimental 센티멘탈
センチメートル centimeter 센티미터
セーター sweater 스웨터
セーフ safe 세이프
セーブ save 세이브
セール sale 세일
セールスマン salesman 세일즈맨
ゼロ zero 제로

【ソ】

ソナタ sonata 소나타
ソファー sofa 소파
ソフトウェア software 소프트웨어
ソプラノ soprano 소프라노
ソロ solo 솔로

ソース sauce 소스
ソース source 소스
ソーセージ sausage 소세지
ゾーン zone 존

【タ】

タイプ type 타이프
タイムカプセル time capsule 타임 캡슐
タイル tile 타일
タオル towel 타올
タワー tower 타워
ターゲット target 타깃
タール tar 타르
ターンテーブル turntable 턴테이블
ダイアローグ dialogue 다이알로그
ダイエット diet 다이어트
ダイジェスト digest 다이제스트
ダイナマイト dynamite 다이나마이트
ダイナミック dynamic 다이나믹
ダイビング diving 다이빙
ダイヤモンド diamond 다이아몬드
ダイヤル dial 다이얼
ダウン down 다운
ダビング dubbing 더빙
ダブルベット double bed 더블 베드
ダム dam 댐
ダンサー dancer 댄서
ダンスホール dance hall 댄스 홀
ダークホース dark horse 다크 호스
ダース dozen 다스

【チ】

チアガール cheergirl 치어걸
チェス chess 체스
チェック check 체크
チェーン chain 체인
チキン chicken 치킨
チップ chip 칩

チャイム chime 차임
チャンス chance 찬스
チャンネル channel 채널
チャンピオン champion 챔피언
チャート chart 차트
チョコレート chocolate 초콜릿
チーズ cheese 치즈

【テ】

ディスプレー display 디스플레이
デッサン dessin 데생
デッドライン deadline 데드라인
デビュー debut 데뷰
デモンストレーション、デモ demonstration 데모
デュエット duet 듀엣
デリケート delicate 델리킷

【ト】

トライアングル triangle 트라이앵글
トリミング trimming 트리밍
トータル total 토탈
ドキュメンタリー documentary 다큐멘터리
ドクター doctor 닥터
ドライアイス dry ice 드라이 아이스
ドライクリーニング dry cleaning 드라이 클리닝
ドラマ drama 드라마
ドリル trill 트릴
ドローイング drawing 드로잉
ドーナツ doughnut 도우넛

【ナ】

ナイトガウン nightgown 나이트가운
ナイトクラブ night club 나이트클럽
ナイトゲーム；ナイター night game 나이트게임

ナイフ knife 나이프
ナプキン napkin 냅킨
ナレーション narration 나레이션
ナレーター narrator 나레이터
ナンバー number 넘버

【ニ】

ニックネーム nickname 닉네임
ニュアンス nuance 뉘앙스
ニュースキャスター newscaster 뉴스캐스터

【ヌ】

ヌード nude 누드

【ネ】

ネガチブ negative 네거티브
ネット net 네트
ネットワーク network 네트워크

【ノ】

ノイローゼ Neurose 노이로제
ノック knock 노크
ノックダウン knockdown 녹다운
ノンストップ nonstop 논스톱
ノンフィクション nonfiction 논픽션
ノーコメント no comment 노코멘트
ノートブック notebook 노트북
ノーハウ knowhow 노하우

【ハ】

ハイウェー highway 하이웨이
ハイカラ high collar 하이 칼라
ハイキング hiking 하이킹
ハイテク high tech 하이테크
ハイフン hyphen 하이픈
ハイライト highlight 하이라이트
ハスキー husky 허스키
ハネムーン honeymoon 허니문

ハプニング happening 해프닝
ハム ham 햄
ハンサム handsome 핸섬
ハンディキャップ handicap 핸디캡
ハンドバッグ handbag 핸드백
ハンドブック handbook 핸드북
ハンドル handle 핸들
ハンバーガー hamburger 햄버거
ハンバーグステーキ hamburg steak 햄버그 스테이크
ハードウェア hardware 하드 웨어
ハードトレーニング hard training 하드 트레이닝
ハードボード hardboard 하드보드
ハードル hurdle 허들
ハーフ half 하프
バイオリズム biorhythm 바이오리듬
バイオリン violin 바이올린
バインダー binder 바인더
バス bass 베이스
バス bus 버스
バター butter 버터
バックアップ backup 백업
バックグラウンド background 백그라운드
バッグ bag 백
バトン baton 배턴
バナナ banana 바나나
バニラ vanilla 바닐라
バランス balance 밸런스
バルコニー balcony 발코니
バルブ valve 밸브
バレリーナー ballerina 발레리나
バレー ballet 발레
バンカー bunker 벙커
バンガロー bungalow 방갈로
バント bunt 번트
バンド band 밴드

バンパー bumper 범퍼
バー bar 바
バーゲンセール bargain sale 바겐세일
バーコード bar code 바코드
バーバリコート Burberry coat 바바리코트
パイ pie 파이
パイナップル pineapple 파인애플
パイプ pipe 파이프
パイロット pilot 파일럿
パウダー powder 파우더
パジャマ pajamas 파자마
パスポート passport 패스포트
パズル puzzle 퍼즐
パソコン personal computer 퍼스널 컴퓨터、피시
パターン pattern 패턴
パック pack 팩
パッド pad 패드
パノラマ panorama 파노라마
パラダイス paradise 파라다이스
パラドックス paradox 파라독스
パルプ pulp 펄프
パレード parade 퍼레이드
パワー power 파워
パン pan 빵
パンク puncture 펑크
パンフレット pamphlet 팜플렛
パーキング parking 파킹
パーセント percent 퍼센트
パーティー party 파티
パートタイム part time 파트타임
パートナー partner 파트너

【ヒ】

ビザ visa 비자
ビジネスマン businessman 비즈니스맨
ビジョン vision 비전
ビスケット biscuit 비스킷
ビデオ videodisk 비디오디스크
ビニール vinyl 비닐
ビフテキ beefsteak 비프스테이크
ビュッフェ buffet 뷔페
ビラ bill 삐라
ビラ villa 빌라
ビル building 빌딩
ビロード velvet 벨벳
ピアノ piano 피아노
ピエロ pierrot 삐에로
ピザ pizza 피자
ピストン piston 피스톤
ピックアップ pickup 픽업
ピッチャー pitcher 피처
ピラミッド pyramid 피라미드
ピン pin 핀
ピンク pink 핑크
ピーク peak 피크

【フ】

ファイル file 파일
ファインプレー fine play 파인플레이
ファウル foul 파울
ファシズム fascism 팩시밀리
ファックス fax 팩스
ファッション fashion 패션
ファン fan 팬
ファンタジア fantasia 판타지아
ファンデーション foundation 파운데이션
ファンファーレ fanfare 팡파레
ファンレター fan letter 팬 레터
フィアンセ fiancé 피앙세
フィクション fiction 픽션
フィルター filter 필터
フィルム film 필름
フィート feet 피트

フィールド field 필드
フェアプレー fair play 페어 플레이
フェイント feint 페인트
フェスティバル festival 페스티벌
フェミニズム feminism 페미니즘
フォアボール fourballs 포볼
フライ fry 프라이
フラッシュ flash 플래시
フリー free 프리
フリーランサー freelancer 프리랜서
フロント front 프런트
ブザー buzzer 버저
ブラインド blind 블라인드
ブラウス blouse 블라우스
ブラシ brush 브러시
ブラジャー brassiere 브래지어
ブランデー brandy 브랜디
ブランド brand 브랜드
ブリーフィング briefing 브리핑
ブルジョア bourgeois 부르주아
ブルドーザー bulldozer 불도저
ブルーカラー blue collar 블루 칼라
ブレーキ brake 브레이크
ブロック block 블록
ブロマイド bromide paper 브로마이드
ブローカー broker 브로커
ブローチ brooch 브로치
ブーケ bouquet 부케
ブーツ boots 부츠
ブーム boom 붐
プライド pride 프라이드
プラカード placard 플래카드
プラス plus 플러스
プラスチック plastic 플래스틱
プラットホーム platform 플랫폼
プラン plan 플랜
プリンター printer 프린터
プリント print 프린트
プレス press 프레스
プレー play 플레이
プロフェッショナル、プロ professional 프로페셔널
プログラマー programmer 프로그래머
プロジェクト project 프로젝트
プロダクション production 프로덕션
プロデューサー producer 프로듀서
プロフィール profile 프로필
プロポーズ propose 프로포즈
プール pool 풀

【ヘ】
ヘアスタイル hairstyle 헤어스타일
ヘアドライヤー hair dryer 헤어드라이어
ヘアピン hairpin 헤어핀
ベストセラー best seller 베스트셀러
ヘッドコーチ head coach 헤드코치
ヘッドライト headlight 헤드라이트
ヘッドライン headline 헤드라인
ベテラン veteran 베테랑
ベニヤ veneer 베니어
ベランダ veranda 베란다
ヘリコプタ helicopter 헬리콥터
ヘルメット helmet 헬멧
ベル bell 벨
ベルト belt 벨트
ベレー beret 베레
ベンチ bench 벤치
ベーキングパウダー baking powder 베이킹 파우더
ベーコン bacon 베이컨
ベースキャンプ base camp 베이스 캠프
ベール veil 베일
ペイ pay 페이
ペイント paint 페인트

ペナルティー penalty 페널티
ペン pen 펜
ページ page 페이지
ペース pace 페이스

【ホ】

ホステス hostess 호스티스
ホテル hotel 호텔
ホモ homo 호모
ホルダー holder 홀더
ホルモン hormon 호르몬
ホワイトカラー white collar 화이트 칼라
ホース hose 호스
ホームイン home in 홈인
ホームグラウンド home ground 홈그라운드
ホームチーム home team 홈팀
ホームドラマ home drama 홈드라마
ホームドレス home dress 홈드레스
ホームラン home run 홈런
ホール hall 홀
ボイコット boycott 보이콧
ボイラー boiler 보일러
ボクサー boxer 복서
ボクシング boxing 복싱
ボス boss 보스
ボタン button 버튼
ボディーガード body guard 보디가드
ボディービル body building 보디빌딩
ボリューム volume 볼륨
ボルト bolt 볼트
ボンド bond 본드
ボート boat 보트
ボーリング bowling 볼링
ボールペン ballpoint pen 볼펜
ポイント point 포인트
ポジチブ positive 포지티브
ポスター poster 포스터
ポップソング pop song 팝송
ポルノ porno 포르노
ポンド pound 파운드
ポンプ pump 펌프
ポーター porter 포터

【マ】

マイクロバス microbus 마이크로버스
マイクロホン microphone 마이크로폰
マイル mile 마일
マウス mouse 마우스
マウスピース mouthpiece 마우스피스
マカロニ macaroni 마카로니
マクロ macro 매크로
マスク mask 마스크
マスコミ mass communication 매스컴
マスターキー master key 마스터 키
マスメディア mass media 매스미디어
マダム madame 마담
マッサージ massage 마사지
マドロス matroos 마도로스
マニキュア manicure 매니큐어
マフラー muffler 머플러
マヨネーズ mayonnaise 마요네즈
マラソン marathon 마라톤
マンション mansion 맨션
マンツーマン man-to-man 맨투맨
マンネリズム mannerism 매너리즘
マーガリン margarine 마가린
マーク mark 마크
マーケッティング marketing 마케팅
マージン margin 마진

【ミ】

ミキサー mixer 믹서
ミクロン micron 미크론
ミサイル missile 미사일

ミス¹ miss 미스
ミス² Miss 미스
ミスター mister／Mr. 미스터
ミステリー mystery 미스테리
ミズ Ms. 미즈
ミセス missis／Mrs. 미시즈
ミックス mix 믹스
ミッションスクール mission school 미션 스쿨
ミニスカート miniskirt 미니스커트
ミニマム minimum 미니멈
ミネラル mineral 미네랄
ミュージカル musical 뮤지컬
ミラー mirror 미러
ミンク mink 밍크
ミーティング meeting 미팅

【メ】

メカニズム mechanism 메커니즘
メシア Messiah 메시아
メス mes 메스
メタル metal 메탈
メダル medal 메달
メッセージ message 메시지
メディア media 미디어
メドレー medley 메들리
メニュー menu 메뉴
メモ memo 메모
メロディー melody 멜로디
メロドラマ melodrama 멜로드라마
メンバーシップ membership 멤버십
メーカー maker 메이커
メーキャップ make up 메이크업
メーター meter 미터

【モ】

モウンド mound 마운드
モザイク mosaic 모자이크
モダニズム modernism 모더니즘
モダン modern 모던
モダージュ montage 몽타주
モチーフ motif 모티브
モットー motto 모토
モデル model 모델
モニター monitor 모니터
モノレール monorail 모노레일
モバイル mobile 모바일
モーション motion 모션
モーターボート motorboat 모터보트
モーテル motel 모텔
モード mode 모드

【ユ】

ユニホーム uniform 유니폼
ユーターン U turn 유턴
ユートピア Utopia 유토피아
ユーモア humour 유모

【ヨ】

ヨガ yoga 요가
ヨット yacht 요트
ヨーグルト yoghurt 요구르트
ヨーデル yodel 요들

【ラ】

ライセンス licence 라이선스
ライバル rival 라이벌
ラウンジ lounge 라운지
ラウンド round 라운드
ラジオ radio 라디오
ラップ wrap 랩
ラブシーン love scene 러브신
ラブストーリー love story 러브스토리
ラリー rally 랠리
ランジェリー lingerie 란제리
ランタン lantern 랜턴

ランデブー rendez-vous 랑데부
ランニング running 러닝

【リ】

リットル liter 리터
リモートコントロール remote control 리모트 콘트롤
リース lease 리스
リーダーシップ leadership 리더십
リード lead 리드

【ル】

ルネッサンス Renaissance 르네상스
ルージュ rouge 루즈
ルート root 루트
ルーブル rouble/ruble 루블

【レ】

レインコート raincoat 레인코트
レコーダー recoder 레코더
レシーブ receive 리시브
レストラン restaurant 레스토랑
レスリング wrestling 레슬링
レモネード／レモナーオド lemonade 레모네이드

【ワ】

ワイシャツ white shirts 화이트 셔츠
ワイパー wiper 와이퍼
ワイフ wife 와이프
ワイヤー wire 와이어
ワイパー wiper 와이퍼
ワイン wine 와인
ワクチン vaccine 백신
ワゴン wagon 왜건
ワセリン vaseline 바셀린
ワックス wax 왁스
ワルツ waltz 왈츠
ワット watt 와트
ワンピース one piece 원피스
ワークショップ workshop 워크숍

主要索引

この索引は、本文中〇囲みの数字で例文として提出されている重要なものから、名詞・動詞・形容詞を中心にアイウエオ順に並べています。ただし、濁音は五十音に含め、音引は飛ばして並べました。

また、単語の語尾変化については、とくに取りあげていませんので、目次によってページを引いて下さい。

【あ】

あ　192
ああ　192, 193
愛　44
合着　31
挨拶(あいさつ)　51
愛憎　64
愛する　82
あいつ　55, 57, 69
愛らしい　88
アイロン　32
会う　71, 82, 96, 154, 161, 166
亜鉛　36
青い　58, 67, 92
青色　43
青だいしょう(青大将)　26
青緑　43
赤い　58, 67, 92, 125
赤色　43
あかがい(赤貝)　27
アカシア　27
あかちゃん(赤ん坊)　21, 159, 166
明るい　59, 68
明るさ　59
秋　34, 181
あきっぽい　66

飽きる　80
悪　44, 65
悪どい　65
明くる　186
上げる　71
朝　51, 68, 93
浅い　57, 814
あさがお　63, 68
明後日　43
朝日新聞　50
足(脚)　45, 105
味　43, 59
アジア　45, 46
足首　45
足爪　45
足のうら　45
足指　45
明日　43, 172
アース　36
小豆　32
汗　48
あそこ　55, 190
遊ぶ　82, 150
与える　71, 82
暖かい　60, 67

頭　44, 106, 153, 166
新しい　63
あたり(辺り)　92
あたりまえ　174, 179
あちこち　177
あちら　55
あっ　192, 193
あつい(暑い、熱い)　60, 91
厚い　61
扱う　77
悪化する　183
厚かましい　66, 69
厚さ　61
あっち　55
集まる　162
アテネ　49
あと(〜日)　168
あとで　177, 181
あなた　54, 57, 69, 82, 103, 104, 137, 139, 167, 182, 190, 194
あなた自身　139
兄(にいさん)　20, 57, 68, 104, 106, 136, 143, 147, 162, 173
姉(ねえさん)　20, 22, 93, 107, 162
あの　185, 186
あのね　173
アパート　39
あひる　25
アフガニスタン　46
油　32
アフリカ　46, 47, 166
あべこべに　176, 179, 183
あまい　59
あまり(〜しない)　76, 136
余る　75
編む　78
飴　32

雨　35, 157, 182
アメリカ　46, 47
あやめ　28
洗う　78
争う　71
荒っぽい　65
あらゆる　186
霰　35
表す　71
現われる　75
あり(蟻)　26
有る　81, 83, 91, 148, 153, 158, 163, 166, 173, 174, 186, 187, 194
ある(〜)　185, 186
あるいは　189
歩く　105, 154, 157
アルジェ　48
アルジェリア　47
アルゼンチン　47
アルバニア　48
あれ　55, 57, 139, 169
あれ(?)　192
あれきり　60
あれくらいにして　177
あれほど　177
淡い　62
あわび　27
案　190
安心する　140
アンテナ　36
あんな　137
案内員　24
あんなに　177
あんまり　176

【い】

胃　190

いい(良い) 65, 91, 104, 145, 147, 151, 152, 153, 156, 163, 170, 171, 172, 193
いいえ(いえ) 193, 194
いいよ 193
委員 24
言う(いう) 78, 91, 92, 137, 138, 139, 143, 165, 182
家 29, 51, 147, 154, 161
いえ 193
家々 177
いか 27
医学 40
(うまく)いかない 39
いかに 178
怒り 44
胃がん 139
息 140
憤る 80
いきなり 176, 180
イギリス 48
生きる 75, 163
行く 91, 103, 104, 143, 146, 147, 151, 154, 156, 158, 159, 161, 162, 163, 170, 171, 173, 180, 194
いくら(〜ても) 78, 138
いくらか 177
いけない 155
意見 68, 93
=(イコール) 203
居酒屋 40
勇ましい 65
医師(医者) 23, 40
意志 67
石ころ 180
いしもち 27
異常気象 33
いじわるだ(意志悪) 65, 67
椅子 30

急いで 176
忙しい 63, 91, 153
痛い 138, 159
いたずら 169
イタリア 48
位置 37
1(いち) 196
1位 200
1億 197
一月 42
いちご(苺) 28
1号 200
一時(1時) 148, 201
一時間 148
1錠 198
1膳 198
1台 199
1ダース 198
一度 91, 107
1度目 200
1人前 198
いちばん(〜だ) 137
1番 200
1枚 198, 199
1両 199
1羽 198, 199
何時(いつ) 43
1階 199
1回目 200
1機 199
1軒 199
1個 198
いっこうに 179
1歳 200
1冊 199
いっしょ(に) 136, 103, 176, 194
1食 198

1世紀 *201*
1隻 *198*
いっそ *104*
1足 *198*
いったい(一体) *105, 153, 178*
いったいぜんたい *178*
1着 *198, 200*
1兆 *198*
1挺 *199*
1通 *199*
1通話 *199*
いつつ *196*
1滴 *199*
一点 *186*
1頭 *199*
1灯 *199*
1等(着) *200*
一時(いっとき) *92*
1杯 *199*
1匹 *198*
1篇 *198*
1本 *198, 199*
糸 *30*
いない *137, 182*
犬 *25, 52, 138, 147, 198*
猪 *25*
命がけで *176*
居間 *27*
祈る *71, 80, 146*
今 *43, 92, 106, 157*
今頃 *136*
今しがた *177, 181*
今では *192*
今にも *140*
eメール *36*
いもうと(妹) *21, 93*
いや *143, 193*

いや(嫌) *103, 138, 143*
いやしい *65*
イラク *46*
イラン *46*
居る *75, 137, 159, 160, 166, 190*
射る *87*
色 *43, 58, 67, 68*
いろんな *186, 187*
岩 *35*
祝う *71*
いわし *27*
いわば *179, 183*
いわゆる *179, 186*
インキ *33*
飲食店 *39*
仁川(インチョン) *49*
インド *46*
インドネシア *46*
陰謀 *186*
陰暦 *201*

【う】

ウィーン *48*
ウィスキー(洋酒) *33*
上 *40, 104*
上下 *42*
植える *71, 82, 139, 169*
飢える *75*
元山(ウォンサン) *49*
うぐいす *26*
受ける *71*
うさぎ(兎) *25, 52*
牛 *25*
失う *76, 160*
後 *42*
薄い *62*
嘘つき *167*

歌　*81, 152*
歌う(うたう)　*79, 81, 107*
疑う　*80*
うち　*60*
うちかつ(打勝つ)　*186*
打つ　*77*
蔚山(うつさん)　*49*
美しさ　*60*
美しい　*60, 67, 82, 93, 159, 168, 171, 190*
写す　*71, 81, 82*
腕　*44*
腕前　*81, 82*
うなぎ　*27*
馬　*19, 25, 52*
うまくいく　*45*
海　*35, 50, 147, 149*
海辺　*186*
産む　*71, 83*
梅　*28*
埋める　*71, 96*
恨む　*80*
羨む　*81*
うり(瓜)　*28*
売る　*71, 82*
ウルグアイ　*47*
うるさい　*43*
蔚山(ウルサン)　*49*
憂い　*44*
憂える　*80*
うれしい(嬉しい)　*64, 67, 69, 92*
上着　*31*
運河　*39*
運転手　*23, 51, 56*

【え】

絵　*103, 106*
映画　*41, 81, 136, 137, 145, 186, 190*
映画館　*39*
英語　*52*
衛星　*34*
栄養士　*23*
栄養素　*32*
描く　*77, 91*
駅　*82*
エクアドル　*47*
えさ　*38*
エジプト　*47*
エチオピア　*47*
X線　*37*
NHK　*50*
選ぶ　*71, 186*
エルサルバドル　*47*
演劇　*41*
遠称　*55*
演奏家　*23*
鉛筆　*19, 33, 62*
えんやこりゃ　*193*

【お】

おい(甥)　*21*
おい　*192, 194*
おいしい　*93, 166, 169, 171, 172*
おいで　*162*
老いる　*76*
王　*38*
追う　*71*
おうむ　*26*
凹面鏡　*37*
多い　*60*
大きい　*60, 67, 91, 205*
大きな　*186, 187*
大きさ　*60*
大阪　*49*
大麦　*32*

おかあさん(母)　20, 107, 147, 151
おかしな　186, 187
(このままでは)おかない　50
拝む　77
お客さん　40
起きる　71
置く　71, 104, 105
贈りもの　186
送る　71
遅れる　138
行う　71
押さえる　77
おじ(伯父)　21
おじ(叔父)　21
おじいさん(祖父)　20, 60, 180
教える　71
おじさん　21, 139, 150
押す　77
オーストラリア(豪州)　48
オーストリア　48
おそらく　78, 182
恐れ　44
恐れる　87
恐ろしい　64
落ちる　148, 180
おっくう　104
夫　24
音　36, 43, 67
おとうさん(お父さん・父)　20, 67, 68, 92, 104, 106, 136, 138, 139, 146, 169, 182, 174, 195
おとうと(弟)　20
男　24
男らしい　66
一昨日　43
一昨年　43
おとな(大人)　21
おとなしい　65, 156

オートバイ　40
おとめ(乙女)　24
踊り　152
踊る　78
驚き　44
驚く　80
お願い　167
お願いだから　178
おば(伯母)　21
おば(叔母)　21
オーバー　31
おばあさん(祖母)　20
おばさん　21
おはよう　193, 195
帯びる　75
覚える　80
おぼん(御盆)　30
おまえ　54, 156, 160, 163
おまけに　189, 190
思い　44
重い　60
思いきり(思いの丈)　176, 180
思う　80, 137
重さ　60
おもしろい(面白い)　64, 145, 156
おもちゃ　31
おもむろに　176
おや(?)　192, 193
泳ぐ　189
および　48
オランダ　71
降りる　77
折る　149
折れる　78
織る　53
おれ　30
おろし金　30

終わる *176, 191*
恩 *182*
音楽 *40, 51*
音楽家 *23*
音楽堂 *39*
温泉 *35*
温度 *35, 60*
女 *24, 69*
女らしい *66*

【か】

が *145*
かあかあ *180*
海王星 *34*
絵画 *40*
会館 *39*
会計 *39*
解決する *48*
外国語 *40*
会社員 *23*
開城 *49*
街路 *39*
カイロ *48*
買う *71, 140, 162*
飼う *71*
仮す *71*
かえって *179, 183*
かえで *28*
かえる(蛙) *26*
帰る *71, 136, 137, 139, 161, 181*
顔 *56, 146*
画家 *56, 146*
価格 *39, 63*
化学 *40*
科学者 *23*
科学的 *66, 68, 69*
鏡 *30*

かがやく(輝く) *184*
かかる *159*
柿(かき) *28*
鍵 *31*
垣根 *29*
書く *78, 139, 150*
かく(描く) *77*
嗅ぐ *80*
家具 *30*
格技 *41*
学生 *41*
拡声器 *36*
角度 *63*
学徒 *41*
革命(的だ) *38, 67*
学問 *40*
学用品 *33*
学歴 *41*
隠れる *71*
歌劇 *37*
かけ算(乗算) *203*
駆ける *72*
掛ける *77*
×(かける) *203*
かご *30*
加工する *72*
囲む *72*
かさ(傘) *40*
かささぎ *26*
飾る *72, 139*
火山 *35*
かし *27*
菓子 *32, 198*
歌手 *24*
貸す *72*
風 *35, 40, 229*
火星 *34, 57, 100*

数え年 200
家族 20
硬い 62, 180
かた苦しい 66
かたこと(片言) 138
硬さ 62
形 61
語る 79
家畜 25
がちょう 25
勝つ 76, 183
かつお 27
学会 186
かっこう 26
学校 39, 56, 81, 145
褐色 42
勝手 104, 161
活発 65
活用する 106
カトマンズ 49
悲しい 64
悲しみ 44
カナダ 47
金づち 33
必ずや 179
かに(蟹) 27
金 57, 119, 148
カーネーション 28
兼ねる 75
かの 185
可能 190
かの女(彼女) 54, 57
かばん 34
花びん 104
株 39
株式会社 39
かぶとむし 26

壁 29, 139
かぼちゃ 29
釜 30
かまきり 26
かまわない 147
髪 45
紙 34, 199
カミソリ 30
髪油 30
かめ(亀) 26
かめ(瓶) 30
かめ(甕) 7
カメラ 37
かもめ 26
通う 78, 81
火曜日 42
柄 91
〜から 149, 194
からい(辛い) 59
からから 180
からす 26
ガラス 51
体 44
空手 41
からまつ 27
狩り 52
かりに 178, 182
借りる 72, 81
刈る 78
軽い 60
カルシウム 32
かれ(彼) 54, 56, 137, 138, 166, 186, 190
かれい 27
枯れる 76
川 35, 37, 50, 67, 68
変わる 76
がん(雁) 26

癌　*165*
貫　*202*
考え　*67, 68, 69, 93*
考える　*80, 156, 168*
感覚　*43*
環境　*37*
江界(カンゲ)　*49*
頑固　*65, 67*
看護師(婦)　*23*
肝硬変　*165*
韓国　*46*
感情　*44, 64, 80*
感じる　*168*
岩石　*35*
関節　*52*
肝臓　*45, 190*
感想文　*103*
かんたん　*190*
乾電池　*36*
かんな　*33*
観念　*44*
カンボジア　*46*
寛容　*66*

【き】

木　*27, 50, 51, 199*
気　*160*
気圧　*35*
黄色　*43*
黄色い　*58*
議員　*23*
消える　*76, 81*
気温　*35*
機械　*139*
機関士　*23*
聞き入れる　*156, 182, 190*
ききょう　*28*

企業　*38*
きく(菊)　*28*
聞く　*80, 136, 137, 139*
義兄　*21*
紀元後　*201*
危険信号　*92*
紀元前　*201*
危険な　*69*
義姉　*21*
きじ　*26*
汽車　*40*
技術者　*23*
気象　*35*
季節　*34*
貴族　*38*
北　*42*
期待　*36*
鍛える　*72*
北九州　*49*
北朝鮮　*46*
きたない　*60*
来る(きたる)　*185, 186*
議長　*23*
喫茶店　*40, 186*
きつつき　*26*
きっと　*179, 183, 194*
きつね(狐)　*25*
義弟　*21*
昨日(きのう)　*43, 103, 174*
きび(黍)　*147*
気分　*154*
希望　*187*
義妹　*21*
きみ(君)　*54, 57, 69, 93, 163, 190*
キムチ　*32*
決める　*72, 104, 161*
胆(きも)　*91*

気持 *91*
脚 *45*
キャベツ *29*
キャンベラ *49*
9 *195*
球技 *41*
9個 *19*
急行 *40*
九州 *49*
90 *197*
急進的 *66, 68*
急い *137*
牛肉 *32*
休養 *170*
きゅうり *29*
キューバ *47*
今日(きょう) *43*
教育学 *40*
教育 *41*
教員 *41, 56*
教科書 *34*
競技 *41*
恐慌 *39*
共産主義 *38*
業者 *24*
教授 *23*
行政 *38*
鏡台 *30*
京都 *49*
教頭 *23*
共同通信 *50*
魚介類 *27*
巨大だ *61*
去年 *43*
漁民 *23*
距離 *61*
慶州(キョンジュ) *49*

きらきら *180, 184*
きり(桐) *27*
きり(錐) *33*
霧 *35*
ギリシア *48*
キリン *25*
着る *72, 83, 91*
切る *78*
きれいな *60, 67, 68, 136, 172*
キログラム(kg) *202*
キロメートル(km) *202*
議論 *191, 210*
金 *36, 52*
斤 *202*
銀 *36*
銀河 *34*
金魚 *27*
銀行 *38*
銀行員 *24*
近称 *55*
金星 *34*
近代 *37*
金本位 *39*
金曜日 *42*
金融 *39*

【く】

グアテマラ *47*
光州(クァンジュ) *49*
悔いる *80*
食う(食べる) *79, 81, 107, 138*
空気 *91, 93*
空想的だ *66*
9月 *42*
くぎ(釘) *199*
釘抜き *33*
くさい *59*

腐る　*76*
くし　*30*
鯨　*51*
薬　*55, 198*
〜下さい(ください)　*91, 105, 182, 183*
くだもの(果物)　*28, 198*
口　*45*
唇　*45*
靴　*31*
靴下　*31, 52*
くってかかる　*52*
国　*51*
国々　*46, 47, 48*
首　*44*
くま(熊)　*25*
金剛山(クムガンサン)　*143, 181*
くも(蜘蛛)　*26*
雲　*35*
曇　*35*
曇る　*76*
暗い　*59*
暮らす　*75, 182*
グラム(g)　*202*
くり(栗)　*28*
クリーム　*30*
くる(来る)　*76, 91, 107, 137, 140, 147, 161, 163, 169, 171, 180, 190, 194*
狂う　*75*
苦しい　*64*
暮れる　*76*
黒い　*58*
苦労する　*180*
黒山羊　*25*
クローバー　*28*
桑　*28*
加える　*72*
軍人　*23*
軍隊　*23*

【け】

毛　*52*
計画　*68, 69, 182, 190*
景気　*39*
経験　*187*
傾向　*76*
経済　*38*
経済学　*40*
慶州　*49*
芸術　*40, 51*
芸術家　*23*
携帯電話　*37*
劇場　*39*
夏至　*34*
景色　*93, 190, 193*
消しゴム　*33*
罌粟(ケシ)の花　*36*
消す　*72*
削る　*72*
開城(ケソン)　*49*
決意　*173*
結局　*179*
結婚式　*174*
決して　*178, 179, 182*
決心　*173*
月曜日　*42*
結論　*191*
下品だ　*65*
ケーブル　*34*
毛虫　*26*
けやき　*27*
蹴る　*78*
けれども　*188*
げろげろ　*180*
けんか　*52*

玄関 29
研究者 24
健康 165, 180, 191
元山 49
検事 23
原始時代 37
現実的 66, 67, 93, 94
建設的だ 66, 68, 94
幻想的だ 66
謙遜だ 65
建築 41
顕微鏡 37
憲法 38
原料 38

【こ】

(動物の)仔 52
5 196, 203
〜後 2
こい(鯉) 27
濃い 62
恋しい 64
こいつ 55
合 203
公園 39, 50
公演 191
効果 55
江界 49
航海士 23
光学 37
工学 40
合格する 194
豪華だ 66
交換する 91
講義 41
高級 137
工業 39

鉱業 39
光州 49
豪州 48
工場 82, 106
高尚だ 65
香水 30
抗生物質 183
紅茶 33, 137
校長 23
交通機関 40
行動 68
香ばしい 59, 67
幸福 44, 182
鉱物 35
興奮 150
神戸 49
公務員 24
紅葉 136
交流 36
声 39
越える 186
凍る 76
こおろぎ 26
語学 40
小刀 33
五月(5月) 42, 186
ごきぶり 26
ごく 176
国語 40
国際関係論 40
黒色 44
こけこっこ 180, 184
焦げる 76
ここ 55, 68, 92, 107, 173
5個 198
午後 49, 201
ここのつ 197

心　*91, 93*
試みる　*72*
濃さ　*62*
腰　*45*
5時(五時)　*181, 201*
500　*197*
50　*197*
こしょう　*32*
後生だから　*179, 182*
コスタリカ　*47*
午前　*201*
五臓六腑　*45*
古代　*37*
五大州　*46*
答える　*79*
こちら　*55, 69, 107*
国家　*38*
こっち　*55, 104, 162, 194*
コップ　*30*
こと(事)　*186*
コート　*31*
ことさら　*179*
今年　*43*
こども(子、子供)　*21, 67, 105, 138*
子供服　*31*
諺　*51*
この　*91, 103, 105, 182, 185*
この頃　*91*
このまま　*50*
好む　*80*
この世　*56*
拒む　*72*
ご飯(ごはん)　*81, 198*
コーヒー　*33, 137*
5分　*201*
5分前　*201*
ごぼう　*29*

5本　*199*
ごま　*32*
困る　*174*
小麦　*31*
小麦粉　*32*
米　*32*
こら　*192*
こりゃ　*191*
これ　*55, 56, 57, 68, 103, 107, 135, 136, 139, 161, 163, 181, 182, 183, 191, 194*
これ(!)　*192*
これから　*177*
これくらいにして　*177, 181*
これという　*190*
これほど　*177*
頃　*136*
殺す　*72*
コロンビア　*47*
怖がる　*81*
根拠のない　*180*
コンゴ　*47*
金剛山　*181*
昆虫　*26*
コンデンサー　*36*
今度　*138, 167*
こんなに　*177*
困難　*186*
こんにちは　*193*
コンパス　*34*
今晩　*52*
こんばんは　*193*
コンピューター　*36*

【さ】

差　*186*
さあ　*193*
最近　*91, 103, 190*

財政　39
裁断する　107
サウジアラビア　46
栄える　76
捜す(探す)　72, 181
さぎ　26
咲く　76, 81, 145
作詞　107
作詞者　23
作成する　72
昨年　43
昨晩　187
作品　139
さくら(桜)　28
さくらんぼ　28
さけ(鮭)　27
酒　33, 152, 158, 199
叫ぶ　79, 195
さじ　30, 198
刺す　78
さすが　178, 181
授ける　77
さぞ　178
さだめし　178
作家　23
サッカー　41, 103
さっき　177
作曲　107
作曲家　23
さっさと　163
雑誌　103
雑談　155
札幌　49
さつまいも　29
さて　189, 191
砂糖　32
さば　27

さびしい　174
サービス業　39
さぶとん　30
さほど　181
ざま(を見ろ)　108
寒い　60, 136
さめ(鮫)　27
左右　43
さようなら　193
皿　19, 30
ざらざら　180, 184
さらに　176, 179
さりとて　189, 190
さる(猿)　25
去る　72, 186
さるすべり　28
騒がしい　59
さわら　27
3　196, 203
3位　200
3回目　200
三角定規　34
3月　42
産業　39
産業革命　38
3個　198
3号　200
3歳　200
3時　200
30　19, 203
31　197
35　197
30分　201
賛成　93, 104
3等(着)　200
3度目　136, 200
3人で　151

3年前 *36*
3番 *200*
300 *197*
散歩 *151*
3本 *199*
さんま *27*
山脈 *35, 37*

【し】

4 *196, 203*
詩 *198*
時 *43*
試合 *103*
塩 *32*
塩からい *59*
しか(鹿) *25*
視覚 *43*
四角い *61*
しかし *188, 190*
しかしながら *188*
しかたがない *49*
四月(4月) *42, 201*
しかも *189*
自家用車 *187*
しかる(叱る) *38, 46*
時間 *52, 63, 160, 186*
(2)時間(後) *92*
四季 *34*
指揮者 *23*
茂る *75*
試験 *41, 194*
資源 *35*
嗜好品 *33*
四国 *49*
仕事 *171*
獅子 *25, 50*
事実(〜である) *178*

時事通信 *50*
磁石 *36*
市場 *39*
自称 *53*
事情 *104, 190*
自乗 *203*
地震 *35*
自身 *164*
静か *59, 67, 68, 69, 89, 90, 92, 93*
自然 *93*
思想 *44*
下 *42, 104*
舌 *45*
時代 *37*
慕う *80*
したがって *188, 190*
下着 *31, 198*
7 *196*
七月 *42*
しっ *92*
じっくり *176*
実行 *190*
実時間 *209*
実践力 *190*
質素だ *66*
失礼する *53*
自転車 *40*
児童館 *41, 57*
自動車 *40, 57, 199*
新義州(シニジュ) *49*
死ぬ *76, 83, 136, 163*
地主 *37*
忍ぶ *80*
しばらく(したら) *105*
縛る *78*
しぶい(渋い) *59*
渋ちん(吝嗇、ケチ) *138*

自分　53, 105, 106, 107, 168, 183
自分ながらも(でも)　154
慈母　22
脂肪　32
司法　38
絞る　78
資本　38
資本主義　38
島　37
事務員　22
示す　72
霜　35
社会学　40
社会主義　38
じゃがいも　29
しゃくやく　28
車庫　29
ジャケット　31
車掌　24
写真　81
写真機　37
社長　23
若干　177
車両　199
ジャンパー　31
自由　57
10　196
銃　199
11　196
11月　42
10億　198
嗅覚　41
10月　42, 201
宗教　38
19　197
19時　201
15　197, 203

15歳　200
13　196
14　196, 203
10時　201
17　197
修正液　34
集中豪雨　35
しゅうと　24
柔道　41
しゅうとめ　24
12　196, 203
12月　42
18　197, 203
秋分　33, 34
十分(な)　106
10万　190, 197
14ヵ月目　105
10里　157
16　197, 203
主義　38
主人　24
出演する　138
10個　198
10分　201
首都　48
主役　138
授与　190
春夏秋冬　34
瞬間　43
準備　165
春分　34
升　203
しょうが　29
正月　34
定規　162
上気する　150
商業　38, 39

消極的だ　*67, 68*
将軍　*23*
上下　*42*
昌原(しょうげん)　*49*
条件(つき)　*51, 94, 190*
じょうご　*30*
将校　*23*
正直な　*160*
賞状　*190*
上手になる　*158*
小説　*136, 190*
小説家　*23*
消息　*60*
小腸　*45*
商店　*49*
場内　*55*
情熱　*166*
少年　*21*
消費　*39*
商品　*38*
上品だ　*65, 68, 53*
丈夫　*154, 190*
常務　*23*
条約　*38*
醤油　*32*
職業　*23*
食事　*149, 154, 198*
食卓　*30*
食堂　*39*
食民地　*38*
食欲　*174*
食糧　*65*
食料品　*32*
書斎　*27*
助産婦(助産員)　*23*
女子　*35*
助手　*34*

女性　*24, 68*
触覚　*43*
職工　*24*
書店　*40*
白樺　*27*
白鷺　*26*
調べる　*72*
尻　*45*
シリア　*46*
知る　*137, 172*
白い　*58, 136*
しろうと　*186*
白砂糖　*32*
真意　*51*
新義州　*49*
人口　*37*
信号　*39*
寝室　*29*
真実　*44, 135, 181*
信じる　*39*
人生　*51, 183*
親戚　*20*
仁川　*49*
心臓　*45*
腎臓　*45*
身体　*44*
真鍮　*52*
信念　*57*
心配　*52, 92*
新聞　*50*
進歩的だ　*68*
親友　*57*
心理学　*40*

【す】

酢　*32*
水泳　*41*

すいか(西瓜) 32, 92
水原 49
水産業 39
水晶 36
スイス 48
水星 34
慧星 34
すいせん(水仙) 28
水道 29
膵臓(すいぞう) 45
ずいぶん 177, 180
水曜日 44
吸う 79, 149
スウェーデン 47
水原(スウォン) 49
数学 40
スカート 31
スカーフ 31
杉 27
好き 143, 152
救う 72
少ない 60, 152
(もう)少し 37, 176
スコップ 190
すこぶる 176, 180
すずしい 60
進む 72
すずむし(鈴虫) 26
すずめ 26
スーダン 47
スーツ 31
すっかり 176
すっぱい 59
すでに 177, 181
捨てる 77
すなわち 179, 183
すね 45

すばらしい 173, 181
ズブの 186
スペイン 48
ズボン 31
墨 34
すみずみ 177, 181
すみません 38
すみれ 28
住む 75, 136
済む 76
澄む 93
相撲とり 158
すもも 28
スリランカ 46
する 105, 107, 136, 137, 138, 151, 154, 155, 160, 167, 168, 169, 171, 172, 181, 190
刷る 72
すると 189, 190
鋭い 63
〜するばかりで 118
座って 107, 182, 183, 190

【せ】

背 44
成果 52
性格 65, 91
生活 137, 139
正義 201
生産 44
政治 38
政治家 23
政治学 40
清津 49
生徒 41
政党 38
青年 21, 77
政府 38

生物　*40, 182*
生物学　*38*
西方　*42*
西北　*42*
政令　*38*
西暦(西紀)　*201*
世界卓球選手権大会　*40*
世界的　*94*
石炭　*35*
石油　*35*
積極的だ　*67*
せっけん　*30*
ぜひ　*179, 194*
せまい　*61*
せみ　*26*
せり　*29*
千　*19*
善　*44, 65*
栓　*52*
善悪　*44*
船員　*24*
千億　*198*
1930年　*201*
1978年　*201*
1985年　*186*
1983年　*186*
1960年　*201*
選挙　*38*
前後　*42*
全州　*49*
選手権大会　*140*
先生　*51, 139, 146*
戦争　*38*
洗たく　*160*
洗濯機　*31*
センチメートル(cm)　*202*
船長　*23*

宣伝　*138*
全部　*191*
ぜんまい　*29*
千万　*197*
専務　*23*
洗面器　*30*
善良な　*65, 67, 69*

【そ】

そいつ　*55*
ぞう(象)　*25, 181*
憎悪　*44*
双眼鏡　*37*
雑巾　*31*
倉庫　*29, 209*
掃除　*60*
そうして　*189*
そうする　*56*
造船所　*106*
想像　*181*
そうですか　*193*
相当に　*177*
そうとしか　*168*
総理　*38*
僧侶　*38*
ソウル　*49*
そこ　*55, 57*
祖国　*52, 106, 146, 168*
そこで　*188*
そして　*189*
育てる　*72*
そちら　*55, 104*
卒業　*41*
卒業証書　*190*
そっち　*55*
外　*92, 136*
その　*185*

その上 *189*
その他 *24*
その人 *54*
祖父(おじいさん) *20, 160, 180*
ソフィア *49*
祖母(おばあさん) *20*
ソマリア *47*
そもそも *189*
空 *50*
そらまめ *29*
空模様 *157*
そりゃ *174*
それ *55, 57, 69, 152*
それ(呼びかける) *192*
それ(みろ) *108*
それから *179, 189*
それきり *60*
それくらいにして *177, 191*
それじゃ *194*
それで *188*
それでは(それなら) *189*
それでも *188*
それとも *189, 190*
それなのに *188*
それに *189*
それにしても *188*
それはそうと *189*
それほど *177*
それゆえ *188*
損 *167*
ぞんざい *145*
存在する *140*
そんなこと *163, 182*
そんなに *177*

【た】

たい(鯛) *27*
体育 *41*
第1 *200*
第1条 *200*
大学 *106, 163*
大邱(たいきゅう) *49*
大工 *24*
退屈だ *64*
大工道具 *33*
だいこん(大根) *29*
第3 *200*
第3条 *200*
たいした *185, 186*
対称 *54*
大丈夫 *104*
大切だ *106, 162*
体操 *41*
大それた *185, 186*
大腸 *45*
大田(たいでん) *49*
大統領 *38*
台所 *29*
第2 *200*
第2条 *200*
大(だい)の *185*
第八芸術 *186*
台風 *33*
たいへん(大変) *91, 138, 176*
太陽 *43, 92*
大洋州 *46, 48*
大陸 *35, 37*
タオル *30*
倒れる *135, 140*
たか *26*
だが *188*
高い *61, 180, 224*
高い(価格) *63, 68*

高さ　*61*
〜だから　*167*
だから　*188, 190*
滝　*148*
抱く　*77*
たくさん　*176*
タクシー　*40*
託児所　*41*
竹　*28*
〜だけ　*158*
だけど　*189*
たこ　*27*
たし算(加算)　*203*
だしぬけに　*176*
他称　*54*
多少　*161*
たす　*203*
出す　*72, 92, 195*
助け　*61*
助ける　*72, 138*
尋ねる(たずねる)　*79, 172*
戦い　*163*
戦う　*72*
ただし　*189, 190*
正しい　*168*
漂う　*75*
たちうお(太刀魚)　*27*
立ちよる　*186*
立つ　*72, 105, 106, 155*
断つ　*73*
経つ　*48*
たつ(発つ)　*149*
卓球　*41*
だって　*174, 188*
建物　*199*
建てる　*73*
たとい　*178, 182*

たぬき(狸)　*25*
谷　*35*
たね(種)　*52*
楽しい　*64, 106*
楽しむ　*80*
頼む　*73*
タバコ　*33, 143, 146, 149, 155, 199*
多分　*78, 182*
食べる　*79, 81, 107, 137, 138*
たまご　*32, 198*
だます(騙す)　*131, 132, 138*
たまねぎ　*29*
だめ(だ)　*138, 152, 157, 170*
便り　*67*
たら　*27*
たらい　*30*
だれ(誰)　*54, 57*
タングステン　*34*
タンザニア　*47*
男子　*24*
男子服　*31*
筆笥　*30*
炭水化物　*32*
男性　*24*
胆のう　*45*
タンパク質　*32*
たんぽぽ　*28*

【ち】

地　*35*
小さい　*61, 90, 91, 154*
知恵　*166*
チェコ　*48*
近い　*61*
誓う　*79*
違う　*76, 104, 181*
近頃　*174*

247

地下資源　*35*
地下鉄　*40*
力　*62, 105, 158, 195*
力いっぱい　*176*
地球　*34, 35*
蓄電池　*36*
地形　*37*
ちしゃ　*29*
地図　*37*
父親(父・お父さん)　*20, 51, 57, 92, 136 138, 139, 146, 169, 174, 182, 195*
鎮海(チネ)　*49*
ちのみご　*21*
乳房　*45*
地方　*37*
地名　*49*
茶　*33*
茶碗　*30*
昌原(チャンウォン)　*49*
忠告　*156, 182*
中国　*46*
中秋　*34*
中称　*55*
中世　*37*
チュニジア　*47*
チューリップ　*28*
ちょう(蝶)　*26*
聴覚　*43*
長官　*38*
彫刻　*41*
朝鮮　*51, 180*
朝鮮狼　*25*
調味料　*32*
直流　*36*
直感　*43*
直観　*43*
チョンガー　*24*

全州(チョンジュ)　*49*
清津(チョンジン)　*49*
地理　*37*
チリ　*47*
ちりぢり　*176*
ちりとり　*31*
散る　*76*
鎮海　*49*
賃金　*39*

【つ】

ついうっかり　*137*
ついさっき　*177*
通貨　*38*
通信　*36, 55*
通訳　*24*
使い道　*91*
使う　*73*
疲れる　*75*
月　*34, 182*
月(がつ)　*42*
次に　*189*
着く　*76, 147*
つく(付く)　*181, 190*
机　*30*
尽くす　*73*
作る　*38*
(家などを)造る　*73*
告げる　*79, 184*
伝える　*104, 139*
続く　*75*
つつじ　*28*
慎しむ　*80*
包む　*73*
勤める　*73*
努める　*73*
つばめ　*26*

つぶす　*160, 186*
つぼ(壷)　*30*
坪　*202*
妻　*24, 137*
積む　*73, 187*
つめたい(冷たい)　*60, 91, 93*
梅雨　*35*
強い　*62, 67, 158*
つらい　*106*
つる(鶴)　*26*
釣る　*73*
つるつる　*180*
つるはし　*196*

【て】

手　*44, 62*
で　*150, 151*
抵抗　*36*
帝国主義　*38*
ディスカウントされた　*63*
DVD　*32*
てかてか　*179*
手紙　*147*
〜的　*66*
適する　*190*
できない　*140*
できる　*119, 140, 148, 154, 169*
大邱(テグ)　*49*
手首　*45*
テコンド(跆拳道)　*41*
デジタルカメラ　*35*
大田(テジョン)　*49*
ですが　*188*
ですから　*188*
手帖　*34*
鉄　*35, 36, 180*
哲学　*40, 69*

徹底的に　*176*
鉄道　*37*
鉄道員　*24*
手の爪　*45*
テニス　*41*
手ぬぐい　*30*
手のひら　*45*
では　*189, 191*
テープレコーダー　*31*
でも　*188*
照る　*76*
出る　*76, 145, 154, 161*
テレビ　*31, 36*
電圧　*36*
天気　*35, 67*
電気　*36, 186*
電気釜　*32*
電気製品　*31*
電球　*31*
天気予報　*35*
電子　*36*
電子メール　*36*
電車　*40*
天井　*29*
電信　*36*
天体　*34*
電池　*31*
電灯　*199*
てんとう虫　*26*
電熱器　*32*
天然ガス　*35*
天王星　*34*
電報　*198*
デンマーク　*47*
天文学　*40*
電流　*36*
電話　*36, 199*

【と】

戸 *29*
とある *186*
〜というもの *183*
砥石 *33*
ドイツ *48*
どいつ *55*
銅 *36*
どう *178, 181, 182, 191*
どうか *179*
とうがらし(唐辛子) *29*
東京 *48, 49*
東京放送 *50*
道具 *33*
東西南北 *42*
冬至 *34*
どうして *177, 181*
どうしても *179*
どうする *182*
当然 *178, 179, 182*
どうぞ *178, 182*
灯台 *180*
到着する *181*
とうてい *179, 182*
東南 *42*
東南東 *42*
どうにかする *137*
とうふ(豆腐) *32*
東方 *42*
とうもろこし *32*
道路 *37, 39*
討論 *191*
とお(10) *197*
遠い *61*
10日 *201*
時 *43*
時々 *155*

ときに *189*
時には *93*
解く *73, 82*
得 *167*
独身者 *24*
独奏者 *23*
時計 *52*
溶ける *76*
どこ *56, 57, 104, 105, 138, 147, 161*
所 *69*
ところが *189, 190*
ところで *189, 191*
所々 *219*
都市 *37, 39*
年 *106*
どじょう *27*
図書館 *41*
年寄り *21*
閉じる *73*
土星 *34*
どちら *56*
特急 *40*
どっこいしょ *193*
突然に *176*
どっち *56*
凸面鏡 *37*
とても *92, 174, 176*
唱える *79*
どなた *54, 57*
とにかく *179, 183*
どの *185, 186*
とはいうものの *188*
とはいえ *188*
飛ぶ *73*
どぶろく *33*
トマト *29*
止まる(む) *73, 140*

富　*70*
ドミニカ　*47*
共に　*176*
土曜日　*42*
とら(虎・トラ)　*25, 50, 52, 137, 166*
ドライバー　*33*
捕える　*77*
トラック　*40*
トランジスターラジオ　*31*
鳥　*26, 67, 138, 198*
取引　*39*
努力する　*152*
とりわけ　*179*
取る　*77*
(年を)とる　*106*
トルコ　*46*
どれ　*55*
泥だらけ　*162*
トン(t)　*202*
とんだ　*185, 186*
とんぼ　*26*

【な】

ない　*106, 137, 138, 139, 143, 147, 150, 151, 153, 154, 155, 159, 160, 161, 162, 163, 166, 167, 168, 171, 172, 174, 180, 181, 183, 190*
内観　*43*
ないし　*189, 190*
ないしは　*189*
ナイロン　*50, 190*
なお　*179, 189*
なおかつ　*179, 189*
直す　*73*
なおる(治る)　*137, 183*
中　*92, 136*
長い　*62, 138, 181*
長さ　*62*

なかなか　*38, 177*
仲になる　*38*
眺める　*79*
流れ　*170*
流れ落ちる　*148*
流星　*34*
流れる　*75*
鳴き声　*38*
泣く　*81, 92, 140, 152*
慰める　*80*
なくす　*104*
亡くなられる　*133*
亡くなる　*39*
投げる　*77*
名古屋　*49*
なし(梨)　*28*
なす　*29*
なぜ　*177, 181*
夏　*34, 51*
懐かしい　*172*
夏服　*31*
なつめ　*28*
〜など　*160*
7　*196*
7個　*198*
70　*197*
ななつ　*196*
何　*57, 153, 162, 163, 190, 193*
なにとぞ　*179, 182*
なにゆえ　*177*
なのに　*188*
なべ(鍋)　*30*
なまいきだ　*65*
名前　*105*
なまこ　*27*
鉛　*36, 180*
悩む　*80*

習う　*106, 158*
ならびに　*189, 190*
なる　*146, 147, 182*
慣れる　*75*
何回　*106*
南極　*35*
なんで　*177, 181*
何ですか　*57*
何と　*163, 193*
何とかかんとか　*177*
南方　*42*
何曜　*42*

【に】

2　*197, 203*
2位　*200*
新潟　*49, 149*
にいさん（兄さん・兄）　*20, 57, 136, 143, 147, 162, 173*
臭い（匂い・におい）　*43, 59, 67*
苦い　*59*
2回目　*200*
2月　*42*
ニカラグア　*47*
握る　*77*
憎む　*60*
憎らしい　*64*
逃げる　*73*
2個　*198*
2号　*200*
にこにこ　*180*
2歳　*200*
西　*42*
2時　*201*
2時間(後)　*92, 148, 159*
20　*197*
21　*197*
29　*197*
25　*197*
23　*197*
24　*197*
27　*197*
22　*197*
22時　*201*
二十年　*166*
28　*197*
20秒　*201*
20万　*190*
26　*197*
20分　*201*
にしん　*27*
2千　*197*
日用雑貨　*30*
日曜日　*42*
日本　*46, 49*
2等(着)　*200*
二度と　*137*
2度目　*200*
2番　*200*
200　*197*
鈍い　*63*
2分　*201*
2分前　*201*
2本　*199*
日本製　*52*
荷物　*91*
にゃあご　*180*
にやにや　*180, 184*
入学　*41*
入学試験　*194*
ニューカレドニア　*48*
入試　*41*
ニュージーランド　*48*
ニューデリー　*48*

乳房 *45*
女房 *24*
にら *29*
にらむ *80*
煮る *73*
似る *76*
にれ *27*
庭 *29*
にわとり *25, 166, 184*
人形 *52*
人間 *69*
人情 *153*
にんじん *29*
にんにく *29*

【ぬ】

縫う *78, 107*
抜く *77*
ぬくて *25*
脱ぐ *73, 93*
盗む *73*
塗る *73*
ぬるぬる *180*

【ね】

値 *68*
ね *192*
ねえ *192*
ねえさん(姉) *20, 93, 107, 162*
願う *80*
ねぎ *29*
ネクタイ *31*
ねこ(猫) *25, 47*
ねじ *33*
ねずみ *25*
ねずみ色 *44*
熱 *190*
熱心に *106, 158*

粘り強い *66*
眠る *79, 195*
寝る *73, 138, 143, 153*

【の】

農業 *39*
農民 *23*
のこぎり *33*
残り(のこる) *168, 203*
覗く *79*
〜のための *51*
喉(首) *44*
ノート *33*
登る *73*
のみ *33*
飲屋(居酒屋) *40*
飲む *79, 137, 151, 155*
乗る *73*
ノルウェー *47*
のろい *65*

【は】

歯 *45*
はあ *194*
はい *19, 194*
梅雨 *35*
灰皿 *31*
配線 *36*
肺臓 *45*
ハイチ *47*
配電 *36*
俳優 *147*
這う *105*
はえ *26*
バカ *165*
ばかな *186*
はかり *30*
測る *73*

253

パキスタン　46
はきもの　198
掃く　77
吐く　79
はくさい(白菜)　29
白色　43
バグダッド　48
白鳥　26
白鶴　26
白頭山　180
博物館　39
バケツ　31
運ぶ　73
はさみ　30
はし　30
橋　39
始める　73, 149
馬車　40
馬術　41
柱　29, 51
走高跳び　41
走る　78, 143, 154
恥じる　80
バス　40, 51
バスケットボール　41
はすの花(蓮の花)　28
パソコン　36
旗　184
はたはた　180
はたまた(あるいは)　189
はためく　184
働く　74, 101, 102, 103, 106
はち(蜂)　26
8　196, 203
8月　42, 201
8個　198
80　197

ばった　26
発電機　36
果て　56
はて　192, 193
派手だ　66
はと(鳩)　26
花　28, 50, 67, 68, 81, 103, 145
鼻　45, 181
話　45, 139, 180
話す　138, 146, 154, 181
バナナ　28
はなはだ　176
パナマ　47
花婿　24
花嫁　24
ハノイ　48
母親(母・おかあさん)　20, 107, 147, 151
ハバナ　49
歯ブラシ　30
はまぐり　27
歯みがき　30
早い　104, 138, 145, 147, 161, 169
速く　93, 170
腹　44
ばら　28, 39
払う　77
パラグアイ　47
針　30
パリ　48
春　34, 67, 143
はるかに　176, 180
晴　35
晴れる　76
バレーボール　41
半　201
パン　32
ハンガリー　48

パンクする　*40*
判事　*23*
万事　*48*
反射　*37, 51*
伴奏者　*24*
反対する　*156*
半島　*37*
反動的だ　*67*
販売員　*23*

【ひ】

火　*81*
日　*43*
ぴいちくぱあちく　*180*
ひかえめだ　*66*
東　*42*
ぴかぴか　*179*
光　*37, 51*
光ファイバー　*37*
光る　*76*
美顔水　*30*
悲観的だ　*66*
ひき算(減算)　*203*
卑怯だ　*65, 69*
引く(ひく)　*74, 203*
低い　*61*
ひげ　*51*
飛行機(ひこうき)　*40, 145, 199*
飛行士　*24*
膝　*45, 52*
久しぶり　*191*
肘　*45*
美術　*41*
美術館　*39*
脾臓　*45*
額　*45*
ビタミン　*32*

ビタミンＡ　*32*
ビタミンＣ　*33*
ビタミンB_2　*33*
ビタミンB_1　*33*
左　*43*
びっくりする　*135, 186, 193*
ひつじ(羊)　*25*
必死に　*175, 176*
筆跡　*182*
ぴったりだ　*105*
ひっぱる　*180*
必要　*94*
人　*67, 69, 137, 143, 187, 198*
ひどい　*165*
一声　*160*
一言　*137*
1皿　*199*
ひとつ　*105, 196, 200*
1つ目　*200*
1箱　*198*
1晩　*198*
1袋　*198*
1間　*199*
1棟　*199*
一人(1人)　*118, 151, 198*
ひばり　*26*
響く　*76*
皮膚　*45*
非凡　*66*
ひ孫　*21*
暇だ　*63*
100　*197*
百億　*198*
百万　*197*
百貨店　*39*
ヒューズ　*36*
ひょう　*25*

病院　39, 57, 194
病気　137, 150, 182
美容師　23
表紙　92
病人　153
ひょっとすると　194
平壌(ピョンヤン)　48
開く　157
ひらひら　180, 184
ひらめ　27
蒜(ひる)　29
ビル　39
ビール　33, 140, 198
ビルマ(ミャンマー)　46
広い　61, 218
拾う　77
広さ　61
広場　39
びわ　28
びん(瓶)　30, 52
頻度　64
頻繁だ　64

【ふ】

ファックス　36
不安だ　44, 64
フィリピン　47
フィンランド　42
夫婦　24
ブエノスアイレス　49
深い　62, 67, 68, 149
深さ　62
ふかす　155
不可能な　182
ブカレスト　49
不気味　93
吹く　79, 40

服　165, 198
福岡　49
服装　31
含む　79
ふくろう　26
不景気　39
不幸　44
釜山(プサン)　49
ふじ(藤)　28
不思議な　103
フジテレビ　50
不精だ　65
不条理　44
婦人服　31
不正　44
不足　153
豚　25
ふたつ　196, 200
2つ目　200
豚肉　32
2人で　151
物理学　40
ふで(筆)　34, 50
否定称(人)　54
否定称(方角)　55
筆入れ　34
太い　62
ぶどう(葡萄)　28
太さ　62
ふとん　30
ふとん箪笥　30
ふな　27
船　40, 198
プノンペン　48
踏む　78
冬　34
富裕だ　63

冬眠 *31*
武勇 *41*
舞踊家 *24*
フライパン *30*
ブラウス *31*
ブラジリア *49*
+(プラス) *47*
プラハ *48*
フランス *48*
ぶり *27*
降る(ふる) *76, 140, 143, 150, 157*
古い *63, 69*
ブルガリア *48*
ふるさと *172*
ブローチ *31*
分 *43*
文学 *40, 165*
分度器 *34*
文房具 *33*

【へ】

塀 *29*
へい *193*
平気 *138*
米国 *47*
兵士 *23*
平壌(へいじょう) *48*
平方キロメートル(km²) *202*
平方根 *203*
平方センチメートル(cm²) *202*
平方メートル(m²) *202*
平凡な *66, 69*
平野 *35, 37*
平和 *38, 51*
北京 *48*
ヘクタール(ha) *202*
白頭山(ペクトゥサン) *180*

ベスト *31*
へそ *45*
蔑視する *162*
別々に *176*
ベトナム *46*
紅色 *43*
ペニシリン *183*
ベネズエラ *47*
へび(蛇) *25*
部屋 *68, 199*
減る *76*
ペルー *47*
ベルギー *48*
ベルト *31, 52*
ベルリン *48*
変圧器 *36*
ペンキ *33*
勉強する *180*
弁護士 *25*
便所 *29*
ペン先 *34*
ペンチ *33*

【ほ】

ほいきた *193*
(〜の)ほう(方) *191*
ほう *192, 193*
方位 *42*
望遠鏡 *37*
法学 *40*
ほうき *31, 199*
封建時代 *37*
封建的だ *66, 68*
膀胱 *45*
帽子 *29*
ほうせんか *26*
放送 *36, 50*

包丁　*30*
法律　*38*
ほうれん草　*29*
ほがらかだ　*65*
ボーキサイト　*36*
ぼく(僕)　*53, 56, 169, 174*
牧師　*24*
ボクシング　*41*
牧畜業　*39*
北斗七星　*34*
北北東　*42*
ポケット　*31*
誇る　*79*
星　*34, 207, 229*
保守的だ　*67, 68*
細い　*62*
ほたる　*26*
ぼたん　*28*
北海道　*29*
北極　*35*
ホッケー　*41*
北方　*42*
ほととぎす　*26*
骨　*52*
ポプラ　*28*
ポマード　*30*
ポーランド　*47*
掘る　*77*
彫る　*77*
ポルトガル　*48*
ボールペン　*34*
本　*51, 57, 92, 103, 139, 145, 162, 199*
香港　*46*
本州　*49*
ホンジュラス　*47*
ポンド　*202*
ほんとに(本当に)　*7*

本人　*139*
本年　*43*
ほんの　*185, 186*
本箱　*30*
翻訳家　*24*

【ま】

まあ　*173*
マイク　*36*
マイシン　*183*
－(マイナス)　*203*
毎日新聞　*50*
マイル　*202*
前　*42*
～前　*136, 201*
前後(まえうしろ)　*43*
前から　*104*
曲尺　*33*
まき尺(巻尺)　*33*
巻く　*74*
マグネシウム　*32*
枕　*30*
まぐろ　*27*
負ける(敗ける)　*77, 186*
まご(孫)　*21*
まことに　*178*
まごむすめ(孫娘)　*21*
まさか　*178*
まさに　*178*
馬山(マサン)　*49*
まし(だ)　*92, 117*
まして　*179*
交わる　*74*
ます(鱒)　*27*
増す　*77*
貧しい　*63*
混ぜる　*74*

また　*189*
跨がる　*78*
または　*189*
まちがい(間違い)　*48*
松　*27, 51*
待つ　*74, 118, 138*
まつ毛　*45*
まったく　*176, 180, 181*
まったくの　*185*
マッチ　*198*
松虫　*26*
窓　*29*
惑う　*80*
まな板　*30*
学ぶ　*74, 106*
招く　*77*
マフラー　*31*
まめ(豆)　*32*
まめだ　*65*
まもなく(間もなく)　*177, 181*
守る　*74, 177*
眉毛　*45*
迷う　*90*
マヨネーズ　*32*
マラソン　*41*
丸　*91*
丸い　*61*
まるで　*139*
まれ(だ)　*64*
回す　*74*
万　*197*
満　*200*
万一　*178*
万年筆　*33, 56*

【み】

味覚　*43*

みかん　*28*
右　*43*
眉間　*45*
短い　*62*
水　*101, 159, 198*
湖　*35, 50*
水っぽい　*59*
みそ(味噌)　*32*
身だしなみ　*31*
乱れる　*75*
道　*186*
3日　*59, 168, 186, 201*
みっつ　*196, 251*
3つ目　*200*
みつめる　*79*
認める　*74*
緑色　*43*
みなさん　*191*
南　*42*
醜い　*91*
ミネラル　*32*
実る　*77*
耳　*45*
ミリグラム(mg)　*202*
ミリメートル(mm)　*202*
見る(みる)　*79, 81, 82, 103, 106, 134, 135, 136, 137, 145, 146, 148, 151, 156, 158, 159, 160, 163, 170, 190*
(～して)みる　*107*
民主主義　*38*
みんな(皆)　*35, 62, 181*

【む】

6日　*201*
向かう　*74, 82*
迎える　*74*
昔(むかし)　*43, 120*

昔なからの　154
むくげ　28
婿　24
虫　26
蒸し暑い　60
蒸す　74
むずかしい(難しい)　105
むすこ(息子)　21
結ぶ　78
むすめ(娘)　21, 24
むっつ　196
胸　44
村　186
群がる　75
紫色　44
無理　167
無理やりに　176, 180

【め】

目　45
〜目　105, 136, 200
めい　21
冥王星　34
名射手　181
名人　52
メキシコ　47
メートル(m)　201
面積　37
めんたい(明太)　27

【も】

もう　105, 136, 166
もう少し　176
もう少したら　105
妄想的だ　66
毛布　30
燃える　77, 92, 139
木星　34

木曜日　42
もし　178, 192
もしくは　189, 190
もしも　178, 181
もしもし　192, 194
モスクワ　48
モーター　36, 199
用いる　74
もちろん　178, 181, 226
もつ(持つ)　140, 190
(時間が)もつ　140
もっと　176, 189
もっとも(最も)　176, 180
もっともらしい　138
木浦(モクポ)　49
求める　74
物さし　33
もはや　177
モミジ　136
もも(桃)　28
腿　45
もも色(桃色)　44
もらう　150, 186
モロッコ　47
門　32
モンゴル　46
問題　57, 92

【や】

やあ　191
やかましい　59
やかん　30
山羊　25
焼肉　32
野球　41
焼く　74
役　106

役員　*24*
薬剤師　*23*
約束　*181*
野菜　*29*
やさしい(優しい)　*65, 69*
安い　*63*
休む　*74, 150*
野生動物　*25*
やっきになって　*176*
やっつ　*197*
やっと　*138*
やっぱり　*139*
野党　*38*
やなぎ(柳)　*27*
屋根　*29*
破る　*74*
山　*35, 50, 180, 186*
やまいぬ(やま犬)　*25*
山川　*52*
病む　*75*
やめる　*143, 158*
やる　*160*
軟らかい　*62*
両班(ヤンバン)　*38*

【ゆ】

ゆううつだ(憂鬱だ)　*65*
夕方　*136*
勇気　*153*
雄弁家　*190*
夕焼け　*93*
夕闇　*136*
悠々(と)　*176*
ゆえに　*188*
床　*29*
愉快だ　*64, 69*
雪　*33, 143*

ユーゴスラビア　*48*
豊かだ　*63*
ゆっくりと　*176*
指　*45*
夢(のよう)　*51, 139*
ユーラシア　*46*
ゆらゆら　*180*
ゆり(百合)　*28*
許け　*74, 167*

【よ】

よい(良い・いい)　*65, 91, 137, 145, 147, 151, 152, 153, 156, 163, 170, 171, 193*
よいしょ　*193*
酔う　*75*
よう　*192, 194*
要求　*182, 190*
ようし　*192*
洋酒　*33*
幼稚園　*39*
曜日　*42, 201*
用務員　*24*
よく　*106*
浴室　*29*
横浜　*49*
よし　*192*
4時　*201*
よしんば　*178*
よせ　*184*
よっつ　*196*
与党　*38*
呼ぶ　*79, 105*
読売新聞　*50*
読む　*79, 82, 145, 190*
嫁　*24*
よもや　*178*
より(早く)　*93*

夜　51, 68, 198
喜び　44
喜ぶ　81, 151
よろしく　151, 195
ヨーロッパ　46, 47
弱い　62, 190
よわる　190
4　196, 201, 203
4個　198
40　197, 201
49秒　201
歴史的　94
40分　201
4本　199

【ら】

ライオン　25
来年　39, 40
ラオス　46
楽だ　91, 106
落第　41
ラジオ　31, 36, 199
楽観的だ　66

【り】

里　157, 202
陸　35
陸上　41
陸地　35
理事　32
理想的だ　7
リットル(l)　202
りっぱに　107
立法　38
立方センチメートル(cm³)　202
立方メートル(m³)　202
理髪師　23

リビア　47
リベリア　44
流星　34
量　60
両班　38
料理　93, 198
料理士　23
リレー　41
リン　32
林業　39
りんご　28, 198

【る】

ルーマニア　48
ルワンダ　47

【れ】

0時　201
冷蔵庫　31
冷凍庫　31
歴史　37, 63, 106
歴史的　40
レスリング　41
列車　40
レバノン　46
レンガ　51
(値が)廉価の　63
れんぎょう　28
れんげ草　28
レンズ　37
レントゲン線　37
連絡　181

【ろ】

廊下　29
老人　21
労働者　23

労働力 *38*
6 *196, 201, 203*
6月 *42, 201*
6時 *201*
60 *197*
ロシア *47*
6個 *198*
ろば *25*
ローマ *49*
ロンドン *48*

【わ】

ワイシャツ *31*
ワイン *33*
わが *185*
わかもの(若者) *21*
わかる(解る・分る) *103, 104, 106, 151, 162, 194*
わかれる *74*
別れる *138*

別れる時 *137*
或星 *34*
わし *26*
ワシントン *49*
忘れる *90, 136, 182*
わたくし *53*
わたし(私) *53, 56, 57, 92, 136, 137, 143, 173, 181, 187, 194*
私の *104*
わたりがに(わたり蟹) *27*
わっしょい *193*
笑う *81*
わらび *29*
割り算 *203*
割る *203*
悪い *65, 154, 181, 183*
ワルシャワ *48*
ワンピース *31*
わんわん *180*

263

金容権（キム　ヨングォン）
1947年岡山県生まれ。1971年早稲田大学第一文学部卒業。
韓国の劇画を日本ではじめて紹介。
主著『朝鮮・韓国近現代史事典』（日本評論社）『早わかり　韓国を知る事典』（東海教育研究所）『韓国旅行会話事典』（三修社）他、語学関係の著作多数。

李仁洙（イ　インス）
1929年慶尚南道生まれ。1950年中央大学卒業。2001年2月没。日本と朝鮮半島における動植物の名称、食物・食品の名称の比較・整理・研究に尽くす。

新版
ハングル単語文法活用事典

2011年9月20日　第1刷発行

著　者	金容権　李仁洙
編集協力	韓龍茂

発行者	前田俊秀
発行所	株式会社三修社

〒150-0001　東京都渋谷区神宮前2-2-22
TEL 03-3405-4511　FAX 03-3405-4522
振替 00190-9-72758
http://www.sanshusha.co.jp/

印刷製本　　　　　萩原印刷株式会社

©2011 Printed in Japan　　ISBN978-4-384-04441-6 C0587

〈日本複写権センター委託出版物〉
本書を無断で複写複製（コピー）することは，著作権法上の例外を除き，禁じられています。本書をコピーされる場合は，事前に日本複写権センター（JRRC）の許諾を受けてください。JRRC〈http://www.jrrc.or.jp　email:info@jrrc.or.jp　Tel:03-3401-2382〉